# 臺灣歷史與文化 研究輯刊

五 編

第 18 冊

戰後臺灣散文中的原鄉書寫

邱珮萱 著

花木蘭文化出版社

國家圖書館出版品預行編目資料

戰後臺灣散文中的原鄉書寫／邱珮萱 著 — 初版 — 新北市：
花木蘭文化出版社，2014〔民 103〕
目 2+176 面；19×26 公分
（臺灣歷史與文化研究輯刊 五編：第 18 冊）
ISBN：978-986-322-650-5（精裝）
1. 散文　2. 臺灣文學　3. 文學評論
733.08　　　　　　　　　　　　　　　　103001771

ISBN-978-986-322-650-5

9 789863 226505

臺灣歷史與文化研究輯刊
五 編　第十八冊　　　　　　　ISBN：978-986-322-650-5

**戰後臺灣散文中的原鄉書寫**

作　　者　邱珮萱
總 編 輯　杜潔祥
副總編輯　楊嘉樂
編　　輯　許郁翎
出　　版　花木蘭文化出版社
社　　長　高小娟
聯絡地址　235 新北市中和區中安街七二號十三樓
　　　　　電話：02-2923-1455／傳真：02-2923-1452
網　　址　http://www.huamulan.tw 信箱 hml 810518@gmail.com
印　　刷　普羅文化出版廣告事業
初　　版　2014 年 3 月
定　　價　五編 24 冊（精裝）新台幣 48,000 元

# 戰後臺灣散文中的原鄉書寫

邱珮萱　著

## 作者簡介

邱珮萱，高雄師範大學國文系博士，現任台北市立大學中國語文學系副教授，從事現代文學與臺灣文學之研究，開授「現代散文」與「日治臺灣文學」等課程。

## 提　要

　　本文進行的是觀念語詞的探索，「原鄉」究何所指？由於語彙本身涵容性廣，且置於文學創作中，故充滿隱喻、想像甚而刻意含混模糊，非常值得我們作為探析釐清的對象。筆者相信文學作品研究，不但能重顯其藝術創作所隱含的特殊意義，同時也是發掘討論議題的場域，經由意涵豐富的作品解讀，將引領我們認知文學以外的世界。因此，由文學建構出的原鄉圖像，隨著時間流逝空間轉移，在不同人文歷史社會背景中，將開展成一個具有象徵意義的主題書寫，透過文學賞讀的微觀分析進而展延為文化建構的宏觀探索。

　　正如民國初年啟蒙運動中文學所發揮的影響一般，文化之新創開展嘗以文學創作做為最佳之推廣途徑。文學是個人或文化環境的理念書寫，它不但是時代社會的標誌表象，也同時擔負文化新創開展之責的建構想像。筆者藉捕捉不同時代、作家、作品中所舒展的原鄉圖像，討論原鄉書寫所指向的意義建構，並更進一步探知原鄉書寫所欲新創建構之文化意識內涵。

目

次

# 第一章 緒 論
## 一個綿密不絕的對話空間

　　散文爲臺灣現代文學的表現大宗，無論是創作量或受閱率都堪稱爲主要文類的代表，但我們卻發現相較於如此耀眼的創作成績，散文在臺灣現代文學的研究領域中所受到的注目，其光環就顯得黯淡失色許多；而這種未能相應相稱的研究現象，長久以來就一直存在著，雖曾有人立於散文本身文類特質的考量，指其不似於小說詩歌在創作風格與寫作技巧上有劇烈變動之可能，而將此視爲自然發展下的必然結果。〔註1〕但這樣的迷思，相信將會隨著愈來愈多人投注心力在散文相關議題的研究上而被打破，可以預見的是散文研究尚有許多未開發的可觀之處，是值得我們深廣地續探其奧妙的創作天地。

〔註1〕 余光中在《中華現代文學大系》的總序中對散文文類讀者眾多而評者稀少之不平衡現象，曾以爲「散文集不但作者多，書目多，讀者亦眾，卻不獲評論者的等量注意，是因爲散文向來是寫實的文體，跟詩、小說、戲劇等虛構的創作不同。詩多爲自言自語，小說部分要靠對話，戲劇全憑對話來展開，唯獨散文經常要作者維持對讀者的發言。散文家無所憑藉，也無可遮掩，不像其他文類可以搬弄技巧，讓作者隱身在其後。散文既如此坦露平實，評論家也就覺得沒有多少技巧和隱衷可以探討。同時，我國的散文古時候雖然曾有不少人來評注，可是西方的現代文學裡散文不振，評論家用力所在是詩和小說，自有一套套的理論和術語可供施展。我國當代的評論家，所習的大半是西方的理論，面對散文，往往難於下手」，因此散文這種非虛構性的常態作品，不像其他文類那麼強調技巧，標榜主義，所以不是評論的兵家必爭之地。除此他更表示臺灣文藝思潮的演繹變化對文類之影響，首在小說，次及詩，但對散文或戲劇的波及則有限，故二十年來臺灣散文的變化，顯然不像詩和小說那麼劇烈（1989.05：15～6）。

當今有關臺灣現代散文的研究成果，多偏向於作家個論為重，其中散文作家琦君（1917～）、余光中（1928～）、王鼎鈞（1925～）、楊牧（1940～）、許達然（1940～）、張曉風（1941～）、簡媜（1961～）等人，都已有博碩士論文之專著對作家個人整體文學風格，進行深入而專門的探析工作；另外，更有許多期刊報章之論文，針對作家個人或單本著作甚而單篇作品，進行細緻精密的論述與整理，這些研究成果可說已積累相當有深度之成績表現。雖已有如此之研究成績，但立於文學表現人生反映現實之天性職能，我們應更進一步地探索文學世界裡的人生現實，並經此折射出屬於時代人群的大我之思，將整體研究視野朝向開放統合的方向發展。

若以此言之，就目前我們所觀察到的整體研究成果，顯然尚有極大的空間留待探索，因為不管是文學主題式的探討，或是文學場域外與社會文化議題的連結，這些重要的相關討論並不常見。其實，作家個論作品評析當為整體文學研究工作之基石，立此基石往上發展的則應是一個網絡經緯的連結工作，無論是作家與作家、作品與作品、作家作品與社會時代，都必須是學術研究領域所該關懷之重點方向。這些重要的研究方向在散文文類上尚未成為主力發展，不若目前小說詩歌已在此方面所累積的研究成果。因此，筆者認為應積極拓展散文研究的寬廣度，將其藏而未顯的文學潛力發掘出示，以期成為整體文學研究對象的主力戰場。

學術界顯已開始朝這些重要的散文研究方向發展，其中新世代作家鍾怡雯（1969～）以其對散文創作的熱誠與散文研究的關注，在其近著《亞洲華文散文的中國圖象 1949～1999》（2001），視野宏觀地選擇處理亞洲華文散文的中國圖象，結合了文學、社會與文化等批評方法，試圖釐清「中國」在散文書寫中的分量，並欲解讀中國圖象所以產生的緣由及意義。她雖自言這是身為馬來西亞華人，出於身分認同問題的思考，透過華文散文為媒介，以探求亞洲華人創作者如何面對「中國」，所完成之研究成果。但是這樣的研究方向對於散文研究而言無疑是一項進步，因為它嘗試處理中國認同之議題，以主題式的切入角度進行文本探析，已有突破過去研究範疇之限，提供一個未來散文研究的發展新方向。

由於此研究新方向的導引，亦出於身分認同的思索，在臺灣社會迅急巨變的發展過程中，以散文創作為觀察重點，看文學如何與之對話？在當前臺灣社會文化議題中，時隱時顯懸而未決，猶似口號標語般地被宣示操弄的一

面本土認同大旗正奮力揮舞著，在這世紀交替之際，它仍是許多問題似是而非的答案，也往往是那最終判斷定奪的分界線。這種無限上綱威力無比的特殊文化體質，必然對當今社會現況甚而是未來歷史走向都有莫大的影響，面對如此的文化發展體制，不免令人深思且亟欲尋求出路。當然，這樣巨大複雜的文化議題，當非獨立單項的研究領域所能解釋與解決，希望能在文學創作場域，試圖作一溯源釐清的基本認識，以期正本清源回歸素樸的文學創作理念。

就如同我們所知的，從本土認同前溯至鄉土情懷再到反共抗戰，相應於戰後臺灣社會的歷史變動，臺灣文學的歷史發展也未嘗不是一個劇烈起伏的辯證過程。〔註2〕觀察這樣的辯證發展，不禁讓人困惑於時代人心的趨向，在時代烽火戰亂流離下大陸遷臺人士之懷鄉情愁，在現代化浪潮的激流沖刷下所留存之鄉土關懷，以及在彰顯臺灣主體意識的覺醒風潮下之本土認同；的確是不同的時代有不同的文學表現風格，但始終相同未變的是回歸之情，這是在鄉土失落改異的變動下所驅策出的追尋動力，追尋一個相異於當下現實景況，一個存在於過去已然消逝或希望於未來尚待成形的美好境地，此即本文所論述之原鄉意涵。〔註3〕

當下現實意義不存的烏托邦理想國度，在精神心靈境地中，將能幻化為故人舊事、家園故土、人情倫常、民族文化甚或大地之愛，都是用以呼應時代人群對當下境況不美好的想像追尋。這個現實意義不存的烏托邦，實出自回歸欲望之想像鄉愁下的原鄉境地，既言回歸便存在距離，無論有形無形的距離，都致使他鄉／原鄉成為同存之命題，身居他鄉以異鄉人身分追溯原鄉是其書寫的基本模式，因此，他鄉距離、異鄉身分都是原鄉書寫之所以能成

〔註2〕　陳芳明〈撐起九○年代的旗幟——《文學臺灣》發刊詞〉，認為若以一九二○年做為新文學運動的起點，那麼在這超過半世紀以上的生長史中，臺灣文學的歷史發展一直就是辯證的，前代文學不斷地被後起文學所取代，「二○年代的素樸文學，三○年代的左翼文學，四○年代的皇民文學，五○年代的反共文學，六○年代的現代文學，七○年代的鄉土文學，八○年代的認同文學，都代表了不同時代的不同文學風格；而這些風格，正好可以顯示整個新文學運動起承轉合的掙扎軌跡」，收入陳芳明（1994.02）《典範的追求》，頁235。

〔註3〕　本文所論述之原鄉意涵，在臺灣現代散文作品中可上溯及光復初期鍾理和的〈原鄉人〉，其文中雖已有模糊原鄉追尋之探索，但尚未能進一步的釐析自我認同情感之歸屬；然隨著臺灣社會時代環境的變化，都在致使原鄉意涵充滿豐富創變之姿，而此多變之姿正是本論文所欲探求之書寫主題。關於原鄉之旨將於第五章原鄉書寫之常與變中作更詳密的論述。

形的客觀條件。若就他鄉／原鄉同存之點觀之，便能明白兩者間所建構出的對話空間，從現實他鄉中感受到原鄉的失落改異，也從原鄉追尋中凸顯出他鄉的現實景況，所以，隨著時代變動更迭的他鄉現實，將連帶地牽動原鄉的座落位標，因此「鄉」的內涵與意義便在這樣不斷失落與追尋的反覆辯證過程中，容許一再地被塑造與創新，也同時創闢了一個綿密不絕的對話空間。

　　基於以上的認識，本論文所進行的是一個觀念語詞的探索，「原鄉」之義究何所指？由於語彙本身的涵容性已廣，又將其置於文學創作中使用，無異是更增添其自由發揮的魔力，盡其可能地擴大其所指涉的意涵，如此便易產生極具可塑性的作品，充滿隱喻、想像甚而刻意含混模糊的作品，非常值得我們作為探析釐清的對象。再者，因為筆者相信文學作品的探析研究，不但是重顯其藝術創作所隱含的特殊意義，同時也是一種能發掘討論議題的場所，故經由這些意涵豐富的作品之解讀過程，將能引領我們認知一個超越文學以外的世界。因此，一個由文學建構出的原鄉圖象，隨著時間流逝空間轉移，在不同的人文歷史社會背景中，將漸次開展成一個具有象徵性意義的主題書寫，是可以透過文學的微觀分析進而展延為文化建構的宏觀探索，提供研究者共同討論的空間。

　　如同民國初年許多人已注意到的，文學在啟蒙運動中所能發揮的影響效用，故文化之新創開展嘗以文學創作做為最佳之推廣途徑。因為文學是個人或文化環境的想像產物，所以，它不但是一個時代社會最清楚的標誌表象，也同時具有擔負文化新創開展之責的建構想像。筆者將進行的是捕捉探析不同時代、不同作家、不同作品中所舒展出的原鄉圖象，除了經此討論原鄉書寫所指向的意義結構外，更進一步想探知的則是原鄉書寫所欲新創建構之文化意識的內涵。

　　針對上述所欲探求的主題內涵，本論文所處理的是戰後臺灣現代散文作品中的原鄉書寫，勾勒連結此半世紀的原鄉書寫，進而尋索其演繹轉化之脈絡。首先，以戰後為本論文作品論述的時間起點，主要是考量 1949 年國民黨退守臺灣，隨著許多大陸遷臺人士的加入，戰後的臺灣進入一個社會重構的階段，這對剛擺脫殖民身分的臺灣社會，又是一個必須調適的重大變動；而在整個社會重構的調適過程中，濃烈中國意識的添增，更顯耀眼奪目，反共復國懷鄉情愁成了時代大合唱，這與過去對中國僅是遙遠模糊的祖國情懷之

認知，出現了相當程度的轉變，而臺灣社會也自此開始了中國／臺灣劇烈辯證的歷史發展，許多社會議題的討論都無法忽略此項因素的影響效用，當然，包括原鄉主題的認知。因此，自戰後迄今的半世紀裡，擇選文學創作風格的大段落：懷鄉、鄉土、本土認同，〔註4〕進行原鄉書寫主題之觀察。

　　本論文在章節安排上，共分六章。第一章緒論：一個綿密不絕的對話空間，主要提出之所以擇取原鄉主題為研究重點的探知因緣，在研究動機、研究方法與研究目的等項均作詳實說明。

　　第二、三、四章則分別就懷鄉、鄉土、本土認同等三個階段進行瞭解，均先略述時代背景創作環境，再則針對不同範疇的代表性作家與作品，〔註5〕進行細密的介紹與評析，以期建構所屬時代原鄉書寫之特色風貌。其中第二章：流離遊子的亙古思懷，點明那是一個背負戰亂記憶離鄉傷痛的年代，在故園之思與亡國之痛互為表裡中，致使懷鄉主體與反共意識相互強化匯結，並在社團組織運作與文藝媒體傳播的情勢主導下，得能成為時代文學的創作主調；本章擇選琦君、余光中、王鼎鈞〔註6〕三位散文大家為代表，他們在散文創作上的文壇地位已無需再多加說解，而三人的大陸來臺身分過往經歷均未在其寫作中缺席，他們選擇將濃重的鄉愁具象化，琦君筆下那個充滿中國舊社會風味的有情世界，余光中以地理與歷史縱橫交織出的文化中國華夏精神，王鼎鈞以故鄉圖案流亡記憶作為留存原鄉的最佳視鏡；這些不同面向的記憶與敘寫，所共同指向的是那塊出生成長的中國大地。

〔註4〕　本論文僅就懷鄉、鄉土、本土為論，考因於這三個時期可謂戰後臺灣現代文學發展過程的大段落，然而若就原鄉主題之整體探究，應尚能前溯至日據時期的臺灣新文學之作品，其中對臺灣、中國、甚而日本的認同歸屬將更見紛歧迷人；另於此文學發展三大段落外尚可細分深入至留學生文學、眷村文學、返鄉探親文學等作品之討論，此部分當日後另撰文論述。

〔註5〕　在作家擇取部分，以其代表性獨特性為主要考量，即是作家作品的質量成績都足以呈現該段落文學創作之主要風貌；再者，同類型作家以擇取一人為代表，如自然寫作部分以長期持續開拓此文類書寫的劉克襄為代表，而族群文化書寫則以原住民作家達悟族的夏曼‧藍波安為代表，其餘數人之擇取標準亦是同此考量；並且，在同段落文學風貌的作家之間，尚注意到此主題書寫內涵上的獨特性區隔以避免重複。而在所擇取之作家的作品部分，則僅就與原鄉書寫主題相關之作品進行論述，因本非作家專論，為免枝蔓龐雜故未對全部作品耙梳整理。

〔註6〕　在擇取作家的順序安排上，以其與原鄉主題相關作品之創作發表時間先後為序，故第二章的作家排序是琦君、余光中、王鼎鈞，第三章則是吳晟、阿盛、陳冠學，第四章則是陳列、劉克襄、夏曼‧藍波安。

　　第三章：回歸鄉土的現實關懷，指出臺灣社會在國際外交困境下所激引出的民族意識與現實關懷，因時代變局讓臺灣社會的真實生活經驗獲得重視，這個發現臺灣的存在事實，開始震搖過去以中國大陸為正統的主流思想價值體系，使得臺灣社會能在中國意識的大原則下，出現一個較以往明顯的建構契機。而文壇則引爆現代詩論戰與鄉土文學論戰予以回應，提出回歸大原則，回歸民族、回歸現實，要求文學應具有反應社會現實的功能，如此的創作理念，讓臺灣社會真實生活的各個面向成為文學的載寫主體與探討對象。在這部分的代表作家，首以長期關愛臺灣農村執著於鄉土書寫的吳晟為先，他遠走都市文明回身擁抱鄉土倫常，以尊崇心靈素樸文字細細鏤刻土地上的生活勞動，衷情於臺灣農村圖象的建構和鄉民高貴生活美德的紀錄，為浮沈現代文明洶湧潮流下的人心，留存一個深刻典型的農村原鄉；再者，雖是同有鄉土之愛，但阿盛（1950～）卻是一個身居繁華都市胸懷鄉野熱情的采風說書人，他以自己充滿稻穗的成長過程和天成於土地的鄉村教養，吟哦說唱著鄉野舊事的過往今昔，為在臺灣社會經濟結構轉型的年代變局裡，那些不得不遠離鄉野奔走生存於城市，卻又無法忘情土地的滄桑世代，留住一個撫慰人心的鄉土舊夢。最後，素有隱逸文學作家之稱的陳冠學，則是選擇更為決絕的生活方式，棄絕世塵薰染遁居鄉野田園，以一枝清透靈智之筆覆頌昔日老田園之美，從昔日田園追憶到理念伸張敷陳，其所重複強化的是對現實人世俗事之檢省，將那片理想的人間樂土完全經營於臺灣昔日田園的特有風情之中。三位作家雖各有不同的生活方式，但對現世人生思索的答案卻是相同一致，一分根基於臺灣農村真實生活所牽繫而成的鄉土情懷，一分來自於土地之愛的鄉土意識，都成為映照當時臺灣社會所面臨的傳統農村倫常與現代工商文明間變遷消長之思。

　　第四章：標舉本土的臺灣經驗，則是臺灣社會在政治力量的強勢觸發引動下，一股臺灣主體意識的覺醒風潮迅急蔓延燃燒，將前期籠罩於中國意識下的臺灣經驗由隱伏轉為浮現，文學創作者受此風潮之影響，標舉自主性與本土化作為積極回應，亟欲在文學場域彰顯臺灣文學的存在意義與價值。這樣的臺灣文學本土論是以臺灣意識為主張，具體內容則當以臺灣現實經驗作為物質基礎，用生長在這塊土地上人民的生活經驗來表述臺灣，具有強烈濃重的本土認同精神性格。在土地生活經驗的強調下，才能出現陳列持懷著寬厚博大的悲憫之情，注目人間眾生自然萬物，用心收納同屬這塊土地上的歡

喜憂愁，深具當時所倡行之報導文學的創作精神。再者，若細心連結陳冠學、陳列之寫作素材的承續關係，將會明白為何能出現八〇年代強調環境保育生態平衡的自然寫作之興起，其中執著於本土生態自然觀察的劉克襄（1957～），更是投注多年的辛勤努力，長期用旅次腳印踏實地關懷臺灣這塊土地。在這些本土認同所激盪出的多元聲音中，族群文化議題則是重新省思弱勢邊緣族群文化問題的契機，其中原住民文學創作尤為此類之代表，而當中以達悟族作家夏曼・藍波安（1957～）那一篇篇充滿海洋氣味的作品，最為迷人且深刻。他回到蘭嶼，重返屬於自己族群文化的原點，在傳統生產技藝的勞動實作中，與部落耆老智慧的經驗傳承下，學習自信尊嚴地延續達悟民族的文化傳統，展現出探索母體文化的自我生命經驗。這些源自本土認同的原鄉書寫，雖在寫作內容上有著極大的分野，但相同的是都為真實的臺灣土地生活經驗，是關心土地關心人民的文學創作。

第五章：原鄉書寫之常與變，則是立基於前述作家與作品之觀察，尋索出戰後臺灣散文之原鄉書寫的演繹轉化脈絡，主要針對書寫之追尋動力來源、時代環境創作背景及其虛實交織之寫作風格，深入地比較分析其常變異同之處。關於原鄉主題之相關討論，則已有王德威之〈原鄉神話之追逐者〉（1993）、〈國族論述與鄉土修辭〉（1998）二篇，就小說作品分析研究提出較具規模的論述。

第六章結論：結／解，則以結／解的關係，一方面說明我們對原鄉書寫作品的閱讀態度，因為當展讀每一個深具時代意義的代表性原鄉書寫時，就猶似在解開一個個以文學原鄉世界與現實時空環境所打出的精緻繁複的繩結；另一方面則以此呈現原鄉書寫作品的整體發展脈絡，鬆脫特殊定點空間的執念，朝向無空間定點的開闊寬廣之思，如此已將過去深具意識情結的「結」解開，湧進更為鮮活靈動的時代對話。

最後，本論文所嘗試處理的是一個相當含混而頗具象徵意義的詞彙：原鄉，希冀透過其書寫之意義指向，藉以探知臺灣社會的歷史文化發展過程，明瞭過去，是為了更精確地辨識當下，以迎接未來。

# 第二章　流離遊子的亙古思懷

　　五○年代，一個背負著戰亂記憶與離鄉傷痛的年代，許多人被迫展開一段生命中未曾計量的流離歲月，他們自舊大陸東遷又東遷地來到海上的島嶼，心中那分拔根故土遷徙他方的悲痛，讓他們自然地始終維持著回望的姿態，顧視兒時年少、山河大地、歷史文化，用著胸中的故國家園之思撫慰難以面對的離鄉傷痛之情。原是一分懷想中國大陸鄉土的純粹之情，卻因時符合政府「戰鬥」、「反共」的文藝政策，故園之思與亡國之痛互為表裡，致使懷鄉主題與反共意識相互強化匯結，故在社團組織運作和文藝媒體傳播的強勢主導下，能得到更進一步的發展，而成為時代文學的創作主調。

　　兩岸隔絕、斷裂遙思，就在這個特殊異樣氣氛的政治時空環境下，瀰漫著一股憂國懷鄉之思，許多渡海來臺的離鄉遊子，選擇將濃重的鄉愁具象化，用文字鋪陳出對故鄉家園的記憶，因是造就出「必然，以大陸為題材的作品，在時間上屬於過去，且充滿對家國的懷念之情」（余光中主編，1972：7），這類作品自是以回憶大陸為主題，或直接思懷過往大陸的生活、家鄉的人事，或間接以大陸土地為背景而發的歷史孺慕與文化鄉愁，種種都不免形成一分強烈的今昔對照之疾苦。

　　這個懷鄉書寫的文學創作風貌，當是許多作家無數作品所共同匯注而成，然其中長期精心著力於此之大家，又以琦君、余光中、王鼎鈞三人為著。琦君以溫厚雋永之心憶念故里鄉情的點點滴滴，營構成一個充滿中國舊社會風味的有情世界；余光中則是以地理與歷史縱橫交織出文化中國華夏精神，用之仰望凝視那塊記憶深處的舊大陸；而王鼎鈞在身歷目睹琉璃世界的破碎幻滅後，選擇以故鄉圖案流亡記憶作為留存原鄉的最佳鏡視。而這些不同面

向的記憶與敘寫，所共同指向的是那塊出生成長的中國大地。

# 第一節　斷裂遙思的年代

　　1949 年，國民政府正式遷臺。驟然斷裂隔絕的戰亂事實，讓許多大陸來臺人士不得不倉惶地面對，一個斷根的殘酷現實，自小生長的那塊土地頓時成了僅能遙思繫念的對象。戰亂離鄉終致身居孤懸海外的小島，心中那分飄零離散的動盪感，當是無法安頓抒解，而其後更隨著「一年準備、兩年反攻、三年掃蕩、五年成功」的號召無成，反攻大陸回家鄉的夢想竟成了許多人心中的痛。

　　原是強勢文藝體制下所型塑而成的戰鬥反共文學，卻巧妙地成爲書寫懷鄉的安全境域，因爲懷鄉主題可與反共意識交融匯結，故能別於其他文學思索得到茁壯發展的機會，而成爲一個時代文學的創作主調。

## 一、強勢文藝體制下的單音複誦——戰鬥、反共

　　政府遷臺之初，內外形勢風雨飄搖，對內亟欲安定人心、鼓舞士氣，對外則致力爭取美國民意支持、政府合作。在外交努力上，由於整個國際局勢的縱橫對抗，終獲美國軍事協防與經濟援助，暫且轉危爲安；而在內部的整合上，則鑑於當初在大陸時國軍與共軍由對峙而潰敗的形勢轉惡過程中，共軍由文化界、知識界倡起的文藝宣導運動曾發揮相當關鍵性的力量，這樣慘痛的事實教訓，讓黨政階層深切明白到文藝力量的不可輕忽。〔註1〕

　　故來臺後國民政府積極地從事文藝工作的推展，在一系列的文藝政策推行運動中，所環繞的中心思想、最高原則，就是所謂的「三民主義文藝論」，這是由當時整個文藝政策主導者張道藩所極力推行的。他曾在抗戰時期發表〈我們所需要的藝文政策〉，提出所謂「六不」、「五要」的主張，〔註2〕揭示

---

〔註1〕　參見王志健（1984）《三民主義文藝運動》，頁 182。文中敘及民國四十二年當時駐聯合國大使蔣廷黻曾在一次演說中語重心長的指出：「二十年來，中國國民黨掌握的是軍權和政權，共產黨掌握的是筆權。結果，筆權打敗了政權和軍權」。

〔註2〕　「六不」是指不專寫社會的黑暗、不挑撥階級的仇恨、不帶悲觀的色彩、不表現浪漫的情調、不寫無意義的作品、不表現不正確的意識；而「五要」則爲要創造我們的民族文藝、要爲最苦痛的平民而寫作、要以民族立場而寫作、要從理智裡產生作品、要用現實的形式。關於「六不」、「五要」的詳細內容，

「三民主義的文藝政策」論點，同時強調應該「拿文藝作爲建國的推動力」，認爲文藝可以擔負喚起民眾組織民眾的積極責任，明白地點出必須將文藝視爲可用的工具，用以發揮最大的力量。這樣的宣示雖然在抗戰時並未能發揮實際的效用，但卻深深地影響了政府來臺後的文藝政策。〔註3〕如同鄭明娳在〈當代臺灣藝文政策的發展、影響與檢討〉中所指出的：

> 張道藩的〈我們所需要的文藝政策〉是國民黨高級黨工第一篇關於三民主義文學政策全盤概述，但可以說是一九四九年以後臺灣獨特的文學政策變遷的濫觴。執筆者張道藩是國民黨文藝政策的始作俑者，在五、六〇年代臺灣文壇一度擁有強固的實力，也顯然影響了蔣中正總統父子的文藝政策。（1994：13）

因此，從抗戰時期到撤遷來臺，以三民主義作爲文藝推展的最高指導原則之大方針始終未變，不同的是在實際的推展上更爲積極與貫徹，從而建構出 1949 年後臺灣的獨特文藝體制。

首先是在 1953 年，蔣中正發表著名的《民生主義育樂兩篇補述》，明白地揭櫫「民生主義社會文藝政策」，提出以三民主義爲創作理論基礎，鼓勵發表反共抗俄的文學作品，並針對各種藝術形式作綱領性的指示，這是來臺後整個文藝政策形成的過程中，最早眞正可見且明確的指示。隨後，1954 年由文藝界領軍發起的「文化清潔運動」，宣示要大力掃除文壇中「黃色的害」、「赤色的毒」與「黑色的罪」。而負責主導文化政策的張道藩也於同年完成《三民主義文藝論》，凸出「民族生存」重點，實與臺灣當時特殊的時空背景相符。到了 1955 年元月，蔣中正更是親自提出「戰鬥文藝」的號召，成

---

〔註3〕　參見張道藩〈我們所需要的文藝政策〉一文，發表於1942年9月的《文化先鋒》創刊號中，此文主要是針對先前中共在延安多次提出有關於文藝政策的講話所做的回應。收入尉天驄主編（1980）《鄉土文學討論集》，頁815～845。張道藩〈我們所需要的文藝政策〉，雖具名爲張道藩所撰，但據了解應是數人意見所成，而非張氏一人之作。此部分詳細資料可另參見李瑞騰（1988.09）〈張道藩先生「我們所需要的藝文政策」試論〉一文，頁97。另外，在這篇文章發表之前，於1938年國民黨在武昌召開臨時全國代表大會時就已通過「確定文化政策案」的決議，其中明言「建立三民主義的哲學、文學及社會科學之理論體系」、「實施獎金辦法」、「明訂獎勵出版辦法」、「推廣新聞、廣播、電影、戲劇等事業」等多項與文藝推展有關的政策宣示。從這分正式文件中，明白顯示出國民黨的文藝政策乃建構於三民主義的體系下，並以積極主動的獎勵方針「輔導」文藝，詳文參見李麗玲（1995）《五〇年代國家文藝體制下臺籍作家的處境及其創作研究》，頁10～12。

為反共文藝的再度擴展與延伸，誠如司徒衛在〈五十年代自由中國的新文學〉中所言：「『戰鬥文藝』口號的提出，在五十年代強調反共復國的特性而又擴大了它的基礎，形成文壇上有力的主流」（1984.03：22）。文學發展至此時，「戰鬥文藝」儼然成為文藝創作的權威指導原則，文壇出現了大量的反共戰鬥作品，建立了主流發聲的地位。

　　隨著國家文藝政策的確立，整體的配合體制也漸次成形，凝結固著成一股巨大的力量，龐然的國家文藝體制幾乎得以掌握操控這個年代的文學發展。關於「國家文藝體制」的內涵，根據喬斯丹尼士（Grerory Jusdanis）提出的「文學成規及體制」所言：

> 文學的成規及體制，包括美學的標準、出版、各種雜誌、文學教育、
> 文學評論、文學獎助、文學社團、以及官方或半官方的文學團體，
> 乃至於翻譯，與各種書籍的交換和領受，這些都構成一個國家文藝
> 體制所提供的種種空間，以鞏固某種國家文藝的利益。〔註4〕

為鞏固國家利益，在反共抗俄的戰鬥文藝要求下，整個體制所提供的「種種空間」，包括文藝政策、文藝運動、文藝社團、文藝作家、文藝傳媒等等架構成一個網絡（network）緊密連結的文藝體制。

　　在整個國家文藝體制中，政府最先積極主導介入的組織系統的設立，在1950年春，由蔣中正指示創立的「中華文藝獎金委員會」（簡稱「文獎會」），由張道藩擔任主任委員。該會創設的主要任務是積極展開對文藝創作的獎助，而其徵文獎助原則為「獎助富有時代性的文藝創作，以激勵民心士氣，發揮反共抗俄的精神力量」。除了以徵文鉅額獎助外，隔年「文獎會」更是創刊發行《文藝創作月刊》，進一步擴增發表園地，刊選創作精神符合之作品，且支付較高稿酬。在這樣的獎助制度下，確實引領了一代的創作風潮，成就出許多反共抗俄作品。對於「文獎會」所發揮的功效，當時作家司徒衛就曾直接地點出：

> 在自由中國文藝運動的開展中，獎金制度曾經是主要的鼓勵與支助
> 文藝創作的一種力量。……在反共文藝運動發端時期，它自有其功
> 績在。數以千計的文藝作家曾獲得獎金或稿費的鼓勵，作品得到刊
> 載與出版的機會。（1960：56）

---

〔註4〕 此引文係據廖炳惠所譯，參見廖炳惠（1993.09）〈母語運動與國家文藝體制〉，
　　　　頁10。

　　因此，文獎會的創設與其後整個五○年代文藝創作風氣的引導，有著相當直接密切的關聯。

　　若就當時著名的大型文藝社團的成立來看，緊接著「文獎會」創設後第一個成立的文藝社團為「中國文藝協會」（簡稱「文協」）。在「文協」會章第二條即明示其成立宗旨為：「團結全國文藝界人士，研究文藝理論，從事文藝創作，展開文藝創作，發展文藝事業，實踐三民主義文化建設，完成反共抗俄復國建國任務，促進世界和平」。因其組織堅實，參與作家人數眾多，並獲黨政的大力支持與實際資助，可稱是當時活動最力、影響最大、成效最著的文藝社團。隨後在 1953 年成立的「中國青年寫作協會」（簡稱「作協」），也於會章中標示「本會以團結青年作者，培養青年寫作興趣，提高寫作水準，建立三民主義文藝理論，加強反共復國宣傳工作為宗旨」，全力培植青年創作。又 1955 年由婦女發起的「臺灣省婦女寫作協會」（後改名為「中國婦女寫作協會」，簡稱「婦協」），則是以當時創作豐富的知名女作家為主，積極從事各項文藝宣傳活動，以達到其成立之宗旨，即為「鼓勵婦女寫作，研究婦女問題，以實踐三民主義，增強反共抗俄力量」，故就當時文藝社團的成立背景與實際運作而言，可明顯的看出：

> 在這個尋求溫飽和渴望安定的年代裡，文藝活動仍屬『貴族』行為，
> 從事文藝活動者多是已成名作家，發起組織文學社團者大都在政府
> 機構擔任要職，致使這個年代成立的大型文學社團帶有濃厚的官方
> 色彩。（鐘麗慧，1987.04：62）

就因這分濃厚的官方色彩，讓多數的文藝社團成了官方執行文藝政策的主要推動者，這就如同朱西甯所認為的，在臺灣將近三十年來反共文學的發達，除官方計畫性編印出版書刊的催生助長外，其實「更深受官方或半官方社團很大的鼓勵」（1977.09：3）。

　　在這樣龐大有力的組織系統強勢運作下，整體文藝創作環境的各個環節，莫不與之相應配合。首先在文學傳媒上透過副刊主編、社團雜誌的篩選過濾，自然表現在報紙副刊、文學雜誌及出版品上，無異正是「形成一個被有系統扭曲的傳播系統」。〔註 5〕其次，為全力配合「戰鬥文藝」政策、符合「反共抗俄」意識的要求，致使整個文壇資源幾為大陸遷臺作家所佔據，因

---

〔註 5〕關於「被有系統扭曲的傳播系統」之釋義，參見向陽（1994.07）〈打開意識型態地圖──回看戰後臺灣文學傳播的媒介運作〉，收入鄭明娳主編（1994）《當代臺灣政治文學論》，頁 82。

爲他們才具有如此的創作條件與身分背景。

綜觀五○年代起始，政府先以文藝政策的建立，繼而透過社團組織的運作，並掌控重要文藝傳播媒體，種種強勢介入的主導力，終致引領出整個時代的創作主調──戰鬥文藝、反共抗俄。

## 二、反共／懷鄉的協奏

五○年代的文藝創作，在強勢文藝體制的主導下引領出一個戰鬥文藝、反共抗俄的單音主調，而這樣的文藝創作主調，使得多數的文學研究者在闡述這一時期的文學特色時，往往稱之爲「戰鬥文學」、「反共文學」、或合稱爲「反共戰鬥文學」。當然，這樣的稱名雖是我們所能夠瞭解的，但卻也同時發現，它有時是被「反共懷鄉文學」所替代。

「反共懷鄉」，這個由「反共」與「懷鄉」所組合而成的稱名，其實，明白地彰顯出一些值得重視的訊息，而這些訊息本身則蘊含著相當繁複的價值意涵，需要我們深入探究的。因爲，在當時的文藝體制下既以反共爲主調，因而反共號召成爲文學創作的唯一主流當是無須置疑。除此之外，很難能有其他的「聲音」可以獲得支持與協助，然而「懷鄉」竟成了例外。探究「懷鄉」之能與反共大旗並舉，當有其自然的因素，誠如王德威（1954～）就曾針對作家的身分，提出其不得不然的關聯性：

> 絕大部分的反共作家，都是四、五○年代之交，倉促來臺的流亡者。
> 他們有的少小離家，有的拋妻棄子，避亂海角，而對家國命運的疑
> 慮，未嘗稍息。發爲文章，故園之思與亡國之痛，竟成互爲表裡的
> 象徵體系。五○年代懷鄉小說的興起，不是偶然。（1998：144）

從作家身上我們得能見出家國成爲一組互爲表裡的象徵體系，然而若進一步問：「國破家亡，這一切究竟是怎麼發生的？他（她）的每一回憶的姿勢必定指向一歷史記憶的斷層」（王德威，1998：145），在這歷史記憶的斷層中必然將國家分裂、家園離散指向共同的敵人，而讓懷鄉與反共產生緊密的連結，也就是：

> 反共和懷鄉是五○年代意識型態中不可須史分離的兩大支點，站在
> 反共點上望去，一切的流離失所與不得歸，皆因共產黨而起，共產
> 黨未滅家安在？一股懷鄉之情油然而生；站在懷鄉點上望去，爲了
> 返回鄉里，只能靠著反共達成，在懷鄉的同時，反共意識也伴隨著

而生。兩種意識的匯合，產生加強作用，強化彼此間的「回歸」意
識，造成兩意識間的緊密連結，達到一體兩面的效用。（同前，83）
除了辭鄉去國的經歷、共同敵人的指向之外，單就作品所能發揮的效用言，
若將懷鄉深情注入反共認知的創作中，應能引發更廣更深的共鳴，因此：

> 若單獨強調反共意識，會予人太過陽剛或僵硬的氣息，類似直接式
> 反共小說的說教或殘暴等場景出現，所以得用懷鄉意識這種較陰柔
> 的筆調，來緩和或淡化過多不雅的場景，以深郁的情感敲開讀者的
> 心靈，在感傷於懷鄉意識之中，又能同時接納反共意識。於是把情
> 感資訊（懷鄉）納入認知資訊（反共）體系，造成一剛一柔或剛柔
> 並濟的效果。（同前，83）

正是由於這些重要的內外在因素，讓懷鄉主題能別於其他文學而交融於反共
主流之中，依附在反共抗俄的大原則下，造就出一個反共／懷鄉文學協奏的
時代，展示了某種超穩定的結構。〔註6〕

## 三、懷鄉的開展與侷限

針對這一時期的文學作品，歷來稱名或有不同，有稱之為「懷鄉文學」、
「回憶文學」，或「鄉愁文學」者。〔註7〕雖是反共／懷鄉的協奏，但總體而
言，懷鄉文學所交出的成績，往往較之反共文學作品，受到更高的評價與肯
定，誠如齊邦媛所說：「光復後十年間，臺灣文壇上質量最豐的是被稱為『懷
鄉文學』的作品」（1990：10），甚而在黃重添的《臺灣長篇小說論》中更是
認為其隨後進而發展成為臺灣當代文學中常見的文學品種：

> 1949 年前後從大陸去臺灣的一部分作家，由於背井離鄉心理因素的
> 驅使，先後創作了一批以舊中國大陸生活為背景的作品，這便是文
> 界所稱的「懷鄉文學」或「回憶文學」。它盛行于 50 年代後期，其
> 後綿延不斷，成為臺灣當代文學中常見的文學品種。（1990：115）

這種以中國大陸生活為背景的作品，就題材內容來說，自是屬於回憶的文學。

---

〔註6〕 蔡源煌（1989）《海峽兩岸的文學風貌》，頁 43。他表示：「一九五○年代同時
也展示了某種超穩定的結構，直到一九六○年代，在《文星》、《現代文學》推
動之下才有所突破而進入所謂的西化期」。

〔註7〕 鄉愁文學，臺灣稱它為懷鄉文學或回憶文學。它幾乎和戰鬥文藝同時產生，
而盛行於五○年代後期，詳文參見白少帆等著（1987）《現代臺灣文學史》，
頁 267。

而在聯副紀念創刊三十週年《風雲三十年》的總序中，回顧中國現代文學之
發展過程時，認為就實際的創作主流方向而言，五〇年代的文學是：

> 以「大陸文化的回顧」為主流：由於抗戰、剿匪兩大戰亂所引發的
> 出自內心的創痛，作品滿溢著懷鄉之情、憂國之思，題材頗多為故
> 國山河的眷念，戰亂流離的飄泊，與抗戰前後人事物的描述。
> （1982：3）

這些渡海來臺的作者，「他們遭逢家國巨變，到臺後喘息未定，作品充滿了割
捨的哀痛與鄉愁」、「這一時期的作品，幾乎全是回顧式的作品，內容相當質
樸」（齊邦媛，1998：41），從大陸來到臺灣的作家，遠離故土、飄泊他鄉，
自是難免會有濃重鄉愁意識的生發，對此齊邦媛將這些對萬里外的家鄉舊夢
繪以懷念彩筆的作品，名之為「具象化的鄉愁」：

> 就題材而論，這二十多年的文學作品有將近一半是具象化的鄉愁。
> 由於對家鄉和往事固執的懷念，我們產生了一種獨特的民族文學。
> （1990：75）

而她也相同地認為這是臺灣幾十年來的文學特色之一，必然有其文學發展史
的立足之地。

在實際的情況下，「具象化的鄉愁」的確撼動人心，文字鋪陳出的故鄉記
憶，也真能安慰許多浮動不安的靈魂，但一切的一切，卻唯有與作家同樣經
歷的大陸來臺人士能懂能感，其餘那廣大群眾卻是漠然不解，這樣的窘境發
生在被稱為具有時代文學特色的懷鄉文學上，又是一個頗堪玩味的歷史景
象。因為情感、經歷所造成的隔閡，在葉石濤（1925～）《臺灣文學史綱》中
即一針見血的指出：

> 實際上他們生活的根還留在大陸，在夢裡縈繞的莫非是未被中共佔
> 據前的那榮華富貴，快樂愜意的大陸底舒適生活。像這樣的懷舊，
> 把白日夢當作生活現實中所產生的文學，乃壓根兒跟此地民眾扯不
> 上關係的懷鄉文學。……儘管臺灣民眾毫無困難和阻礙地接受懷鄉
> 文學的那濃厚鄉愁，但是這和本地民眾現實上的困苦生活脫節，讀
> 起來好像是別的國度裡的風花雪月了。（1996：89）

他直指出充塞著懷鄉憂鬱傷感情緒的懷舊，是一個脫離現實生活的白日夢，
是那些根還留在大陸的人的風花雪月，只能提供民眾茶餘酒後的一時消遣，
這樣的文學對生活困苦的臺灣本地民眾而言，是毫無意義的。這種完全游離

臺灣的社會現實，僅是空虛的吶喊，自然無法得到廣大臺灣同胞的共鳴，是與此地過去的文學傳統切斷關係，缺少生根土壤的文學，這的確是五○年代懷鄉文學的侷限，而這樣的侷限卻也是懷鄉文學無法逃脫的宿命。

再者，隨著懷鄉文學的萌芽、茁壯，許許多多的人接續投入創作的行列，在這浩浩蕩蕩的行列中，當然產生了許多優秀的作品，為這驚慌不安的時代吹奏出一股響亮的聲音，但也不免會出現一些胸蓄滿腔熱血亟欲抒發，就是「因為有了太多的東西要告訴讀者，所以就無暇推敲，而往往忽略寫作技巧，每流於內容空泛而形式刻板」（何欣，1979：45）。這種因為內容形式的僵化與寫作技巧的淺疏，導致懷鄉文學無法保有精純的文學藝術性。然「直到題材、內容一再重複，懷鄉的血淚似已抽盡，剩下的是氾濫的口號式的文字」（齊邦媛，1990：30），故在文學新生代主編的《現代文學》創刊詞中即明白地表達：

> 我們不想在「想當年」的癱瘓心理下過日子。我們得承認落後，在
> 新文學的界道上，我們雖不至一片空白，但至少是荒涼的。

漸漸地，懷鄉成了過往，懷鄉情緒成了癱瘓心理，懷鄉作品成了落後文藝，新一代的作者勇往直前「拒絕承受上一代喪失家園的罪咎感」，拋棄「遷臺第一代作者內心充滿思鄉情懷，為回憶所束縛而無法行動起來，只好生活在自我欺瞞中」這是第二代作家白先勇的文學認識（轉引自齊邦媛，1998：22～3）。

因之，懷鄉文學面臨一波一波的質疑與責難，原有的盛況與光環，全成了不瞭解現實生活、不認識文學發展的沈重包袱，這些景況在彭歌《回憶的文學》中有真實簡要的描述：

> 最近讀到幾篇文章，對於當代文學的「過去」，幾乎採取了全稱否
> 定的態度；或稱之為「回憶的文學」，那是帶著一種嘲諷的意思說
> 的。也有人更露骨地說，自民國三八年以後，隨政府來臺的作家，
> 有的走進學院裡與現實脫節，有的是寫些僵硬刻板的八股文學，「幾
> 乎毫無建樹可言」。這種說法，如非別有存心，就未免太失之武斷
> 了。抱著這樣輕率的態度，來討論文學，恐怕是難以令眾人心服的。
> （1977：3）

彭歌批評當時這種單一的嘲諷態度，實在未免失之輕率武斷。尤其是近年來基於「本土觀點所寫論著和大陸研究臺灣文學著作將它統稱『戰鬥文藝』甚

多政治性嘲諷」，完全漠視懷鄉產生的時代背景意義，而將人情上最深切直接的「家國之痛與身世之悲全灌注在被稱爲『反共懷鄉文學』中」（齊邦媛，1998：15）。

在這些正面反面的申說懷鄉文學的存在價值時，似乎不容辯說的就是它的確存在於這個特殊的時空環境下，也的確產生過巨大的影響。

## 第二節　千里憶舊的思鄉人——琦君

> 母親説：是那裡生長的人，就該喝那裡的水。要知道，水是故鄉的甜唷。
>
> 母親還説：孩子們多喝點家鄉的水，底子厚了，以後出門在外，才會承受得住異鄉的水土。
>
> 《水是故鄉的甜‧水是故鄉的甜》

琦君（1917～），一個千里憶舊的思鄉人，用著溫厚雋永之心憶念思懷故里鄉情的點點滴滴，那一縷煙霧迷濛似的思鄉愁緒瀰漫縈繞，輕撫著同是避難離鄉漂泊海隅的無數心靈。她以斑斕之筆，謹記恩師所贈「留予他年說夢痕，一花一木耐溫存」之勉，細述過往生命中人事物情之感，其文筆晶瑩清澈滿溢眞誠純淨之思，獨具旁人不易學步之懷舊醇厚人情，富含著東方氣息的敏感與寬柔。

琦君，擁有一宗金不換的豐盛「財富」，不管是童年鄉間的官家大小姐，或是白衫黑裙的新式學堂生，還是長沐文學薰育的大學女學生，她都在親人師友的疼愛呵護與啓蒙教導下樸實成長。在鄉村田野溪水間、在課堂朗朗書聲裡、在湖堤散步論學中，都留下了那極爲鮮活靈動的身影，她的童年就猶如一部中國式的「愛麗斯夢遊仙境」般，處處充滿新奇動人之趣（亮軒，1975.09：20）。但這片溫馨平和的個人天地，隨著國家蒙難興兵抗戰，一切安詳迅急變樣；戰亂期間琦君備嚐人間生離死別之痛與生活轉徙流離之苦，不僅中斷課業學習，遭逢喪父傷痛，最後求學他鄉甚至連病重母親的最後一面都未能趕上，這分淒清悲痛，更讓琦君終身深感無能忘懷。直至 1941 年完成學業後任教中學，這段有書爲伴的，琦君又再次開始顚沛移次的日子，永嘉、杭州、蘇州都曾是她落腳祈生之教書日子，她才能稍感快慰而得以忘卻重重憂患；而這卻也只是短暫的安穩，因爲不久縣城陷落學校關閉處。1949 年在

戰禍慌亂中，她與許多人一樣只能忍痛拋離故鄉的一切，倉皇渡海來臺。

離開生活三十多年的故國家園，忽置身異地的孤寂陌生與空虛無依，讓琦君重拾舊筆試習寫作，文多追憶家鄉、雙親、師友之作，用以排遣愁懷，稍減作客他鄉之惆悵。其中見諸報章的第一篇〈金盒子〉是寫對亡兄弱弟的手足之愛，文中亦顯戰火離亂悲歡之情，至情極為感人，就此開啟琦君步入臺灣文壇之機。此後一本本膾炙人口的文集，《琴心》、《煙愁》、《三更有夢書當枕》、《桂花雨》、《留與他年說夢痕》、《燈景舊情懷》等都極受讀者喜愛，凝聚了大大小小的琦君迷。然而這位文壇長青樹對自己數十年的創作成績，未言任何高蹈的理念，只是淡淡地說一直寫下去的最大動力，是因為「心中有一分情緒在激盪，不得不寫」，是一分對故鄉親友之情支持著她提起筆，將心中的懷念記憶化為面對現實的力量勇氣。

## 一、中國人靈魂的搖籃

> 如今故土淪亡，屈指又復三載。想那美麗的十八灣，已不復有滾滾清流，平疇綠野恐亦是滿眼荒蕪，屋後桃花早已無人為主，夕陽晚霞映照的是遍地腥煙。故鄉啊！我怎忍想到你，又怎能不想你。且讓我暫時再在夢裡追尋你，藉以重溫兒時溫馨的生活吧！
>
> 《琴心‧鄉思》

琦君在自己的第一本文集《琴心》1953 年的初版後記中，雖然謙稱自己作品中沒有瑰麗的文采詞藻，沒有感人肺腑的故事，沒有縱橫磅礴的才華，但卻也明白指出這當中的每一字每一句都有著最真誠的歡笑淚水，都是自己對過去不盡的懷戀與對未來無窮的寄望。並同時清心明志地說：「我們是從故鄉來的，還是要回到故鄉去，故鄉的親友們正在引領盼待著我們的歸去」（1980：202），她希望能以這些作品時刻警醒自己不要忘記昂首望向更遠更遠的前方。

另在印行版次數量皆豐的《煙愁》1963 年的初版後記裡，她則再次表明自己的創作意念，之所以寫下許多童年的故事，寫下對親人師友的懷念，琦君知道那是自己內心中一分激盪的情緒讓她不得不寫，而這輕煙似的淡淡哀愁，不象徵虛無飄渺，更不象徵幻滅，給她的正是踏實永恆的美感。因此，也許旁人視這些瑣碎片段的回憶，為個人廉價的感傷、雞毛蒜皮的瑣事或老生常談的道理，她都能坦然置之，不僅自問：

　　我是沈醉在個人的哀樂中嗎？我是在逃避現實嗎？不，不是的。雖
　　然日曆紙一天天飛過去不會再回頭，但我總得望著前面，前面還有
　　一大段路得走。我總希望以健壯的身心，回到故鄉，在先人的廬墓
　　邊安居下來，享受壯闊的山水田園之美，呼吸芬芳靜謐的空氣。我
　　要與夢寐中曾幾度相見的人們，真正的緊握著手，暢敘別緒離情。
　　我渴望著那一天，難道那一天會遙遠嗎？不會吧。（1981：223）

甚而反問：「面對著奼紫嫣紅的春日，或月涼似水的秋夜，我想念的是故鄉矮
牆外碧綠的稻田，與庭院中雅淡的木樨花香。我相信，心靈如此敏感的，該
不只我一個人吧」（223），這對同是避難離鄉流離他方的人來說，所思所感應
是契合相通的。回憶舊事對琦君的意義，並非回頭而是向前，是一分引領向
前的希望力量，如她在《紅紗燈》的前言中所提：

　　在我的記憶中，一直懸掛著一盞古樸的紅紗燈，那是外祖父親手為
　　我糊製的。在風雪漫天的冬夜，我的手緊緊捏在老人暖烘烘的手掌
　　心裡，一把沉甸甸的大紙傘遮著我。我們踩著粉紅色的光暈，在厚
　　厚的雪地裡一步步前行。雪花飄在臉上、項頸裡，卻一點不覺得冷，
　　這一段情景歷歷在目。數十年的生活經歷，也似被凝縮在溫馨的燈
　　罩裡。無論當年是哀傷或歡樂，如今都化作一分力量，使我感奮。
　　我並不是一味沈浸在回憶中，不能忘情舊事，而是拂不去的舊事，
　　給予我更多的信心與毅力。……因為那盞紅紗燈，象徵著一分紮紮
　　實實的希望，引我邁步向前。（1970：1）

昂首望向更遠更遠的前方，邁步向前，回到故鄉，是琦君這代飽受戰火摧殘
備嚐憂患的人所遙想謹念的心願。雖然當下現實生活的細瑣必須面對，但湧
自內心支持鼓勵她的力量卻是來自回憶中的家鄉故人舊事，沈浸在往事追憶
裡，並非逃避現實不求進取，反是在對親人師友的思懷憶念之中，記取他們
的期許敦勉之教，而此心越加不敢懈怠，故「內心無限的往復低徊之感，亦
未始不是飲水思源，而知所以自我激勵呢」（1983：2），這正足以說明為何琦
君作品中特多懷舊憶往之因。然而如此的寫作信念是始終貫徹的，就算執筆
四十多年後，她仍是一如初衷地看待自己的懷舊，在晚近出版的《萬水千山
師友情》自序中，「我常自問，緬懷舊日，是否會只有後顧而無前瞻？仔細想
想這是不會的。因為樹有根，水有源，故土情懷和天高地厚的母愛，不正是
寫作的原動力嗎」（1995：2）。

　　懷舊，在這特殊的年代氣息裡，一篇篇情韻深厚充滿中國舊社會風味的有情世界，一分熟悉親切、溫馨喜悅的美好感覺，當能撫慰那些曾經擁有如今卻已遠離的失落心靈，琦君以此激勵自己，而讀者則得經此重溫舊夢。是故，懷舊並非僅為個人天地之營構，或正如思果在〈落花一片天上來〉中評論琦君散文時所提到的：「散文家的文也可以成為史」（1975.12.21），意即琦君筆下的瑰麗世界是同屬於過去那個時代的人們。對此，王鼎鈞則更進一步地加以申發，認為琦君文章中的這些美麗情景大部分久雖已逝去不復存在，思果既言之為「落花一片」恐是有感於「逝者如斯」之嘆，並繼而提出琦君懷舊之文的深刻意義：

> 有人說，琦君女士的「愁」（煙愁）和夢（三更有夢書當枕）都是懷舊，有人以懷舊為理由喜歡這些文章，有人以懷舊為理由而不喜歡這些文章，這兩種意見都說得太「隔」了。文學家的懷舊只是創作的手段，「舊」是他的材料，他用舊材料作出新成品，從成品中展露新的意義，那意義，才是作者創作的目的。《煙愁》、《三更有夢書當枕》像一切的好作品那樣，含有字面以外的意義，有材料之上的意義。她用散文的方式，告訴我們，中國人的靈魂曾經有過一個什麼樣的搖籃。這隻搖籃，現在嚴重受損，幾乎無法再用。我們有新的搖籃嗎？我們已經長大不再需要搖籃了嗎？……這些，豈是懷舊二字所能了得？（1976.01.15）

「中國人的靈魂曾經有一個什麼樣的搖籃」，在琦君清麗雅潔的文字與溫柔敦厚的人情中，我們的確遙見那曾經撫育中國人的搖籃，是那麼貼近那麼溫暖，是人世生活中最真切的情味，不見高調的說教，也沒有沈重的使命，完全是琦君以真情善意之筆在謳歌一個已消逝的天地。然而回顧一個消逝無影的美善天地究有何義？多次為琦君出版文集的隱地給我們一個答案，「展現在我們面前的，是一個全新的年代，變變變……，天天在變的年代，而重要的，我們也該時時回顧，所有以往屬於美好的，我們都要珍惜，都要牢記。一個有記憶的人，對每一個迎接我們的明天，才有意義」（1991.07：2）。

　　一個不尋常的年代，讓琦君的懷舊散文適足成為這代拔離故土渴溫舊夢的中國人靈魂的搖籃，然而這搖籃非單懷舊所能成，尚需有琦君個人真摯敦厚的獨特質性方能成。就正如我們所見到的，也同時是琦君始終秉持的創作主張：要以真摯的情意善感的靈心寫美好的世情。故其作品中「字字句句都

在謳歌人性之善良」（彭歌，1974.06.22）、「總是明顯的流露一股慈悲的胸懷」（亮軒，1975.09：22）、「充分表達中國傳統溫柔敦厚的特色」（夏志清，1977.07：58），如此方為奠定琦君個人完整明確的散文風貌，而深得讀者的熟悉與喜愛。在此更為值得注意的是，賞讀琦君作品，我們不僅能感受到她溫柔敦厚的至情至性，更能見出此至情至性孕育成長的過程，相信這分美好情操的涵養，能帶給人無限的省思與啟發，而這才是文學作品深刻之處，唯能深刻體會琦君作品背後蘊含的真情實意，才是開啟琦君散文世界的一把利鑰，也唯有發現此構築琦君散文世界的重要質素，才能真正感受到琦君散文的動人之處。

人人意中所有筆下所無的情韻，是琦君散文最為出色之處，雖然懷舊憶往之作何其多，但琦君的懷舊是旁人不易學步的，因為那溫馨平和真摯美善的天地，是中國人靈魂所曾擁有的搖籃，重溫舊夢能為失落浮動的人心尋求安頓慰藉，故非僅是舊時鄉村恬靜生活的緬懷感動，而是能超越文字景象聽到來自心靈故鄉的呼喊。因此，琦君散文的精神意義豈是旁人所云的「懷舊」二字即能說盡，平淡明朗卻特具中國傳統溫柔敦厚之精神，足以標誌時代文風更應傳世久遠。

## 二、故人舊事‧童年記趣╱有情天地的薰沐涵育

> 每回我寫到我的父母家人與師友，我都禁不住熱淚盈框。我忘不了他們對我的關愛，我也珍惜自己對他們的這一分情。像樹木花草似的，誰能沒有一個根呢？我常常想，我若能忘掉親人師友，忘掉童年，忘掉故鄉，我若能不再哭，不再笑，我寧願擱下筆，此生永不再寫，然而，這怎麼可能呢？

> 《煙愁‧留予他年說夢痕》

走過中國巨大創裂的年代，有誰能毫無變動地繼續在個人溫暖的天地裡成長，琦君當也同遭此困頓考驗，難能可貴的是雖然避亂離鄉漂泊海隅，走過顛沛坎坷的人生，但她「卻能把大半生飽經憂患的生活經驗，透過靈心彩筆，化為菩提，讓自己活得更堅毅充實、人間洋溢溫暖祥和」（何淑貞，1999.06：25）。這是因為琦君深切牢記著恩師所贈之語：「莫學深顰與淺顰，風光一日一回新，禪機拈出憑君會，未有花時已是春」，如此讓她所以能化熱淚為力量，頑強地克服困難忍受痛苦，用智慧與勇氣面對現實，更記得「留與他年說夢

痕，一花一木耐溫存」之勉，要以溫存之心細體生涯事物所給予的一喜一悲。琦君未忘曾撫育自己成長的有情天地、未忘父母師長的言教身教、未忘親人友朋的指點鼓勵，她將這些墳贋的舊情懷，點滴幻化成同屬那一代中國人靈魂的搖籃。

故人舊事自是琦君懷舊散文中的重要元素，她對陪伴自己年幼時的身旁親人都曾以專文敘述，如〈父親〉、〈母親〉、〈外祖父的白鬍鬚〉、〈金盒子〉、〈阿榮伯伯〉、〈阿標叔叔〉、〈三劃阿王〉等，除此當然還有在課業學習中感念不忘的師長們，如〈啓蒙師〉、〈聖誕夜〉、〈敬愛的號兵〉、〈三十年點滴念師恩〉等，這些人都是琦君有情天地裡最爲重要的質素，是因爲他們的慈愛始終在琦君心中激盪，而這分不得不的思念憶往所流洩於筆下則成眞誠淳厚的情懷，讀來自然分外親切感人，當能喚醒讀者那分同是心靈深處的故鄉親人遙念。

母親是琦君散文中最常出現的人物，有時主角有時配角，篇幅雖長短不一，但每次的出現都有它一定的意義。由於琦君對母親的感情是正面而肯定的，並不需以反面或朦朧的意象來描述這分母女之愛，因此琦君多以生活點滴呈現母親的那分舊時代女性勤儉寬大忍讓的美德。在琦君筆下母親沒有一雙秀氣的三寸金蓮，也不是一雙自然的天足，而是一雙變形的小腳，搖搖晃晃的身子長年忙進忙出地負起一家重擔，雖貴爲堂堂的師長夫人、鄉人眼中的員外夫人，卻是自甘淡泊終身辛勞地長住鄉間老宅料理田地果園，〈母親的手藝〉裡她粗活細工都能幹，不僅繡花紝線全村聞名，連蒸糕釀酒醃菜更是受到鄰人的讚賞與喜愛。〈衣不如故〉裡她勤儉持家，什麼亮眼色彩時髦樣式也沒進過她的眼裡，年輕時候至多是藍底白花衫褲，中年以後不是安安藍就是藏青，對自己如此，但對別人卻是傾全力照顧幫忙，〈去看癲人〉裡不僅能超乎旁人嫌惡鄙夷的眼光照料受婆婆虐待而病癲的岩青嫂，〈母親！母親！〉裡也能胸懷寬大地體恤寄人籬下的女孩的偷蛋行爲。

琦君的母親最令人難忘的是那溫婉忍讓的性情，琦君記著一回的中秋夜晚姨娘在蚊帳裡拿蠟燭燒蚊子，不小心燒著了帳子，卻只會發慌叫喊，趕緊跑來撲火的人卻是母親，火熄後面對灼傷的雙手，只是低聲地說不要緊抹點雞油就好了，「媽做事一向鎮靜，對任何痛苦，她好像都安之若命。她一生已不知忍下多少痛楚，吞下多少眼淚。而這一次，我扶她回到自己房裡，她暗暗落淚了。我想她疼痛的不是一雙灼傷的手，而是一顆受創的心。恩愛幸福

不屬於她,一有危難,挺身來承當的卻是她。誰能不感委屈呢」(1975:54),
這些童年往事在琦君長大後當有另一番體悟:

> 我雖遠離母親,求學他鄉,而多年的憂患,使母女的心靠得更近。
> 我也已成人懂事。想起母親一生辛勞,從沒享過一天清福,哥哥的
> 突然去世,父親的冷淡與久客不歸,尤給予母親錐心的痛楚,她發
> 過心氣痛,咯過血,卻堅忍地支持過來。我常常想,究竟是什麼力
> 量使母親掙扎著活下去的呢?是外公的勸慰嗎?是她對菩薩虔誠的
> 信賴嗎?還是為了我這個愛女呢?(1976:27)

對於母親的忍讓,琦君雖覺太過與委屈,但她卻十分明白,這正是維繫全家
的安定力量,「我深深感到自己能享受完整的家庭之愛,就是由於母親偉大的
容忍」(1969:15)。這位具備三從四德的舊式婦女,雖未能獲得期待的情愛,
也未能享受榮華富貴,卻是默默付出一生承受一切,極為平實而感人,就在
一件又一件的往事回憶裡,琦君母親默默的舉止言行與神情氣度,相信就是
琦君最好的典範,「使我於長大成人中懂得許多為人處世之道」(1975:118)。
而琦君和母親之間的感情,無論是母親的慈愛呵護,或是琦君的思念之情,
相信早已打動許多人的心,即使在母親去世幾十年後,她仍情深意濃地表示
自己的思母之情是與日俱增,「這也許由於我是獨女,承受了母親全部的愛,
更由於母親一生都在憂傷苦難中度過,我們母女之間,除了骨肉至愛之外,
更有一種患難中相依倍切的知己之感」,因此多年來「遇到憂患時,希望母親
給予我精神上的支持,遇到歡樂時,痛悼母親已不在人間,不能與我共享歡
樂」(1981:207~8)。在熟悉琦君作品的讀者眼裡,她是一位具體鮮活的人
物,而非故事主角,可以說,母親是琦君散文中最精心描述的人物。

　　除母親外,那半生戎馬時溫時厲的父親,那童時玩伴年幼早夭的哥哥,
那慈祥溫潤貌似財神爺的外公,那親如家人的慈愛長輩老長工阿榮伯伯,那
仗義俠情乞丐頭子三劃阿王,還有阿標叔、阿多叔、肫肝叔叔、五叔婆、阿
月、小花、王玉、童仙伯伯、寶松師傅、蕭琴公……都是琦君在成長過程中
可親可愛的學習對象,他們的疼愛與情意是孕育琦君溫厚善良個性的最重要
因素;也因此他們時常出現在琦君的回憶文裡,無論主次無論內容,都讓人
感受到一股和樂氣氛與深厚情感,應該說琦君豐盛快樂的童年就是這些人物
所編織成的。除了親人友朋,當然更有琦君終生感念不忘的師長們,童年家
塾時期虔誠信佛的啟蒙師,中學時期鼓勵寫作的王老師、慈愛和藹的韋先生、

善體人意的房老師、民主講理的訓導主任沈先生、終年藍布長衫的梁老師，以及大學時期令人欽仰以言教身教的夏老師，不論爲人爲學爲文均給予琦君無限的啓迪。可以說就在琦君眼中所望見的故人身影中、胸中所懷思的舊事往夢裡，我們看見一個從中國傳統家庭長大的孩子，如何地記取過往良善美好的一切，她在回想，而她的讀者也在迴響。

對於琦君的作品內容，夏志清（1921～）曾提出一個相當貼切的解釋：一部巨型的回憶錄，這其中不僅僅是她個人生活的紀錄，更是那個時代民情風俗的眞實呈現，尤其是琦君童年時家鄉的一地一景、一花一木，無不是美好快樂的象徵。這些充滿美好快樂的兒時記憶，在琦君的寫作歷程中曾發揮極大的影響與幫助，因爲有了這分鄉土情懷才能成就筆下許多感人篇章，誠如她自己所說的：「一個有思想感情的人，那有不懷念自己出生長大的家鄉的？家鄉的風土人情，家鄉的生活習慣、衣著、飲食，那一樣不令人懷念呢」（1995：205），琦君相信這分鄉土情懷才是自己作品中最眞誠可貴之處。在琦君童年記趣的系列回憶文中，最爲突出且最吸引人的，應是鄉村裡過年過節的歡樂氣氛，那分濃厚熱鬧的節慶歡愉，不知溫暖了多少離鄉外地的心靈。琦君的家鄉是一個離縣城三十里的小村莊，除了平日嬉戲田野溪水，享盡大自然的樂趣外，最值得期待的就是農曆年節的到來，因爲對一個終日在老師瞋目威嚇下背著詩云子曰的小孩來說，唯有過新年才被允許暫拋書本，無牽無掛地敞開著吃敞開著玩。琦君將這段年節前後大事細寫地極爲鮮活靈動，從庭院撣塵洗刷、廚房蒸糕宰豬到二十四夜送灶神爺，就此揭開年景序幕漸進高潮，而在除夕當天屋裡是到處紅到處亮，洋溢著歡樂喜慶的氣氛：

> 大廳裡紅木桌和太師椅，都縈上大紅緞盤金雙仙和合的桌披椅披。一對鳳凰，一對雙龍搶珠的錫燭臺，一字兒排開，正中是獅子捧仙球的錫檀香爐。香煙從張開的獅子口和鏤空的圓球中噴出來。整個大廳都是芬芳的檀香味。……前廊裡亮起了煤氣燈，發出呼呼的聲音，格外令人興奮。到處金光閃閃，我也金光閃閃。我又要開心得裂開來了。（1975：72～3）

祭天祀祖、領壓歲錢、吃團圓飯，全家盡情歡樂一起守歲過子夜。年初二不管天晴落雨端著紙蓬包代表母親向長輩拜年，「那是用一種極粗的草紙包成斧頭形，外面加一層紅紙，而上貼著商店的招牌，用紅油麻繩縈得有稜有角，裡面是紅棗、蓮子、冰糖、桂圓等不同的東西。大家都說潘宅的紙蓬包貨色

最真」（1985：26），送出了紙蓬包，也提回滿藍的雞蛋、甌柑、炒米花、鬆糖，還有滿心的快樂和喜悅。接著是全村的年度大典，初七初八迎神提燈酬神廟戲活動，這是農村莊稼人爲祈福謝神虔誠崇敬的熱鬧活動，迎神隊伍裡有銀光閃閃的舞龍、有英姿挺發的碼盜、有金碧輝煌的鑾駕、有鑼鼓喧天的樂隊，後面更是不斷湧進提紅燈舉火把的人潮，只見：

> 偌長的迎神隊伍，從熱鬧的街心穿過，街上好多路祭，是生意興隆
> 的商家所擺，鞭炮之聲，不絕於耳，他們一則表示感謝，二則也是
> 炫耀財富之意。從長街轉到山路和田野，原來一片靜謐的田野，頓
> 時開出了火樹銀花，天空也照耀得一片通紅。不管是晴朗或風雪漫
> 天，他們的情緒都是一樣興奮。（1975：78～9）

享受完這分浩浩蕩蕩的熱鬧盛況後，春節是漸漸落幕了，元宵節的提燈會吃湯圓，則是年節的最後尾巴。除了年節的熱鬧活動外，村子裡的另一項喜慶，就是婚嫁喜事。平日儉樸的生活中，只有在嫁女兒、娶媳婦的結婚典禮上，儀式的隆重、排場的講究，可以與新年過節相較。在這樣的結婚大典中，琦君這位潘宅大小姐是少不了要被請去撐撐場面的，「坐筵畢竟是我童年生活史上最光榮的一頁，如今追述起來，心情之興奮正不亞於退職官兒們津津樂道他當年宣赫的功名事業呢」（1981：36）。

在那些熱鬧的年節喜慶外，琦君筆下還有許多家鄉獨有的民情風俗，十分的新奇別緻，如下雨天時一大群孩子在廊下的穀子堆裡比賽撿麴，撿來一缽缽的麴送給雞鴨吃：也是在下雨天時，趁著空氣濕度重絞線不易斷裂，才能一夥人偷閒圍坐門前，嘴裡哼著小調，手裡搓著紵絲打草鞋，好不熱鬧；還有就是清明節時的穿球花、新穀收成時家家戶戶的嚐新酒、深秋時節的搖桂花以及冬至年前後院矮牆的晒晒暖種種「節目」，這些都是她回憶裡數也數不盡的童年記趣，因爲玩樂的童心不禁讓她覺得：

> 事實上，我們鄉下的節目好多好多。簡直天天在過節、時時在過節。
> 比如說採山渣果、插秧、打賣子、犁田車水、做紙……大人忙得不
> 可開交的日子，小孩子就像過節似的興奮起來了。幫大人做事，那
> 怕只用個小竹簍、小畚箕拴在身上，跟在長工後面追來追去幫倒忙，
> 總會有得吃、有得喝的，小肚子撐得跟蜜蜂似的。那分快樂就跟過
> 年過節一模一樣。（1984：44～5）

就是這分勤奮忙碌、樸質淳厚的鄉村氣息，讓琦君童年記趣的散文，顯得特

別突出與感人，在這其中我們找回許多已消逝的溫暖，而這分難以言說的情味，就在她的散文中自自然然地流露出來，如同楊牧的貼切比喻「憶兒時的小品，是發黃的黑白攝影，引導我們跟她一起懷念生命中一段幾乎淡忘了，卻又渲染有致的歲月」（1980.09.13）。琦君用這枝多情細膩的魔筆，寫出童年生活中許許多多事物，時時洋溢笑聲、處處充滿溫馨，不僅讓同時代的人重溫舊夢，也讓未能親見的人有機會分享，「琦君能以曾經一度生活於其中，並且又以她的作品讓別人來感受到這種精神的質樸和芳香，在她個人以及讀者都可以說是一宗幸運」（陳克環，1974.12.07）。

相信多數喜愛琦君散文的讀者都十分傾心於她在作品中所描繪的世界，不僅親切有趣引人入勝外，也往往能於樂讀之餘體悟到生活的真味，就是這分真切如實的生活體味才能造就琦君散文的獨特風格。但更為重要的是在這個故人舊事童年記趣所交織的天地裡，充滿著濃郁的中國傳統韻味，憶舊傷懷卻顯溫馨平和，這讓許多曾經生活於其中的人，能夠再度悠遊神往其間而得到溫暖與滿足，這是琦君為自己所寫，也同時為那一代離鄉的中國人所編織的搖籃。

## 第三節　凝視眺望的異鄉人──余光中

> 他那一代的中國人，有許多回憶在太平洋的對岸有更深長的回憶在海峽的那邊，那重重疊疊的回憶成為他們思想的背景靈魂日漸加深的負荷，但是那重量不是這一代所能感覺。舊大陸。新大陸。舊大陸。他的生命是一個鐘擺，在過去和未來之間飄擺。
>
> 《焚鶴人‧蒲公英的歲月》

余光中（1928～），一個永遠凝視眺望的異鄉人，在臺灣島嶼、在香港、在新大陸、在歐洲，在相異於舊大陸的任何一塊土地上；一雙總是逡巡徘徊的眼神，遙想著江南、遙想著四川、遙想著童年歲月，終是跌落在無法抹滅的逃難流離記憶裡。

余光中，自豪出生於傳頌著美麗與哀愁的重九登高日，但登高不為望遠，為避難，「他那一代的孩子，在一種隱喻的意義上說來，都似乎誕生在重九那一天，那逃難的日子」（1972：6），隱隱寄寓的是在靈魂深處那分蠢動不安的逃難記憶，詩人以「茱萸的孩子」自稱，就告示著終身不忘的警醒

與期盼。1928 年生在南京，一段短暫而美好的童年記憶留在江南；1937 年抗日戰爭爆發時避難就讀的流亡學校在四川，一切的文學因緣就在「蜀江水碧蜀山青」的孕育下茁然成形；1945 年隨著抗戰勝利返回文化古都南京，在此開始了大學的學習生涯，但卻又因國共內戰蔓延而不得不再度逃難；1949 年在大陸淪陷的倉皇中逃至香港，黯然地度過了失學苦悶的一年；1950 年離港至臺，在此地接續未完成的學業，也同時在此地開展了他未曾計畫的一生。

在來臺三十多年後出版的《余光中詩選》自序中提到，那時初度來到島嶼的他，沒料到他註定要寫很多作品，沒料到他的讀者不在大陸卻在海外，沒料到紫金山上的楓葉紅了三十幾次，卻沒有一片能飄到他的肩頭上，沒料到「他註定要作南方的詩人，他的詩，要在亞熱帶的風雨裏成長」(1981：1)。數個沒料到竟讓這位南方詩人的身形只能以隔絕仰望的姿態凝視著那塊記憶深處的舊大陸，但他卻在創作天地中以積極奮進的步伐走向中國，宣示著文化中國的美麗與偉大。

## 一、走向中國

> 他那一代的中國人，吞吐的是大陸性龐龐沛沛的氣候，足印過處，
> 是霜是雪，上面是昊昊的青天燦爛的白日，下面是整張的海棠紅葉。
> 他們的耳朵熟習長江的節奏黃河的旋律，他們的手掌知道楊柳的柔
> 軟梧桐的堅硬。江南、塞外，曾是跨下的馬髮間的風沙曾是樑上的
> 燕子齒隙的石榴染紅嗜食的嘴唇，不是地理課本聯考的問題習題。
>
> 《焚鶴人‧蒲公英的歲月》

在余光中第一本收錄抒情散文的《左手的繆思》中，雖然泰半是敘寫人物的塑像或遊記，但其中有一篇是他在 1958 年第一次赴美到愛奧華城時所寫的〈石城之行〉，這趟異國之旅卻不期然地將詩人胸中隱忍潛藏的中國鄉愁牽引而出。文中透過一位曾暫住廣州的美國友人的廣東鄉音裡，微微地引發了那股潛藏深處的濃重鄉情，在那個人物時空完全錯置的情景下卻如此進行著幽微的中國情思：

> 他說二十年前曾去過中國，在廣州住過三年多；接著他講了幾句迄
> 今猶能追憶的廣東話，他的目光停在空虛裏，顯然是陷入往事中了。
> 在地球的反面，在異國的深秋的下午，一位碧瞳的老人竟向我娓娓
> 而談中國，流浪者的鄉愁是很重很重了。(1963：117)

余光中淡淡地將流浪者的中國鄉愁，娓娓地經由異國友人的聲音中流洩而出。隨之在其後出版的散文集《逍遙遊》（1984）中，明言自己偏愛的是自傳性的抒情散文，尤其是集中寫於 1965 年第二次赴美時的〈九張床〉、〈四月，在古戰場〉、〈塔〉等數篇，其中都少不了那個往往飄回舊大陸的寂寥身影。

在〈九張床〉中是以作者身躺於九張床間的流轉來檢閱那段寂寞荒涼的異域歲月，在無寐的月色下，記憶角落悠悠流瀉而出的卻是「月光光，照他鄉……抗戰前流行的一首歌，在不知名處嫋嫋地旋起。輕羅小扇，兒時的天井母親做的月餅，餅面的芝麻如星。重慶，空襲的月夜，月夜的玄武湖，南京……直到曙色用一塊海綿，吸乾一切」（172），而在另一張迎接自大西洋昇起的新浴旭日的床上，可想見那儷人的光芒即將遍照凌波而立的自由女神時，他想起的卻是：「而日落天黑的古中國啊，仍在她火炬的光芒外，陷落，陷落。想起此時，江南的表妹們都已出嫁，該不會在採蓮，採菱。巴蜀的同學們早早畢業了，該不會在唱山歌，秧歌」（177）。在一張張異域的床寐之間，悠然回想的是抗戰前的江南、是抗戰時的嘉陵江北，是遼遠破碎的中國。他也曾在料峭冷峻的四月天，在春天古戰場的戰士雕像前，所喃喃的是：

> 不知道那麼多青銅的幽靈，是不是和我一樣感覺，喜歡春天又畏懼春天，因為春天不屬於我們，他想。我的春天啊，我自己的春天在哪裡呢？我的春天在淡水河的上游，觀音山的對岸。不，我的春天在急湍險灘的嘉凌江上，拉縴的船夫們和春潮爭奪寸土，在舵手的鼓聲中曼聲而唱，插秧的農夫們也在春水田裡一呼百應地唱，溜啊溜連溜喲，伊呀呀得喂，海棠花。他霍然記起，菜花黃得幌眼，茶花紅得害初戀，營營的蜂吟中，菜花田的濃香薰人欲醉。更美，更美的是江南，江南的春天，江南春。（181）

春天，這個五陵少年終於明白到最美最美的是江南的春天，那裡的四月天都比不上記憶中的江南春。但可嘆的是身在洋水仙散盡的蓋提斯堡裡，在孤寂的瞭望塔上，他隱隱望見是過去一個厭倦古國破落與蒼老的十九歲男孩熟悉身影，曾經對著誘人的外國地圖，一心只想去異國，去遙遠的異國，追求永遠離開平凡的中國；而今天，二十年後的今天，「立在這座鋼筋的瞭望塔上，立在二十年的這一邊，他撫摸二十年前的自己，自己的頭髮，自己的幼稚，帶著同情與責備。世界上最可愛最神秘最偉大的土地，是中國」（203）。對於那片踏不到的泥土，他只能遠望，明白歸途是無涯的，他只能是一個異鄉人般如此的眺望。

　　站在曾經一心嚮往的異國土地上，余光中才深切地明白過去踏在平凡中國時的真實感與歸屬性，他把自己精神靈魂世界裡對中國的所有懷念，一字一句地描繪出來，似乎昭告著世人他要走向中國，中國是他創作天地裡沃土，無法捨棄的源流，「因為新大陸和舊大陸，海洋和島嶼已經不再爭辯，在他的心中。他是中國的。這一點比一切都重要。他吸的既是中國的芬芳，在異國的山城裡，亦必吐露那樣的芬芳，不是科羅拉多的積雪所能封鎖」（1972：55）。過去他沒有標舉並不表示這分情感不存在過，而今後他要讓中國的情感自自然然地流洩在他的創作天地裡，不再刻意隱瞞。這樣的改變，許多人都注意到了，在夏志清〈余光中：懷國與鄉愁的延續〉中提到：

> 正如他自己說，他開始不斷寫縈懷祖國的詩篇，是一九六四年在伊里諾埃、密西根、賓夕凡尼亞等州各大學巡迴任教的時候。這段期間他寫了一些最出色的抒情文，描述美國的山嶺、道路、城市，文中夾雜著他對童年的中國與唐詩中的中國的懷念。這些散文辭藻華美，韻律動人，把回憶、描述、冥想，巧妙地編織成章，實在不易翻譯，其中一九六九年他三度赴美前夕寫的〈蒲公英的歲月〉可為代表。（黃維樑編，1979：387）

而鄭明娳（1949～）在討論余光中抒情散文的情感特色時，同樣也認為雖然他與多數散文家相同，不免在作品中都曾呈顯流露許多不同屬性的情感，如親情、愛情、友情等等，但這類一般情感抒發多屬零星式的點綴，而認為歸結余氏作品情感最為突出地應是：

> 只有那濃烈欲燃的鄉國之情充斥在字裏行間，不但在文中突擊式的屢屢出現，且幾度成為全文主題。像〈石城之行〉、〈塔〉、〈九張床〉、〈丹佛城〉等等是蜻蜓點水式的；而〈地圖〉、〈萬里長城〉及〈蒲公英的歲月〉則是溢滿了磅礡的中國意識。（黃維樑編，1994：278）

因此，我們從余光中創作歷程的自省中，會發現中國的精神呼喚是如何在其作品中浮顯起伏。

　　另外，值得提出的是他相當不同於一般作家的創作表現，就是在創作初期並未首先擇取中國為主力戰場，未似當時多數作家的作品在來臺愁緒憂憤下均無際漫流著一股濃重的大陸之情，而余光中反是在新大陸的異域相映下，迸裂出胸中未曾斷絕的舊大陸情懷，往往透過一種時空錯置的跳接路徑，以精神靈魂超脫地連接上實際身形所無法觸及的中國。面對余光中如此特殊

不凡的選擇轉折，或許有人會以爲是余光中變換了創作的新主題，但毋寧以
陳芳明（1947～）在〈冷戰年代的歌手〉中所言更爲正確，那就是：「余光中
在每個時期固然有不同的風貌，但是他的思想卻是一以貫之的，那就是——
走向中國」（黃維樑編，1979：92）。

## 二、地理‧歷史／精神文化原鄉

> 眞正的華夏之子潛意識深處耿耿不滅的，仍然是漢魂唐魄，鄉愁則
> 瀰漫於歷史與文化的直經橫緯，而與整個民族禍福共承，榮辱同當。
> 地理的鄉愁要乘於時間的滄桑，才有深度，也才是宜於入詩的主題。
>
> 《五行無阻‧後記》

余光中，這位右手寫詩左手寫散文的繆司，在創作天地裡的「走向中國」，
呈現的正是一幅以地理與歷史所縱橫交織出的華夏之美，這是一種能超脫任
何直指實體的形而上精神文化鄉愁。在〈登樓賦〉中描寫著，當他站立在最
國際化的紐約帝國大廈，面對眼前數不清的現代摩天大樓時，恍惚間他的眼
前成了破裂的山系，立處高峰前無古人後無來者的他，任風將他雕塑爲「一
塊飛不起的望鄉石」，石顏朝西而上面所鑴刻的，並不是拉丁的格言，更不是
希伯萊的經典，而是「一種東方的象形文字，隱隱約約要訴說一些偉大的美
的什麼」，這是領導時代的新大陸的人所不能翻譯的，這是紐約的電腦所無法
解算的（1968：40）。若說這塊朝西望鄉石上的象形字所隱約傾訴的偉大的美
的什麼，就是精神文化的壯美中國，就是余光中靈魂深處不滅的文化中國。

在我們明白到他的中國內涵是華夏精神文化時，就該發現他將以地理空
間的遨遊與歷史時間的悲嘆，超越時空的現實侷限，帶著廣大的華夏之子直
視屬於我們民族的一切悲喜禍福。這樣的直視，余光中甚而定言，無論你願
不願意，將來都將加入，因爲「那古老的大陸，所有母親的母親，所有父親
的父親，所有祖先啊所有祖先的大搖籃，那古老的大陸。中國所有的善和中
國所有的惡，所有的美麗和所有的醜陋，全在那片土地上和土地下面」（1968：
68）。古老的大陸，這片土地的搖籃孕育出每一個你我，而在土地上所發生的
一切善與惡，勢必成爲懷念的最終指向。

就地理空間的遨遊上，余光中獨具隻眼地選擇以縮地術的地圖作爲敘寫
的藉質，試圖以一張破舊殘缺地圖的俯視進行騰越的思懷，用以懷想那古老
的大陸，懷想過去的中國，因爲他明白到：「當你不在那片土地，當你不再步

履於其上，俯仰於其間，你只能面對一張象徵性的地圖」（1968：69）。如此的象徵意義，讓走進地圖之事便不再只是地圖的覽視，而成為一個替代，替代那個無法步履其上俯仰其間的中國，也因此焦桐認為余光中的地圖意義幾乎等同於圖騰，而「這張圖騰所象徵的意涵包括了空間和時間，裡面除了對故土深遠的想念，也是對歲月的緬懷」（1999：194）。

在這張殘缺的破地圖上有著記憶深長的地名，長安洛陽赤壁、臺兒莊漢口漢陽；有著曾讓他雲遊神臨的雉堞長城、葉脈水系與空廓廓的沙漠；有著他的眸光所逡巡的四川山嶽、所翩翩的江南濱海；有著他的童年時光、求學歲月與抗戰年代；這種種牽繫足以讓「幾個單純的地名便喚醒一整個繁複的世界」（1968：68），而這個世界屬於他，也屬於同樣億萬的中國人。地圖所以能承載知識理性外的情感重量，就源於不在中國，走出了那片山河，才明白到「你不能真正瞭解中國的意義，直到有一天你已經不在中國」（68）。對於所有不在中國的子民，都將能透過那張地圖尋找到屬於自己的流離歲月，也同時正視中國的今昔境況。

余光中將地圖覽視所存蓄積疊的情感重量，完全迸發在這座極具象徵意涵的萬里長城之上，「是長城，雉堞儼然，樸拙而宏美，那古老的建築物雄踞在萬山脊上，蟠蟠蜿蜿，一直到天邊。是長城，未隨古代飛走的一條龍」（1974：1），這條巍峨雄踞的龍是每個中國人的脊椎。所以，當看到《時代週刊》的圖片中，顯示季辛吉和一票美國人站在萬里長城上，那大模大樣吊兒郎噹的藝瀆笑容不禁令人憤怒，這龍背竟被踩在洋策士的腳下，憤怒裡有妒恨有羞辱，妒恨的是「幾十年來，一直想撫摸想跪拜的這一座遺產，忽然為一雙陌生而鹵莽的腳捷足先登」，羞辱的是「長城是神聖的，不容侵犯！長城是中國人長達萬里的一面哭牆，僅有一面牆的一座巨廟」（2）。這分複雜莫名的憤怒情緒正側面地道出潛藏在余光中內心深處的情感，長城儼然成了那無法回去的中國，而其中對長城所表露出的崇高仰慕之情，正是傳遞出在精神靈魂深處裡對中國堅定不移的信仰認同之意。長城之能足以象徵中國，是因為它在歷史承續過程中深深地烙印於每個自中國文化所孕育出的生命體，而成為他們所共享且不滅的文化符碼，因此，無論是否實際到登上長城，親驗瞻仰膜拜其不朽，長城都已經存在了，真實感覺地存於每個中國人的內心，天經地義亙古不變的是長城是他的，長城是他們的，長城是屬於中國的，所以，即便他能理智地明白到：

> 萬里長城又不是他的，至少，不是他一個人的。他是一個典型的南
> 方人，生在江南，柔櫓聲中多水多橋的江南。他的腳底從未踏過江
> 北的泥土，更別説見過長城。可是感覺裡，長城是他的。因爲長城
> 屬於北方北方屬於中國中國屬於他正如他屬於中國。幾萬萬人只有
> 這麼一個母親，可是對於每一個孩子她都是百分之百的母親而不是
> 幾萬萬分之一。……他生下來就屬於長城，可是遠在他出生之前長
> 城就歸他所有。從公元以前起長城就屬於他祖先。天經地義，他繼
> 承了萬里長城，每一面牆每一塊磚。（1974：2）

這樣的情感精神追隨，其力量往往超越任何常識的理智判斷，不必也無須解釋。長城，一個擁有全數中國人情感繫念之地理表徵，當然意義非凡且無法取代。

另言，除了從地理景象直接投射出的文化情感外，若要將已被隔絕的虛擬土地空間幻化成一個具有實質意義的文化中國，其中間的轉換必得加上「歷史」之質素，也就是流動時間的人文活動，來用以召喚過去積累潛藏的記憶，才能使固定單調的空間意象成功地轉換爲複雜豐盈的文化內涵。余光中當然明白其間之轉換的難度，故在歷史的人文活動中，他選擇自己所熟知且獨具特色的中國古典文學，運用文學主題的語言、文人學士的風華，再度集結凝聚那分對中國的遙思。

余光中生在秋天，嘗自喻爲秋天孩子的他，多處坦言自己患有深濃的思秋症，是這樣的因緣讓他選擇了中國古典文學中特有的秋景愁思，「秋天。多橋多水的江南。水上有月。月裡有古代渺茫的蕭聲」（1972：40）。他在島嶼小院的馥郁樹香中，覺得自己是一顆青青的桂樹，集秋天和月和詩於一身，如此「桂樹，秋天，月亮，詩，四個意象交疊成形，豐富而清朗地象徵著許多東西」（40）。余光中雖未明言象徵何物，但其言下之意卻能爲浸潤於中國古典文學裡的人所明白，因爲悲秋是中國古典文學經過長期發展所凝聚出的重要主題，王立如此解釋：「悲秋之意不在秋，而在於借此喚起一種深邃的思考。這種思考以悲秋爲媒介，才得以向理性高度昇華。悲秋意識深厚的美感積澱，存在於每個中國文人的心理質素中，因此主體一進入悲秋情境，頓生通感」（1994：159）。如此，透過特具的中國古典文學主題語言進行一場完全屬於中國人的心靈精神感通，召喚對中國悠揚傳統的孺慕之情，就如同他在〈逍遙遊〉所寫的：

遠行。遠行。念此際，另一個大陸的秋天，成熟得多美麗。碧雲天。
黃葉地。愛奧華的黑土沃原上，所有的瓜又重又肥了。印第安人的
落日熟透時，自摩天樓的窗前滾下。當暝色登高樓的電梯，必有人
在樓上憂愁。摩天三十六層樓，我將在哪一層朗吟登樓賦？可想到，
即最高的一層，也眺不到長安？當我懷鄉，我懷的是大陸的母體，
啊，詩經中的北國，楚辭中的南方！當我死時，願江南的春泥覆蓋
在我的身上，當我死時。（1984：163）

在作品中，余光中也時時與歷史文人學士相往而對語，經此藉以想像中國的
一切，任何曾發生在那一片土地的所有情感，他都再一次親身領略與感受。
余光中在〈山盟〉裡帶著自己四個女兒攀登落磯山，當登頂時小女孩們的開
心高興，反讓他悵然若失，悵然的是她們只曉得新大陸不曉得舊大陸，身心
疲憊地他憶起了李白〈蜀道難〉之嘆，「問君西遊何時還，畏途巉巖不可攀」，
因為他知道：「體魄魁梧的崑崙山，在遠方喊他。母親喊孩子那樣喊他回去，
那崑崙山系，所有橫的嶺側的峰，上面所有的神話和傳說。落磯山美是美雄
偉是雄偉，可惜沒有回憶沒有聯想不神秘」（1974：10）。而在〈聽聽那冷雨〉
中則記寫了他在島嶼的日式古屋下聽雨時，回味到大陸聽雨時的淒涼、淒
清、淒楚外，如今更籠上了一層淒迷，是這樣的雨中氛圍讓他聽出了詞家蔣
捷的亡宋之痛，發出一番「饒你多少豪情俠氣，怕也經不起三番五次的風吹
雨打」（1974：34）。也在〈高速的聯想〉一文中提到身處異國高速道路的他
竟在甘州曲、涼州詞、陽關三疊的吟朗節拍下，卻是「高速馳入張騫的夢高
適岑參的世界，輪印下重重疊疊多少古英雄長征的蹄印」（1978：35）。

　　針對余光中筆下山水風物的人文化與文人化，這種「每在異鄉而心懷中
國，對著景色而想起韓愈、蘇軾和李白，甚至變化前人的佳句而為自己文章
的寫法」，或是「常在遊記裡召喚中國文人，和他們對話」的寫作手法，鍾怡
雯曾提出這或許是一項中國策略的書寫。因為中國在余光中的旅遊地圖中是
缺席的，即便是在 1992 年後多次返鄉仍是如此，這種將實存的中國壯麗河山
於數量眾多的遊記中隱身，但卻在他的異國遊記或島嶼生活中處處顯隱出一
個想像中的中國。如此讓人不難發現到：「中國已經被推離現實，成為作者重
新建構的客體，這個客體的美感條件俱足，不假外求，不必再被現實所動搖。」
這個被作者所重新建構的客體，是能夠超脫實存的山水風景，而足以跨越時
空限制的文化意義，也就是一個文學的中國、古典的中國、歷史的中國所結

合成的文化中國。因此，透過外在風景所照映出的是余光中的內在中國，是余光中的中國情懷，而強烈與古人對話的心態，正是一種對歷史、文化和民族的認同。〔註8〕

　　余光中選擇以地理風物與歷史人文作為長期不斷書寫的摹本，如此強化所成的獨特書寫風格，是讓我們見到了余光中的內在中國情懷，那是一個展現豐厚古典風華的文化中國。他是把對大中國的文化鄉愁，表現得最委婉沈痛、最為淋漓盡致的一位，〔註9〕因為「從二十一歲離開中國，那回不去的故土成為被擱置的永恆鄉愁」（鍾怡雯，2001：33）。這個讓他懷著深濃鄉愁的中國，余光中不禁想確指其為何，曾問：

> 殘山剩水猶如是。皇天后土猶如是。紜紜黔首紛紛黎民從南到北猶如是。那裡面是中國嗎？那裡面當然還是中國永遠是中國。只是杏花春雨已不再，牧童遙指已不再，劍門細雨渭城輕塵也都已不再。
> 然則他日思夜夢的那片土地，究竟在哪裡呢？（1974：32）

在那片土地上的中國，不只是地理的、不只是歷史的、不只是榮耀的、更不只是離亂的，而是所有的一切，是一個多方指向的中國，當是「杏花。春雨。江南。六個方塊字，或許那片土就在那裡面。而無論赤縣也好神州也好中國也好，變來變去，只要倉頡的靈感不滅美麗的中文不老，那形象，那磁石一般的向心力當必然長在」（1974：32），這個矗立高聳的精神文化中國，一個經他覆寫傳頌的想像中國。也就因此：

> 他分析給自己聽，他的懷鄉病中的中國，不在臺灣海峽的這邊，也不在海峽的那邊，而在抗戰的歌謠裡，在穿草鞋踏過的土地上，在戰前朦朧的記憶裡，也在古典詩悠揚的韻尾。（1984：187～8）

縱是想像，畢竟還是曾發生在那一片土地之上，所以余光中雖身立處在阿里山姊妹潭前，卻獨自一人暗暗禱道：

> 希望有一天能把這幾個小姐妹帶回家去，帶回她們真正的家，去踩那一片博大的后土。新大陸，她們已經去過兩次，玩過密西根的雪，

---

〔註8〕　鍾怡雯（2001）《亞洲華文散文的中國圖象》，頁24～33。她認為余光中的散文書寫中相當重要的一項成就是遊記，而其遊記的獨特處即是不斷地在西方景色裡和古典中國的山水相遇，讓人讀余光中的遊記，彷彿在讀他的中國鄉愁。

〔註9〕　蕭蕭〈余光中結臺灣結──《夢與地理》的深情〉，認為「對大中國的文化鄉愁，四十年來的臺灣現代詩壇，余光中無疑是其中表現得最委婉沈痛，最淋漓盡致的一位」，收入黃維樑主編（1994）《璀璨的五采筆──余光中作品評論集》，頁174。

涉過落磯山的溪，但從未被長江的水所祝福。希望，有一天能回到
后土上去朝山，站在全中國的屋脊上，說，看啊，黃河就從這裡出
發，長江就在這裡吃奶。（1974：15）

攜家回到他最最縈心的噶達素齊老峰，那將不是朝山，而是回家，回到一切
的開始。

## 第四節　琉璃夢碎的未歸人——王鼎鈞

你說，中國是我們的母親。不錯……

母親。馬靴和馬靴之間空隙的母親。刺刀鞘和槍托分割的母親。把
視線搓細壓扁撐彎，捕捉一手半臉幾綹頭髮拼圖成像的母親。母親
千手千眼千乳，容十億人抓爬踐壓，天演律推動十億人口如陀螺起
旋風將母親磨瘦。光天化日，流星下墜如電，無色無光，母親睜大
了眼睛也看不見。

《左心房漩渦·你不能只用一個比喻》

王鼎鈞（1925～），一個琉璃夢碎的未歸人，在身歷目睹那美麗琉璃世界
的破碎幻滅後，選擇以「一箇生命的橫切面」幻化成「百萬靈魂的取樣」為
志業。他一字一句的回首前塵，不是為了記錄一己之小我，因為始終明白個
人的生活無可傳頌，全求其能展現那背後極深遠的蘊藏、極寬闊的幕簾，進
以為生民立傳為國家作註。就在他瞳孔裡的古城中，故鄉已由失去的地平線
冉冉升出，撫慰了許多同為時代悲劇轉輪下少小離家老大難歸的浪子，更為
了一個希望能永遠不再產生離鄉浪子的巨大心願。

王鼎鈞，自幼生長於山東蘭陵，故鄉古風的悠遠傳承滋養浸潤著他的年
少歲月，童年的美麗記憶就生落在這塊安適祥和的天地。然外來世局的動盪，
強力地震裂碎滅了他的琉璃世界，七七事變，中國全面抗戰，他無意也無願
卻成了戰亂中離家逃難的流亡學生。自此，他失落真正屬於自己的生辰，所
頂著的「今年十四歲，四月四日生」成為終生不滅的印記，不斷地點醒與召
喚那段作為流亡學生的戰亂年代。其後一路隨同著軍隊的遷防撤離，1949 年
他來到了臺灣，又一次開啟了人生征途中未曾計量預測的一頁。

來臺多年，他擔任過報社編輯、廣播編撰、教職、與作家等職務，其中
尤是雜文短論專欄的「方以直」與深掘生命體悟的人生三書，讓王鼎鈞成為

深受文壇敬崇的健筆。但在這段與文學相結固深的生涯中，他最後選擇「抒情」，1976 年的元旦之夜，他決心擺脫職事，專力寫作。他為自己交出更為亮麗的成績——以早歲童稚生活為背景的《碎琉璃》出版，以海外中國人流浪意識為見證的《海水天涯中國人》、《看不透的城市》出版，以抗戰時期流亡學生為主角的《山裡山外》出版，以內心澎湃的家國情懷為演繹的《左心房漩渦》出版，以個人遭逢過往情義為回憶書寫的《昨天的雲》、《怒目少年》出版。這一篇一篇作品的起始點，無寧都回歸至《碎琉璃》初版序文中相當醒眼的一句：「我要找尋我自己。」

## 一、望穿瞳孔裡的古城

> 我並沒有失去我的故鄉。當年離家時，我把那塊根生土長的地方藏在瞳孔裡，走到天涯，帶到天涯。只要一寸土，只要找到一塊乾淨土，我就可以把故鄉擺在上面，仔細看，看每一道摺皺，每一個孔竅，看上面的銹痕和光澤。
>
> 《碎琉璃·瞳孔裡的古城》

王鼎鈞自青年時期即創作不輟，在逾半世紀的筆耕歲月中，因其自省自覺且努力不懈，故能時時注以新意，如此，不僅是在文體表述上時有轉折，在主題營構上更是時為創變，使其作品所呈顯出的繁複堂皇多變之姿，直是吸引了眾多讀者與論者的折服驚嘆。若細究其作品風貌大略可分為數宗：有時事議論的雜文專欄、有創作探究的寫作指引、有人生修為的說理寓言、有心靈宗教的信仰思索、有懷念家國的抒情散文、有過往情義的自傳書寫等等。〔註 10〕然而在這個豐富多姿的創作風貌裡，不禁讓人想進一步追索是否有一終極關懷指向的存在，它是在作家的眾多關懷面向中或現或藏，它是能超脫出作品體裁題材的侷囿而處處展露呈顯，它會是王鼎鈞的「活水源頭」，一個創作的本源。

王鼎鈞在新版《碎琉璃》序言中曾提到，作品的題材來自作者的生活經驗，作品的主旨來自作者的思想觀念，作品的風格來自作者的氣質修養，而這就是他所謂「一切作品都是作家的自傳」（1989：8）。如同他親身所體驗的

---

〔註10〕關於王鼎鈞作品的分期，可參見蔡倩茹（2002：32～7）《王鼎鈞論》中有關「作品分期」一節，文中除先列述何寄澎、黃武忠、沈謙等數家看法外，更進一步依其創作歷程與作品新貌，重新整理分為五個時期，有極為詳盡之介紹。

創作經驗，在嘗試過劇本、詩、小說、散文等各種文體的創作後，最終他將自己定位於散文，藝術性的散文，恰恰足以說明自己的文學創作觀「一切作品都是作家的自傳」。因爲我們都明白散文此體最能發揮表現的特色正是「有我」之境，「有我」就能自作品中望見作者的生活經驗、作者的思想觀念與作者的氣質修養，相對地散文在作品的題材、作品的主旨與作品的風格則全圍繞著「有我」所發展，這是相當符合貼切王鼎鈞對散文作品的認識，也可以說這是他在創作時對自己的要求。

　　從這個對作品要求的認識基礎上，或許就能尋繹出一條理路，它是綿延續存在王鼎鈞五十年來的創作路途上。〔註11〕首先，王鼎鈞在重新整理出版自己第一本短篇小說集《單身漢的體溫》時，有極爲清楚的內心表白，清晰地道出當時的他雖正醉心於寫實主義，亟欲爲臺北的社會作一番實錄，然每一篇小說都是選擇一種社會現象爲「筌」，再以「鄉愁」爲魚，希望讀者能魚筌俱得，兩不相忘（1988：3），因此，人人心中那分未明言的鄉愁才是作品的筌中之魚。除此，他更近一層地闡釋那時自己未同流俗的寫作志向：「我寫鄉愁比人家晚，如果鄉愁是酒，在別人杯中早已一飲而盡，在我甕中尚是陳年窖藏」，對於自己在早已過了思鄉說愁的盛行年代甚而有漸成禁忌之時，才推出胸中的那甕陳年久釀，確是不識時務，但「鄉愁分明俱在，我只見鄉愁，不見禁忌」（1988：3）。

　　其後，王鼎鈞在說理議論上已形塑出自我獨特的作品風格後，自覺應挑戰既成寫作風格作另一次的突破，他選擇了「抒情」，並以爲這才是眞正的「爲自己而藝術」，以此完成了第一本抒情散文集《情人眼》。在多年後他回首檢視自己先前的寫作道路，推思何以在「抒情」這塊天地成長得很慢，明白「因爲情由事生，事過情傷，情不能碰，不忍看，要我以置身事外的態度觀照昨日之我，應該那麼做而當時做不到，於是一篇抒情散文的構思過程等於一場寒熱病。有時想：這又何苦呢！致命傷是太珍惜自己的過去，拋不開，忘不了，以致停停寫寫，竟有些像是重了某種邪祟，身不由己」（1990：9），這分身不由己卻必然抒情的宿命，或許就是王鼎鈞早曾在《情人眼・舊夢》中所自言的：

---

〔註11〕因本文論述重點置於王鼎鈞的鄉愁書寫，故討論的文本範圍將以《單身溫度》、《情人眼》、《碎琉璃》、《海水天涯中國人》、《山裡山外》、《看不透的城市》、《左心房漩渦》、《昨天的雲》、《怒目少年》、《風雨陰晴》等書爲主。

　　我們中華民國四十年代的人物，同睹過一個世界的破碎，一種文化
　　的幻滅，痛哭過那麼多的長夜，這隻手還不是產生名著的手嗎？無
　　疑的，這身體，從頭頂到腳底，每一寸都是作品！（1970：2）

續而在他專職寫作後所推出的力作《碎琉璃》，書中篇篇以懷舊感性抒情敘
事，回憶童少過往故鄉的點點滴滴，營構出一個美麗的琉璃世界，然而書名
卻取之爲「碎琉璃」，負責此書出版的蔡文甫則明指其中的蘊含潛藏，認爲「它
代表一個美麗的業已破碎了的世界。作者從那個世界脫出，失去一切，無可
追尋，而今那一切成爲一個文學家創作的泉源」（1978：1～2）。故鄉所成的
琉璃世界確是王鼎鈞的創作泉源，在此他才能找尋到自己的生命之源，而是
那一切始能幻化成篇篇感人動情的作品。

　　在這一系列的計畫寫作下，王鼎鈞接著寫出少年時代因戰亂而飄泊大江
南北的生活體悟——《山裡山外》，眞實身爲抗戰時期流亡學生一員的他，在
年歲增長閱世漸深後，發現經過這場「得天獨厚」的災難磨鍊下，早已擁有
一分無論造化如何弄人都將不被奪走的收穫，這收穫是自己一腳一印一眼一
幕刻到心裡：

　　我雖在鄉鎮生長，對農村農人卻甚陌生，對土地亦不親切。戰時流
　　亡，深入農村，住在農家，偶而也接觸農事，受農人的啟發、感動，
　　鑄印了許多不可磨滅的印象。抗戰八年，實在是農民犧牲最大，貢
　　獻最多。軍人是血肉長城，其兵源也大半是農家子弟。他們的形象
　　和我的意念永遠連結。流亡期間，跋山涉水，風塵僕僕，和大地有
　　了親密的關係，祖國大地，我一寸一寸的看過，一縷一縷的數過，
　　相逢不易，再見爲難，連牛蹄坑印裡的積水都美麗，地上飄過的一
　　片雲彩都是永恆的。我的家國情懷這才牢不可破。（1992：11）

瑰麗奇偉的時代悲歡血淚，不僅拓展了他的視野更是擴大了他的關懷，「這分
關懷，多年以來是我精神上的鬱結，抒解之道，對我來說只有寫作」（11），唯
有寫作，用以見證那人、那事、那物，寫下那個時代。

　　《左心房漩渦》，這本當時出版即刻被選列爲「文學好書」、「最具影響力
的書」，並勇獲多項圖書著作獎而深受文壇注目，在獲得時報文學獎經評審會
發布的得獎消息中，如此評介此書：「全書以中國爲主旨，描述他四十年來，
離鄉飄泊，種種人生際遇的酸楚，以『小我』的個人經驗，反映了全體中華
兒女的情境。那分自始至終心懷中國的民族情懷，以及透露出的時代委屈，
讓每一個中國人讀了爲之悽然動容。」外在的種種稱譽是他人的解讀，然而

王鼎鈞本人的創作初衷呢？可從書前〈大序〉中窺見，「生育是不能完全控制的，創作也是」，會創作出這般的作品「只是自然如此，必須如此」，對於自己去國懷鄉的鄉愁書寫，在書中〈腳印〉一篇裡他有如此的認識：

> 鄉愁是美學，不是政治學。思鄉不需要獎賞，也用不著和別人競賽。
>
> 我的鄉愁是浪漫而略近頹廢的，帶著像感冒一樣的溫柔。（1988：
> 201）

就像那個揀腳印的傳說，每個離鄉遊子在垂暮之年，「若把平生行程再走一遍，這旅程的終站，當然就是故鄉」（203）。

現在，王鼎鈞想寫下「最後一本書」了，作家的回憶錄，這會是一本向後看的書，戀念過往情義，為生平所見情義立傳，猶似一片昨天的雲，使片雲再現。他以為人的一生只能是一部回憶錄，是長長的散文，是一種「由絢爛歸於平淡的文章」，而這「最後一本書」不是兩三百頁就能夠寫完，它將若斷若續，飄來飄去。他認為對情義的回報就是記錄情義，他為自己更為那流離時代的情義留下《昨天的雲》、《怒目少年》，且將繼續寫下去。

縱觀王鼎鈞對創作歷程的自我內省，的確可以發現一道極為清澈分明的脈流，未曾偏離也未曾斷絕，恆續悠長地自源頭汩汩而出。這源頭是作家用生命以血淚所換取，當是終生不滅終生守護，無論身置何時何地，都將望見瞳孔裡的古城，那是他「童年的搖籃，壯年的撲滿，晚年的古老」（1978：10）。

## 二、琉璃‧流離／用個人悲歡敲響時代風雲鐘鼓

> 你提起故鄉。你問我歸期。這個問題教我怎樣答覆你呢？你怎能了
> 解我念的經文呢。沒有故鄉，那有歸期，三十九年來故鄉只在柳條
> 細柳條長的歌詞裡。記否八年抗戰，我們在祖國大地上流亡，一路
> 唱「那裡有我們的家鄉」，唱「我們再也無處流浪也無處逃亡」，唱
> 得浪浪漫漫雄雄壯壯，竟唱出源源不竭的勇氣來。那時候，我們都
> 知道，祖國的幅員和青天同其遼闊，我們的草鞋是不能踏遍，我們
> 也知道，青山老屋高堂白髮也都在那兒等待遊子。但是而今，我這
> 樣的人竟是真的沒有家鄉也沒有流浪的餘地了，舊曲重聽，竟只有
> 悲傷，不免恐懼！
>
> 《左心房的漩渦‧水心》

若欲追索王鼎鈞的懷鄉書寫，則必先探究作家如何看待「找尋我自己」

之課題，因爲在自我尋索的過程中必然流洩出生命中最爲珍重寶貴之質素，經此，我們發現到精筆細畫的故鄉圖案與幾近實錄的流亡記憶，在在都成了王鼎鈞作品中勾勒自我的主要線條。對於同時兼爲創作與評論二職的王鼎鈞，相信更能深探與運用作品內層所蘊藏的欲達之意，他提出「作品可以是符號，可以是高級象徵的符號，常常從具體中見抽象，從有限中見無限」（1998：72），此語意即作品之能以簡易的符號擔負起抽象無限的作用，完全取決於象徵功能的發揮，所以成功的象徵傳達是讓作品能輻射出多元想像的重要因素。能深體此點的作家王鼎鈞，當然十分善於運用作品所能發揮的奇異功能，或許文本中出現的故鄉圖案、流亡記憶正是他留存原鄉的最佳視鏡，因此極具象徵意涵。

首先，在精筆細畫的故鄉圖案上，王鼎鈞選擇了兩個主要表現的視角，一是自然地勢的大環境，多處複述蘭陵的外在地理位置；一是生活空間的小氛圍，時時出現家居的內在布置擺設。對於蘭陵自然地理環境的敘寫，以〈瞳孔裡的古城〉中描述的最爲清晰也最深具個人情感：

> 故鄉是一座小城，建築在一片平原沃野間隆起的高地上。我看見水
> 面露出的龜背，會想起它；我看見博物館裡陳列在天鵝絨上的皇冠，
> 會想起它，想起那樣寬厚、那樣方整的城牆。祖先們從地上掘起黃
> 土，用心堆砌，他們一定用了建築河堤的方法。城牆比河堤更高，
> 把八百戶人家嚴密的裹藏在裡面；從外面仰望，看不見一角樓垛，
> 看不見一根樹梢，只看見一個長方形的盒子，在陽光下金色燦爛。
> （1978：9）

這隻在陽光下金色燦爛的長方形盒子，是他童稚眼中的一艘巨艦、一座桃花源，也同時成爲他熟悉不滅處處複製的矩形圖案。因爲在他的生活天地裡也曾多次複現同樣的圖案形構，如〈一方陽光〉中形似碉堡的四合院家宅與〈失樓臺〉裡擁有堡樓的外婆家，都歷歷呈現他所擁有的矩形圖案：「四合院是一種封閉式的建築，四面房屋圍成天井，房屋的門窗都朝著天井。從外面看，這樣的家宅是關防嚴密的碉堡，厚牆高簷密不通風，擋住了寒冷和偷盜，不過，住在裡面的人也因此犧牲了新鮮空氣和充足的陽光」（1978：33），也有威武堅毅形象的情感投射：

> 一看到平面上高聳的影像，就想起外祖母家，想起外祖父的祖父在
> 後院天井中間建造的堡樓，黑色的磚，青色的石板，一層一層堆起

來，高出一切屋脊，露出四面鋸齒形的避彈牆，像戴了皇冠一般高
貴。四面房屋繞著他，他也晝夜看顧著它們。傍晚，金黃色的夕陽
照著樓頭，使他變得安詳、和善，遠遠看去，好像是伸出頭來朝著
牆外微笑。夜晚繁星滿天，站在樓下抬頭向上看他，又覺得他威武
堅強，艱難的支撐著別人所不能分擔的重量。（1978：63）

除了矩形圖案外，在家居空間的布置擺設上，則有如此這般的描繪，充滿中
國古典傳統氣味：

我家的客廳，地上鋪著方磚，方磚上一張八仙桌，兩把太師椅。八
仙桌和後牆之間，是又窄又長的「條几」。八仙桌上擺茶壺茶杯，條
几上擺文房四寶，花瓶，以及把成軸的字畫插在裡面存放的瓷筒子。
瓷器至少是道光年的製品，桌椅準是紫檀木做的。紫檀很黑，微微
泛著紫色，威嚴深沈，能配合大家庭的環境氣氛。紫檀的顏色天然
生成，從木材內部滲出來，這正是玉石之所謂「潤」，中國士大夫最
喜歡這種自內而外的色澤，認爲它象徵有內在修養的君子。那時，
家家都是這個樣子。（1992：55）

「那時，家家都是這個樣子」，正是王鼎鈞精筆細畫故鄉圖案的用心所在，如
此，他的戀念記憶可以喚醒許多人深藏未露的戀念記憶，以文字爲故鄉進行
空間實感的重現，的確能發揮那未明言的效力，因爲它可以讓許多人情願恍
惚地掉入，掉入自我故鄉的舊夢之中。誠似蔡倩茹在論述王鼎鈞對自我原鄉
時空追尋的描寫時，有如此的認識：「他的文本中，乃透過對原鄉空間的凝視、
聚焦，試著建構／確立原鄉的實感。此外，這些空間修辭中，充滿了許多傳
統的語彙、符碼。他呼喚的，不只是他心中的故鄉，也與讀者心中的傳統元
素相互結合，呼喚著讀者心中遙遠的『異』鄉情調」（2002：82）。因此，王
鼎鈞欲藉個別故鄉的空間建構帶出一個個讀者自屬的故鄉形貌，進而彼此相
互連結以形成一個巨大的原鄉夢，且在同時接續流出是那來自原鄉的生活記
憶，將空間作爲共同生活記憶的承載體。〔註12〕

　　除了能與多數人連結用以共同伸向遙念的故鄉記憶外，王鼎鈞筆下「那
樣寬厚、那樣方整的城牆」、「關防嚴密的碉堡」與「高聳的影像」等種種特

〔註12〕蔡倩茹（2002）《王鼎鈞論》，頁84。她於此處的論述更進一步轉引畢恆達對
　　　　空間和人的看法，以爲「空間絕不是一個價值中立的存在或是人們活動的背
　　　　景」，它「展現了人們在某時某地的社會文化價值與心裡認同」，因此「空間
　　　　凝結記憶」，意即空間承載了個人乃至集體的生活回憶。

定的形繪，也用意在建構一個完全屬於他個人的「琉璃世界」，這琉璃世界的美好安適卻是為凸顯日後琉璃夢碎後的流離悲戚。他在新版《碎琉璃》序文〈當時，我是這樣想的〉中寫著：

> 生活。我本來以為是琉璃，其實是琉璃瓦。生活，我本來以為是琉璃瓦，其實是玻璃。生活，我本來以為是玻璃，其實是一河閃爍的波光。生活，我終於發覺它是琉璃，是碎了的琉璃。（1982：7~8）

對生活體悟一層一層的轉念，是際遇遭逢教會他，從是琉璃到不是琉璃再到是「碎了的琉璃」，這分體悟是深切沈痛下所得，在這中間未言明言的轉折是戰爭，生活中一切都在戰爭砲火下崩壞破敗了。所以，就在他為原鄉圖案塑造成一個堅實巍峨古典盎然的形貌後，抗戰時期的流離生活登場了，戰火下的悲歡離散點滴生活成為王鼎鈞後期懷鄉作品中的書寫大宗。

對一個曾身經戰爭動盪，在砲火轟炸洗禮下成長的少年，遷離故園逃難他鄉，失學打游擊，甚至隻身單赴大後方成為一名少小離家的流亡學生，到最後遠離故土，當中曾受過多少驚恐挫敗、曾看盡多少人情聚散，這段中國抗日的八年戰爭記憶必然深深地烙印在王鼎鈞的心痕上，而成為故鄉記憶裡不能缺席的重要部分。所以我們從作品創作的時序上，可以發現「戰爭」一直存在於其中，不同的只是由側寫轉為直寫，由配角晉升為主角，由布幕背景變為重要場景，將戰爭所留下的記憶一次又一次的複述，一次又一次的強化，令人印象深刻。

從《單身溫度》描寫那個重要串場人物華弟在戰火下離家逃難後的思土情懷，《情人眼》中那個曾因戰亂長途跋涉而致未孕的少婦，只有她才知道中國是非常非常的大，「這一代年輕人雖然也這麼說，可是並不十分清楚中國究竟大到什麼程度。沒有參加抗戰期間的大遷徙，沒有一步一步去丈量祖國的山河，沒有一萬九千里路上灑淚灑汗，你永遠不知道『大』是什麼意義。而那躺在病房裡盼望做母親的人知道，深深知道。她，還有她的同伴們」（1970：66）。

後來《碎琉璃》中的作品更是篇篇以戰爭為布幕，有以寓言輾轉暗示，如那因水災旱荒而失落的桃林古城，那一方陽光中琉璃世界的毀壞破碎，以及外婆家中那座巍峨堅實樓堡的崩塌消散，都是災難慌亂下所致，災難慌亂自是戰事之隱；另外，當然更有明指因戰火蔓燒而發生的變動，如那個辮上紮著紅頭繩兒的心儀身影消逝在不曾停歇的大轟炸裡，和那因戰爭而出現的

特殊興味「看兵」，那時只要一聲「過兵了」便使一切的忙碌活動停止，人人
爭看眼裡的他心中的我：

> 「抗戰」的念頭是生命的酵粉，弄得他們心靈癢癢，從他們眼底一
> 列一列經過的兵，正好做反覆搔爬的梳齒。看那些勇士們，放下鋤
> 頭，扛起過時的步槍，跟你穿同一式樣的衣服，操同樣的口音，分
> 明是你的鄰人，可是你不認識他，一個也不認識。你覺得自己的世
> 界何等狹小！只好目送他們如目送飛鴻，悠然神往。有時候，隊伍
> 裡的人招招手，看兵的人就進了行列。有些正在耕田鋤草的農夫，
> 看兵看得心動，竟丟下自己的鋤頭，丟下主人的牛，拍拍兩手泥土，
> 尾隨滾滾人流，一去不回。

> 隊伍總是愈走愈長，誰也猜不透到底有多長……（1978：71～2）

到了《山裡山外》則是以抗戰時期下特有的流亡學生為主要人物，當時學校
必須因著戰局變化而游動遷移，因此無情的戰火總在他們的腳後跟邊燒著，
讓他們不得不拼命地逃命，王鼎鈞雖說這非某人傳記也非某校實錄，言外意
即那是許多在戰火中求生逃生的人所面臨的生死難局。這個人生難局在王鼎
鈞的回憶錄中就成為更真實的特寫，《昨天的雲》、《怒目少年》是全程地繪製
八年抗日戰事的長卷，細細勾勒長卷上的風俗人情，其中人人相貌職事或有
不同，但相同的是都在「戰爭中尋找自己的位置」。1937 年 7 月 7 日，日本在
中國發動蘆溝橋事變，一場血和火的洗禮就此開場，戰爭為他帶來好幾個第
一次，第一次拋家逃難落腳他方、第一次失學做莊稼割穗拾麥打高粱、第一
次打游擊增見識，直到後來離鄉隻身遠赴大後方「流學」、阜陽讀書偶得益師
良友、戰火高昇隨校西遷時冷和餓的疑問，「我帶著這兩個疑問，走西北、東
北、華北、江南，直到臺灣」（1995：263）。抗戰讓他從一時的流亡延長為終
身的流浪，而那段流亡時期曾做過的「戰地春夢」：

> 我夢見站在城頭，城下遍佈日軍。衝鋒令下，我從城牆上垛口一躍
> 而下，然後，垛口還有一個我，跳下來，還有一個我……無窮無盡，
> 也不知那一個是真我。驀回首，背後並沒有一個城，再向前看，前
> 面也沒有半個敵人，大地荒荒茫茫，只有一個我，一個真我，只覺
> 得四野非常恐怖，比面對敵人還要恐怖。（1995：51）

相信這會是曾在戰火下逃難求生的人共同的噩夢。

《左心房漩渦》裡，「我」與「你」的對話，即刻將那切斷的生命接合起

來，三十九年前的種種猶似前生，「我」個人的歷史、自己的過去，剎那間，斷絕的又連接了，游離的又穩定了，模糊的又清晰了，曾失落的二十一年又回來了。過去的生命史頁，一頁一頁地重新揭開覽視，故鄉從失去的地平線冉冉上昇：

> 在那次有組織的流浪中，我又仔細的、熱烈的、憂傷的看了我們的國家。國家是永不閉幕的展覽，給愛它的人看，給棄它的人看，給毀損它的人看。那次遠行長征的最高潮是我們踏上了一望無垠的黃土，瀚海一樣的黃土，能悄悄的脫掉我們的鞋子、頑童一樣的黃土，黃土飛揚，霧一樣掩沒遠山近處，雲一樣遮蔽天空。……我們是在土裡夢遊，那是一次土遁。
>
> 那一次，我算是體認了土的親切，土的偉大，土的華麗。同伴相看，皆成土偶。我對自己說，不但人是塵土造的，國家也是。在那復歸於塵土的日子，我和土爭辯，土，埋葬過多少忠骨丹心的土，埋葬了多少春閨夢裡人的土，你還不可以埋葬我，我還要看你，讚美你，在你上面滴許多血汗和踏無數腳印。……
>
> 我想，許多許多的過去，都留在那黃土裡頭了，我不帶走一粒塵埃。
>
> 我不知道那地方叫什麼名字，只記得那是中國。（1988：36～7）

「只記得那是中國」，中國正是「我不知道那地方叫什麼名字」的聚合點，是許多在戰爭中離鄉逃難的人共有的流離經驗，處處流離，地地非故園，但心知還在故國之上，還踩在中國的土上。

恣寫中國抗日八年戰事，王鼎鈞曾言這是他們那一代的中國人在同睹一個世界的破碎與一個文化的幻滅後，自是無法不寫的記憶；而與王鼎鈞同是抗戰時期流亡學生的袁慕直也說，對他們那一代的人來說，「抗戰是我們的崢嶸歲月」（1992：398），「抗戰是我們不忍任其與時俱逝的時代，也是我們可以率性恣情筆之於書的時代」（402）。雖無法不寫但戰爭易寫難工，齊邦媛曾論「中國現代文學中有一些寫戰爭的作品。但太易落入善惡、正邪的兩分法中，錯過了應呈現的錯綜複雜的人性，或人類的苦難大機緣。」而容易在題材、內容重複之後，抽盡了真血淚，真性情，只剩下氾濫的口號式文字。只有深潛的悟性極強的作家才能寫出悲憫而非單純的仇恨和悲傷（1990：23）。所以王鼎鈞成功地選擇以「人」做為戰事的記憶畫面，畫面裡有他自己，有他的家人，有他的親友，有他的師長，有他的學友，有他生命中與其短暫交

錯的人,更有那許許多多不知名的無名英雄,大家都走在抗戰裡,走在中國的土地上。

綜論王鼎鈞一生掛念的將永是「我那戰爭中失去的家鄉」(1995:349),家鄉之失究因於戰爭,故兩個命題互連成組:琉璃/流離,琉璃碎而流離。那精筆細畫的故鄉圖案,讓許多人也同時望見了曾屬於自己的古城,而那幾近實錄的流亡記憶,也讓許多人喚醒了曾受戰爭洗禮的心中隱痛,誠如隱地所言王鼎鈞是把「個人」放在「時代」觀點下使其小中見大,不僅是一人一家的得失,更關乎一路一代的悲歡,涵蓋與共鳴的基礎也隨之擴大,而這也是王鼎鈞所自許的「我提供一個樣本,雖不足以見花中天國,卻可能現沙中世界」。

# 第三章　回歸鄉土的現實關懷

　　七○年代，一個回歸注目臺灣的年代，在時代變局中臺灣社會的眞實生活經驗開始獲得重視，這對過去以中國大陸爲正統的主流思想價值體系而言是謂巨變。之所以能以產生這樣的變化，實導因於當時臺灣社會在國際外交困境下所激引出的民族意識與現實關懷，如此才間接觸發了臺灣具體形象的隱伏浮顯。

　　在當時險峻的外在情勢籠罩下，立於對臺灣國際地位社經發展的憂心，文壇前後引爆現代詩論戰與鄉土文學論戰兩場戰役，先是提出回歸大原則，回歸民族、回歸現實，繼是要求文學應具有社會意識反映社會現實的功能。就在這個創作步調的調整過程中，有中國傳統也有臺灣過往，有民族歷史傳承也有眞實生養的土地，而這些都成爲用以抗衡外來強勢侵略的重要利器。

　　因此，民族與現實的回歸被同時接受也被混同看待，因爲如此，臺灣社會才得能在中國意識的大原則下，出現一個較爲明顯建構的契機，讓臺灣社會眞實生活的各個面向成爲文學的載寫主體與探討對象。發現臺灣的存在事實，是將對生活在這塊土地上的人民更具眞實意義。

　　在這樣的文學創作情勢下，當時的多數作家莫不深受啓發影響，不僅認眞看待自己同胞的眞實生活，也勇於表述現實經驗的喜悅與困惑。在這片「回歸鄉土」的浪潮中，吳晟（1944～）以尊崇心靈素樸文字細細鏤刻土地上的生活勞動，衷情於臺灣農村圖像的建構；阿盛則是胸懷土地熱情鄉野，蘊含著天成於土地的鄉村教養，細聲漫吟臺灣鄉土之美；陳冠學（1934～）則以尋常的田園生活點顯不凡的生命觀照，以一枝清透靈智之筆覆頌昔日老田園之美。這三位作家都將自身生命中最眞實動人的臺灣鄉土經驗呈現於彩筆之下。

# 第一節　回歸注目的年代

　　臺灣在七○年代面臨一波波的嚴峻考驗，外交挫敗國際地位崩解，所觸動引爆的愛國力量民族意識，都直接或間接地影響政治、經濟、社會、文化等各個層面，而這些反省思索也必然地被帶入文學創作的領域，並相當程度地反映在對作品的要求與表現。就在現代詩論戰與鄉土文學論戰文壇兩大戰役的無數辯難下，標舉著回歸民族、回歸現實的論述定音，也就在這一片回歸原則的熱切要求下，臺灣的真實具體存在獲得正視關懷的機會。

## 一、國際地位崩解的思索

　　1971 年中共加入聯合國組織，國民政府為強調本身合法正統地位的唯一性，斷然宣布退出以示抗議。接著 1972 年美國尼克森總統訪問大陸，與周恩來共同發表上海公報；同年日本則是進一步宣布與中共建交，承認中共為中國唯一合法政府，並片面取消對臺合約；隨後，國民政府在臺灣所代表的合法正統地位，便一再地遭受到嚴重的挑戰與打擊，中國的國際身分，逐漸被中共所取代，導致臺灣的國際外交舞臺迅速縮減。最後，到了 1979 年 1 月，美國由初期華盛頓北京互設「聯絡辦事處」的認定層次，直接提昇到正式承認北京政權為中國的合法政府，此舉更是置臺灣於空前的危難之境。因此，在一連串密集的外交挫敗危機下，臺灣的國際地位崩解，面臨生存的嚴重威脅，但這種處於存亡之際的境地，卻也同時觸發整個社會愛國力量的蓄積與湧現。

　　這股愛國力量的蓄積與湧現，除外交空間存滅的威脅外，更與七○年的保釣運動有直接而密切的關聯。「這項釣魚臺問題，使學生們提高了民族主義覺醒，也增長了有關政治、社會問題的發言與活動的勇氣與自信。學生們對於接踵而來的外交問題積極地反應，在校園裡，藉雜誌、座談會來發表的發言活動也趨於活潑」（陳正醍，1982.08：24）。由海外而國內，以學生為主體所發起的一波波愛國行動，〔註1〕不僅獲得知識分子的奮力支持，更是鼓動了整個社會的愛國風潮與民族意識覺醒。因為「這種由外交失利所生的危機感本質是民族主義的變形」，〔註2〕故能引發出民族意識的覺醒。在當時強烈排外

---

〔註1〕可參見丘為君等編（1979）《臺灣學生運動 1949～1979》之相關章節。

〔註2〕南方朔（1979）《中國自由主義的最後堡壘》，頁 12。他提出「外交上的失利是六十年代後期臺灣就面臨的間歇性挫折。這種挫折產生了臺灣知識分子的

情緒高漲的情況下，人人採取懷疑敵視的態度面對外來的一切，如此自然而然地發出回頭的思索，也就是「既然外國不足信賴，且給我們帶來傷害，就該回過頭來肯定自己的一切，自己的文化，自己的傳統，自己的生活方式，因之形成了強烈的民族意識」（何欣，1979：148），在一次次的反省思索下所強化的民族意識，帶來了覺醒，也帶來了風暴。誠如葉石濤所言：

> 每一次都提高了國人反省的層次，使得社會上層建築的文化掀起了
> 壯大的覺醒運動。自然文學界也掀起了評估過去文學路線的一場風
> 暴。（1985：40）

這種強烈民族主義所帶來的影響，從政治、經濟衝擊的直接反省，到文化層面的深度思索，一步步地掀起更為壯大的覺醒運動，而從文化覺醒到文學路線之爭。

　　在文化的反省思索上發出對傳統文化重新認識與評價的聲響，王拓以為這是「為了反對帝國主義，在文化上便自然要求對本位文化重新作一次新的認識、估價和肯定，以作為建設新的本位文化的基礎」（尉天驄主編，1980：115）。因此，在實際的表現作為上，不僅許多人投身傳統文化的整理保存工作，更有汲取傳統養分作進一步的發揚，無論是音樂、繪畫、舞蹈等各個藝文領域都有很豐碩的成績，一時之間回歸本土的認知在藝文界蔚為風潮。〔註3〕而表現在文學界的便是對來自西方現代主義買辦文學的全面反撥，進而激發出在七○年代兩次規模陣容龐大的文學論戰，一是現代詩論戰，一是鄉土文學論戰；在各方的辯駁論難中，文學的歸屬性——回歸民族、關懷現實，獲得焦點凸顯並受重視肯定，而再次成為文學創作的重要方針。

## 二、論述定音——回歸民族、關懷現實

　　臺灣在整個國際情勢逆轉驟變下，所激發出的民族意識與愛國情感，急

---

　　　　『危機感』，這種『危機感』本質是民族主義的變形，衍化為『革新保臺』的
　　　　欲望」。
〔註3〕　蔣勳（1977.04）〈起來接受更大的挑戰！〉，頁76。提到譬如史惟亮等人的採
　　　　集民歌，英文「漢聲雜誌」的介紹傳統地方民俗、「雄師美術」的推介洪通、
　　　　朱銘和文化造型問題的討論、「藝術家」雜誌的把洪通造成社會新聞，「雲門
　　　　舞集」的從鄉間請來祭神舞蹈「八家將」、「文學季刊」王禎和、黃春明、施
　　　　叔青以地方語言來創作和新起的「夏潮」雜誌的相繼提出鍾理和、楊逵、呂
　　　　赫若、賴和文學作品等，都可起歸併到七○年代（有些在六○年代末期已經開
　　　　始）「回歸鄉土」這一波欄壯闊的文化運動之中。

速地擴散至社會文化的各個層面，知識分子所專擅的文藝界當不例外，甚至有更爲強烈的反應，其中最具代表性論述的則爲兩次規模盛大的文學論戰。先是七○年代初期引爆的現代詩論戰，標舉著民族、傳統的大旗，以茲對抗來自西方現代主義的文學典範，批判「橫的移植」、倡導「縱的繼承」；再則是中期登場的鄉土文學論戰，強調鄉土的眞實經驗，提出回歸鄉土的大原則，開始對具體實存的臺灣投以注目關懷的眼光。

首先，因基於國家民族立場的反帝國主義情感，連結至文學創作上，便成了現代詩論戰中鮮明反西化的強烈要求，反對來自西方的現代主義文學典範，反對一味地追求語言形式的美學效果，反對消極地躲入虛無隱晦的個人世界中，反對形成一種文學與思想的雙重晦澀，全面抨擊這是新一代的「文化買辦」行爲。在整個論戰正面交鋒的七○年代發生之前，由一九六六年尉天驄主編的《文學季刊》中就可嗅出異樣的氣息，創刊號雖沒有出現標明文學立場的發刊詞，但從其刊載多具社會寫實風格作品的意向中，便可以看出一種異於現代主義文學主流的創作風貌正待成形。

論戰的開端，起始於 1972 年 2 月關傑明在《中國時報》人間副刊所發表的〈中國現代詩的困境〉，[註 4]文中嚴厲批評由現代派詩人代表葉維廉所編譯的《中國現代詩選（1955～1965）》，指其恰恰呈露臺灣現代詩創作極度西化的弊病；並指陳另一本由張默主編的《中國現代詩論選》的評論集爲「文學殖民地主義」的產品。相對於西化過深的中國現代詩壇，關傑明強調承合大傳統的必要性，以爲民族的藝術應植根於：「他們的過去和他們的現在，由此才能產生他們的未來」，以作爲當代中國新詩界的遠景；同年 9 月他再度發

---

〔註 4〕 在這部分所論述的文章大多收入於趙知悌編（1978 再版）《現代文學的考察》一書中，誠如尉天驄〈再版序〉中提到，收在這部書中的作品「正是七○年代在臺灣地區批判作爲西化主義主流的現代主義的文學論和藝術論的記錄」，此書確是認識鄉土文學演變發展的重要參考資料。該書收錄有尉天驄〈對現代主義的考察——慢幕掩飾不了的污垢〉、陳映眞〈現代主義底再開發〉、尉天驄〈對個人主義文藝的考察——站在甚麼立場說甚麼話〉、唐文標〈詩的沒落——臺港新詩的歷史批判〉、唐文標〈論傳統詩與現代詩——甚麼時代甚麼地方甚麼人〉、顏元叔〈唐文標事件〉、余光中〈詩人何罪〉、李佩玲〈余光中到底說了些甚麼？〉、關傑明〈中國現代詩人的困境〉、關傑明〈再談中國現代詩〉、高上秦〈探索與回顧〉、勞爲民〈文學家該爲誰而寫作？〉、牧子〈詩的社會性與民族性——兼論現代詩的歸屬性〉、游喚〈淺顧現代詩——明月與溝渠〉、李國偉〈文學的新生代〉、李國偉〈略論社會文學〉、顏元叔〈期待一種文學〉等篇。

表〈中國現代詩的幻境〉，認為大部分現代詩人對普通大眾生活缺乏真正的認識，因而造成對各種現實問題產生不當的看法，而這種脫離社會生活的偏差認識，是無法以精美的語言形式來彌補的，所以現代詩總是予人一種虛浮的貧弱感。

自關傑明二度對現代詩西化的不滿與正面攻擊後，來自各方的響應論辯接續出現，如此不僅深化論戰的內涵也凸顯論戰的意義，而其中又以 1973年唐文標密集發表的三篇文章最具代表性，一是〈甚麼時代甚麼地方甚麼人──論傳統詩與現代詩〉提出以中國《詩經》、《楚辭》的詩歌傳統，要求現代詩創作亦應「紮根在最深的現實生活中」（趙知悌編，1978：101）；一是〈詩的沒落──臺港新詩的批判〉則是呼籲臺港新詩應摒除逃避現實的一貫懦弱，期勉詩人應致力於「建立一個活生生的，關連著社會、國家和同時代人、有生命力的新文學、新藝術」（趙知悌編，1978：88）；另外在〈僵斃的現代詩〉中則以為今日的新詩遺毒太多，藉由宣稱它的死亡，「希望中國年輕一代的作家，能踏過其屍體前進」（趙知悌編 1978：49）。唐文標的文章，確實在當時文壇引起波瀾，充滿戰火的煙硝味，故被稱為「唐文標事件」。

在顏元叔〈唐文標事件〉一文中，則將唐文標接續發表的文章統合為「詩必須有社會性的功用，詩必須為群眾服務；現代詩脫離了社會與群眾，因此現代詩已經僵斃」（趙知悌編，1978：119），是一種立足於「社會功利主義」的文學觀；雖然他認為這是一種過於霸氣偏狹的見解，實在不應斷言只有社會意識的文學才具價值，但他卻也贊成適時反映時空意識的重要性，強調「當代的詩應該著重當代人生的描繪，甚至要求它有社會意識」（趙知悌編，1978：121）。

這種對詩壇創作的不滿意見，除個人所提出的批評外，更是出現有雜誌專號的集中檢討，著名的代表刊物是創刊於 1971 年 3 月的《龍族》，在其創刊宣言中說：

> 我們敲我們自己的鑼打我們自己的鼓
> 舞我們自己的龍
> （怎麼啦）
> 我們還是敲打我們自己的
> 舞我們自己的
> 這就是龍族

　　一再宣明「自己的」，這是一分「龍的傳人」的宣示，其中深切民族情懷
更明白展現於陳芳明在《龍族》第十期所發表的〈「龍族」命名緣起〉：

> 龍，意味著一個深遠的傳說，一個永恆的生命，一個崇敬的形象。
> 想起龍，便想起這個民族，想起中國的光榮和屈辱，如果以牠做為
> 我們的名字，不也象徵我們任重道遠的使命嗎？……我們只記得，
> 在那年的冬天，有一條龍抬起頭，呼風喚雨地游來……。（1977：200）

而在 1973 年 7 月所推出的「龍族評論專號」，主編高信疆（署名高上秦）寫
在專號前面的〈探索與回顧〉，則指出綜觀各家對現代詩發展趨勢的言論是，
「讀者、作者，都共同要求現代詩的『歸屬性』，就時間而言，期待著它與傳
統的適當結合；就空間，則寄望於它和現實的真切呼應」，這就明白點出這場
論戰的重點訴求：要求詩應歸屬民族傳統性與社會現實性之上。因此，「龍族
評論專號」刊行所象徵的意義，已不只是對現代詩發展過程的檢討與反省，
而是「七○年代新詩風潮的第一個浪頭，新世代文學反歸傳統、回饋本土、關
切現實的第一面旗幟」（向陽，1984.06：53），就此點燃了現代詩論戰的熊熊
戰火。

　　而同時《中外文學》亦連續刊出李國偉〈文學的新生代〉鼓勵新生代「走
回十字街頭，走進人群」；顏元叔〈期待一種文學〉則提倡社會意識文學，期
待的文學是「寫在熙攘的人行道上，寫在竹林深處的農舍裡」；李國偉〈略論
社會文學〉更提出「社會意識是感人作品中不可或缺的原料」、「所有經得住
考驗的偉大作品，莫不與作者置身的時空緊緊契合」；種種言論的唯一指向，
就是呼籲文學必須走入社會人群，積極強調文學的社會性。

　　除了《龍族》、《中外文學》中各方參與熱烈討論外，承繼《文學季刊》、
《文學》雙月刊的精神，而於 1973 年 8 月再度創刊的《文季》，〔註5〕在發刊
詞〈我們的努力和方向〉中標誌鮮明的立場，強調對文學的主張是「我們認
為文學不僅應是生活的反映，更重要的還是如何透過這些反映在現實中教育
自己。……也只有這樣，他所創造出來的藝術品才會真正對人類產生虔誠和
愛心，形成一種前進的力量」，期望用這種「前進的力量」去打破現代詩的消
極頹廢，改以成積極有力的直接參與。在《文季》第一期中刊載了唐文標最

---

〔註 5〕　《文學季刊》自 1966 年 10 月創刊到 1970 年 2 月停刊，共發刊十期；《文學》
　　　　雙月刊則於 1971 年 1 月創刊到 1971 年 4 月停刊，共發刊二期；《文季》於
　　　　1973 年 8 月創刊到 1974 年 5 月停刊，共發刊三期。

具分量的〈詩的沒落〉，而第二期則刊出尉天驄的〈個人主義文藝的考察——站在甚麼立場說甚麼話，兼評王文興的「家變」〉連續兩期刊出的重量級評論，則掀起另一波文學宣戰風潮，將現代主義的批判風潮由詩壇延燒至小說創作領域，可說凸顯和奠定了《文季》的獨特風格。然在僅發行三期的《文季》中最具特殊意義的該是「當代中國作家的考察」企畫專題，在專題序文中寫著：

> 二十世紀的中國作家何其幸運，他遭受的挑戰如此之多！
>
> 他必須面對封建社會殘留的病根和帝國主義侵略中帶進的殖民地流毒，來蟲立起自己作品的中國基礎。
>
> 他必須面對中國民族的苦難，從事反抗專制集權和恐怖政治的戰爭，來建立自己作品的中國精神。
>
> 因此，他不再是一個書齋中的作家，和這社會上的享現成者。他必須走入社會，剷除自私，關心別人，而且要不斷地在現實中學習，學習成為一個中國人。
>
> 二十世紀的中國作家何其幸運，他遭受的挑戰如此之多！

以「二十世紀的中國作家何其幸運」的口號來促發當代作家的覺醒，並標榜作品中的「中國基礎」、「中國精神」，要求作家「走入社會」、「關心別人」，再度壯大當時文壇對中國文學傳統重新認識與評價的聲響。

　　除了對文學觀念的批駁論辯外，在各個文學刊物上也同時進行一項內容迴異於前的創作評介，就是針對日據時期臺灣作家作品的重刊與介紹，使得幾近湮沒的日據時代文學逐漸受到重視與賦予新意。這是源於對現代詩的不滿，所匯聚成的重視傳統重視現實、回歸民族回歸鄉土的訴求，向上尋索至日據時期「具備著民族靈魂與現實精神的臺灣文學」，因為「他們都是紮根於鄉土之上，他們的血肉裡奔瀉著這塊泥土上的人民的歡樂與痛苦」（林載爵，1973.12：20），這種對日據臺灣文學的重新認識與評價，是與七○年代初期的文學風潮回歸民族關懷現實有著絕大的關連。王拓對將兩者之關聯性做了更細微的說明：

> 這種在文學上嚴屬批判過分洋化、過分盲目地仿效西方文學的墮落、頹敗和逃避現實的風氣；要求文學應該根植於現實生活，和民眾站在同一地位，去關心擁抱社會的痛苦和快樂的這些主張，和七

○年代臺灣社會在國際重大事件沖擊下所導致的思想上的覺悟：反
帝國主義的民族意識的高度覺醒、反對過分商業化的經濟體制、和
關心社會大眾的現實生活的社會意識之普遍提高，都採取著一致的
步調，而且正好與那股二十幾年來一直默默耕耘著的、以鄉土為背
景、忠實地描寫著個人的悲歡與民族的坎坷的作家和作品所表現的
健康的、富有活力的現實主義的精神結合在一起了。（尉天驄主編，
1980：114～5）

因此，我們發現在 1973 年前後，開始密集湧現大量討論日據時期的作家及其
作品的相關文章，這當中先有顏元叔的〈臺灣小說裡的日本經驗〉討論了多
位戰前戰後作家，如楊逵、張深切、吳濁流、廖清秀、葉石濤與林衡道等人
的作品，繼有張良澤對鍾理和的一系列論文，有林載爵的〈臺灣文學的兩種
精神〉合論楊逵與鍾理和，以及以整個以日據時期為對象的〈日據時代臺灣
文學的回顧〉等。此外，《中外文學》和《文季》在刊載這些論文的同時，也
介紹發表楊逵、鍾理和等人的舊作。〔註6〕接續這波重視日據臺灣文學紮根鄉
土的風潮，讓著力於描寫鄉土小人物的黃春明與王禎和等新一代作家開始受
到矚目，而被統稱為「鄉土文學」作家。

但隨著《中外文學》社會參與性格消退、《文季》停刊，改組後的《夏
潮》則以社會的、鄉土的、文藝的為訴求，成為文壇另一重要集中發聲地。
〔註7〕一方面繼續承襲前述重視日據時期臺灣文學的精神，連續刊載呂赫
若、賴和、楊逵與楊華等人的作品及其評介，其後更於吳濁流逝世之際，企
畫推出「吳濁流紀念專輯」（1976 年 12 月）；另一方面更是將隱含於日據臺
灣文學中深刻批判現實的精神明白地揭示出來，在 1977 年 4 月的「週年紀
念特大號」中，以〈用力敲鐘、大聲說話──我們的話〉序言宣示立場：

在知識商品化的社會，歷史的公道已遭到妥協，社會的正義也被扭
曲到不具普遍性的層面。這是許多被忽略者被「善意忽略」的時代。
因此，我們要用力的敲鐘、大聲的說話！
我們用力的敲鐘，為的是：
──從歷史的侷限性裡提昇到更寬廣的層面，以臺灣的，進而中國
的本質思維，溯源過去的痛苦和未來的遠景。

---

〔註6〕 參見藍博堂（1992）《臺灣鄉土文學論戰及其餘波 1971～1987》，頁 65。
〔註7〕 參見藍博堂（1992）《臺灣鄉土文學論戰及其餘波 1971～1987》，頁 72。

　　——從被淡忘的的鄉土事務裡汲取歷史的教訓和社會的經驗，以深
　　　植公道和正義的根苗，用廣大而不偏狹，深沈而不輕率的智慧，
　　　點燃燭照社會心靈的火炬。
　　——以文藝爲旗手，將藝術從昏昧時代附庸的地位，超拔到實用的
　　　寫實本位，以建立更廣大、更深遠的社會醒悟。

我們大聲的說話，爲的是：
　　——要把一件件的現實錯誤，剖解出它的關係因緣，釐清它在意識
　　　型態上的迷霧。
　　——要給社會廣大的無告者提供生存的門徑，和體會正義的關懷。
　　——要更加確認社會金字塔底層，背負最大重量的同胞的貢獻和力
　　　量。
　　——要辨別社會的眞善與眞惡，使我們的生活環境裡有更多的互惠
　　　平等。

在這樣的「用力」、「大聲」中，我們感受到的是一個新時代的來臨。

## 三、鄉土文學論戰

　　鄉土文學論戰的出現，並非偶然引爆所致，是蓄積自前次論戰的能量所爲，就在因應「回歸鄉土」的動向下才有鄉土文學興發的現象，針對論戰發生的原因，陳正醍以爲：

　　　七十年代裡的「鄉土文學」的抬頭，是這個時期的整個文化層面及
　　　社會思想方面的「回歸鄉土」的動向之一。這項「回歸鄉土」的動
　　　向，反映出如下多層意義：處於七十年代初期國際情勢逆轉裡的臺
　　　灣知識青年意識之變化，亦即應對臺灣的命運關心所觸發的「民族、
　　　鄉土」意識之高昂；以及包括社會改革意識的對社會大眾之關懷所
　　　造成的「鄉土」情懷之形成；還有就是對一向的過分的模仿西洋之
　　　反省所形成的對傳統文化的重新評價等。（1982.08：23）

整個論戰過程，是 1977 年 3 月創刊的《仙人掌雜誌》首先推出「中國的出發」專號，以「政治文學」爲企畫主題；次月標舉「鄉土與現實」的專號，在該輯的編輯室報告中將當時的社會文學現象作了概括性的說明：

　　　六○年代末期開始，一連串國際世局的震盪，驚醒了一向蟄伏在知

識分子心中的民族意識；文學與藝術走向鄉土與民間的潮流，亦是在這樣的背景下應運而生。批判「殖民文化」、「買辦思想」，擁護「鄉土文化」、「民族文化」的呼聲，在短短幾年內，便匯成了滔滔洪流，左右了多數知識分子的思想與言論，也造成自五〇年代以後最大的一次論爭。

該專號以「鄉土文化往何處去」為主題，共計刊行十一篇文章，而其中以王拓〈是「現實主義」文學，不是「鄉土文學」〉、銀正雄〈墳地裏哪來的鐘聲？〉與朱西甯〈回歸何處？如何回歸？〉〔註8〕等三篇文章最受注目與討論，也掀起另一波文學論述的高潮。

王拓在文中表示有鑑於當時對「鄉土文學」的認識，多停留為只是以鄉村社會和鄉村人物為題材，並大量運用閩南語方言的文學，如此的誤解極易致使「鄉土文學」陷入「鄉村文學」或「鄉愁文學」的困境，為避免這種觀念上的混淆與感情上的誤解，在稱謂上應該以「現實主義」文學取代「鄉土文學」。他認為臺灣社會從 1970 年代以來在客觀環境刺激的影響下，普遍覺醒提高的民族意識和社會意識，所期待所要求的文學便是「現實主義」文學，這是一種根植在臺灣這個現實社會的土地上來反映社會現實、反映人們生活的和心理的願望的文學，基於這樣的文學主張，他肯定的是吳濁流、鍾肇政、鍾理和等臺灣作家的作品，雖然在取材上同樣是以鄉村為背景，其中有鄉村人物生活的刻畫、有地方風俗的描寫、也有方言圓熟的運用，但他們作品的真正可貴之處並不在於這些表面的特徵，而是在於作品中所反映出現實生活中的人性。這種「以民族歷史與個人生活為寫作題材，以實際生活的鄉土為背景的具有現實主義精神的創作方向」，所呈顯出生動活潑、陽剛堅強的生命力，恰恰可以大力改正前期那些「到處散發出迷茫、蒼白、失落等等無病呻吟、扭捏作態的西方文學的仿製品」。除此，關於這種文學風潮的興盛，王拓更是廣泛地從政治、經濟、社會、文化等多方層面，探討其發展的必然性，而總結出七〇年代的臺灣社會，已為這種反映現實的文學風尚準備好了必要的成熟條件。

而銀正雄在〈墳地裡哪來的鐘聲？〉中，先是透過王拓的短篇小說〈墳

---

〔註8〕 在這部分所論述的文章大多收入於尉天驄主編（1980）《鄉土文學討論集》一書中，該書收錄有王拓〈是「現實主義」文學，不是「鄉土文學」〉、銀正雄〈墳地裡哪來的鐘聲？〉、朱西甯〈回歸何處？如何回歸？〉、葉石濤〈臺灣鄉土文學史導論〉、陳映真〈「鄉土文學」的盲點〉、南方朔〈到處都是鐘聲〉等。

地鐘聲〉質疑當時鄉土文學創作者的寫作動機，憂慮正處高張的鄉土文學已走入一個偏差的發展方向。這種表達對鄉土文學變質傾向的憂心，提以曾經寫出溫煦甜美鄉土作品的黃春明、王禎和爲例，指出他們也失去了過去作品中原有的純眞拙樸的鄉土精神，代之而起的是情緒性的嘲諷。面對鄉土文學「不再清新可人」、「臉上赫然有仇恨、憤怒」，變成表達仇恨、憎惡等意識型態的工具的種種轉變，他提出要恢復鄉土文學本來的面目，也就是文學作品應是洋溢溫馨純眞、清新健康的生命力。另外，銀正雄則在文末提出他對文學上「回歸鄉土」的呼籲：回歸什麼樣的鄉土？廣義的「鄉土」民族觀抑或偏狹的「鄉土」地域觀？他以爲今天在文學上不僅僅是要「回歸鄉土」，更重要的是要從「鄉土」中重新出發，走向「民族文學」走向「世界文學」的殿堂。

　　從以上論述可看出王拓與銀正雄兩人對當代鄉土文學期盼是完全相異的，他們都是以七○年代所發展的鄉土文學新風貌爲討論對象，也都對鄉土文學的意義與價值表達肯定的基本立場，但卻也表明鄉土畢竟不是終極目標，王拓是希望能擴展鄉土文學的意涵，以現實主義文學創作精神消解鄉土文學所面臨的侷限；而銀正雄則是質疑鄉土文學仇恨憤怒的發展面貌，倡導要恢復其原有的純眞清新，進而朝向民族文學發展。

　　而在朱西甯的〈回歸何處？如何回歸？〉則是對鄉土文藝的未來發展作觀測，認爲「可以一時風行，只怕終將會流於地方主義，規模不大，難望其成氣候」。由於鄉土文藝強調回歸民間，取材自地方性的底層社會，這有別於當時多數作品受限於智識分子層面的現狀，自然易於討好讀者求新、求刺激的接受心理。但其難題卻是分明受限於臺灣的鄉土，「這片曾被日本佔據經營的鄉土，其對民族文化的忠誠度和精純度如何」，最終它還是要落在回歸民族文化這上頭。顯然的，朱西甯十分明白文學朝著回歸鄉土發展的必然趨向，只是他認爲回歸的終極取向應是中華民族文化，而非僅僅是停留於臺灣鄉土文化的描述表現。

　　相對於朱西甯對「地方主義」的拒斥，1977 年 5 月，葉石濤在〈臺灣鄉土文學史導論〉中就提出孤懸海外的臺灣，在特殊的地理環境、歷史際遇與社會文化等多元因素的長期塑形下，建立了不同於中國大陸文化的濃厚鄉土風格。因此他主張：「臺灣的鄉土文學應該有一個前提條件；那便是臺灣的鄉土文學應該是以『臺灣爲中心』寫出來的作品；換言之，它應該是站在臺灣

的立場上來透視整個世界的作品。」而身處臺灣的作家更「應具有根深蒂固的『臺灣意識』，否則臺灣鄉土文學豈不成為某種『流亡文學』」。我們可以明白葉石濤對臺灣的鄉土文學所極力強調的就是以臺灣為中心，而作品精神就應該表現出臺灣立場、臺灣意識的鮮明特色。

針對於葉石濤的導論，立場對立鮮明的陳映真（1937～）繼於六月發表〈「鄉土文學」的盲點〉，指出葉石濤所謂的「臺灣鄉土文學史」，其實就是「在臺灣的中國文學史」。關於他所強調的「臺灣立場」則是「曖昧而不易理解」的，因為「臺灣立場」最初只具有地理學的意義，後因日本殖民統治之下，才有了政治學的意義，但也是「臺灣（人）立場」和「日本（人）立場」的對立，是一種殖民壓迫下所產生的民族矛盾。另外「臺灣人意識」則是完全相應於日本殖民資本改造的過程中所新興的市民階級而有的「一種新的意識」，若繼續推演這種新興的「臺灣人意識」，將會發展出分離於中國的、甚而臺灣自己的「文化民族主義」。葉石濤種種的論點，被陳映真批為是「用心良苦的，分離主義的議論」。為避免墮入分離的險境，陳映真提出「中國意識」與葉石濤的「臺灣意識」相抗，這種認同對象歧出的對壘分明態勢，也暴露了鄉土文學陣營中觀念立場紛歧的事實。

雙方立場紛歧日益擴大，論辯戰火日益延燒，南方朔在 1977 年 8 月 18 日《中國時報》副刊發表〈到處都是鐘聲〉，提到此刻是鐘聲到處響起的時候，「現在大家應當做的，該是義無反顧的加入這個更具綜合性的潮流」，迎接鐘聲而來的璀璨新晨，期許一個合作發展新局的開始，未料卻正如所言「鐘聲到處響起」般，一波波戰火到處竄燒，燒遍了整個文藝界。首先是接連出現在《聯合報》副刊攻擊力道強勁的兩篇文章：一是彭歌的〈不談人性，何有文學〉，文中直接點名批判王拓、陳映真與尉天驄的文學觀點；一是余光中的〈狼來了〉，則指控鄉土文學頗暗合於「工農兵文藝」，質疑提倡鄉土文學者的別有用心，這種直接嚴厲的批判被視為正式點燃了對鄉土文學猛烈而集中的攻擊火力。其後 8 月底召開的「第二次文藝會談」與 11 月集結出版的《當前文學問題總批判》，可說是反對鄉土文學陣營力量的大集合。

相對於此，恐怕有政治力量的介入，讓本是論爭源頭的《仙人掌》與《夏潮》都漸趨沈寂，退出論戰主線；而《中華雜誌》成為新的辯護集中地，自 9 月起該刊即陸續登載了大量為鄉土文學辯護的文章，其中最有力的是胡秋原〈談「人性」與「鄉土」之類〉，明顯就是專對彭歌之文而來，將他對鄉土文學的詰責一一回擊，而徐復觀〈評臺北有關「鄉土文學」之爭〉則是對

余光中反扣帽子的行徑不以為然，兩人都明顯表達出對鄉土文學的道義聲援，並認為文學是自由的，切勿以利用文藝作為政治鬥爭工具，這對當時緊繃的情勢確實發揮了一定力量的緩頰作用。但可以想見，不可避免的是隨之而來是立論雙方的攻擊、辯護、反擊，一場動員龐大的筆戰隨處開打。

在 1978 年 1 月召開的「國軍文藝大會」中，由王昇宣示「團結鄉土」的總結性談話中，展現出官方意欲和解的暗示態度。隨即也在民間的配合下，先是出現同時刊登於四月號的《夏潮》與《中華雜誌》，胡秋原為《鄉土文學討論集》所寫的序文〈中國人立場之復歸〉，文中強調鄉土文學具有可取的民族主義傾向；繼而在《仙人掌》八月推出的「民族文學再出發」專號，則是「希望將它當作年來文壇討論的一分建設性獻禮，獻給關愛國族社會的所有中國人」，並有石家駒的〈在民族文學的旗幟下團結起來〉，認為鄉土文學是中國民族主義文學在臺灣目前階段中的主要文學形式，因為「當前民族文學應是相對於外來文學的『移植』的性格，而復歸於文學的中國特點和風格；相對於外來文學對中國命運的冷漠和無作為，民族文學應該和自己民族的命運，血肉相連；相對於外來文學的極端形式主義，民族文學應該逐步尋求生動活潑的民族形式也表現自己民族的生活和勞動；民族的理想和奮鬥的勇氣等具體內容。六十年代中期以後逐漸成長起來的鄉土文學，便在此一意義上，成為當前條件下的民族文學的主要形式」（仙人掌雜誌社編，1979：224），這樣將鄉土文學置於眾人皆能接受的愛國民族文學之下，使得這場蔓燒連天的戰火終能冷卻緩息。

我們觀察這次歷時年餘的文學論戰，可以發現關懷的主題相當廣泛，雖是決戰於文學的場域，卻同時出現對於政治現實、經濟發展、社會背景、歷史原由等的關注。因此，這次文學論戰的規模極為巨大醒目，但卻也出現失焦的遺憾，因為許多真正屬於文學場域的問題，反是面貌模糊不清，亟需更進一步的釐清。對於我們所關心的文學探討，確實深掘出許多長期以來被刻意忽略的重要議題，隨著這些議題的挖掘探討，讓我們對臺灣文學的發展脈絡有更為細緻的認識。

## 四、隱伏浮顯的具體臺灣

就七〇年代所發生的兩次重要文學論戰來看，無論是現代詩論戰或鄉土文學論戰，都可發現重點集中於文學與社會關係之探討，也就是文學社會性的

強調與反對。即便是不同陣營因彼此立場的相左，致而出現激烈論難甚而浮動不安，但在整個外在情勢的籠罩下，基於對臺灣的國際地位與社經發展所生的種種憂心，讓文壇異中有同地提出回歸的大原則：回歸民族、回歸現實。在一片回歸的熱切要求下，許多過去隱藏不顯的要素，重新獲得討論的機會甚而再度被重視。在這佇足回頭的過程中，我們不僅僅看見了中國的傳統，也看見了臺灣的過往，這其中涵蓄有民族歷史的傳承與真實生養的土地，在面對外來強勢的侵略壓迫時，都成了極重要的依憑力量。民族與現實的回歸被同時接受、被混同看待，但若認真地分別看待，會發現能夠看見臺灣的存在，或許對生養在臺灣這塊土地上的人民更具真實意義。

從現代詩論戰到鄉土文學論戰，對臺灣的注目是日益加深，而臺灣的形象是日漸凸顯。緣於對現代主義文學典範的批判，提出文學應具有社會意識，必須關懷社會現實生活，因之臺灣社會的各個面向成了載寫的主體與討論的對象。同時在民族與現實的雙重要求下，向上尋索出日據時代的臺灣文學，才是最具有民族靈魂與現實精神的文學典範。因為在這些先行代臺灣作家作品中，我們能體會到當時臺灣社會在時代變局中的真實生活經驗，能看見深厚的鄉土認同和強烈的社會意識，這樣的創作精神是被讚頌與鼓勵的，即便是在論戰中立場不同的陣營都有相同的共識。緣於這分對日據時代臺灣文學的重新認識與高度評價，使得紮根鄉土的現實關懷得到具體實踐的典範，臺灣社會的現實建構獲得發展的可能，真實的生活、真實的人物、真實的對話、在臺灣這塊土地上所發生的真實都成為作品中的最佳素材。

在以中國為正統的思想主流價值體系裡，真實的臺灣能夠被接受，實與臺灣當時所處的國際困境有著密切關係，因為在那樣境況下所激發出的民族意識與社會關懷，間接觸發了臺灣具體形象的浮顯。蕭新煌就曾指出在外力衝擊下所產生的民族主義是「臺灣意識」能夠滋長的重要媒介，他說：

> 七○年代一開始，臺灣就遭到一連串來自外力的衝擊，因此激起了知識分子的民族主義，其中也孕育出相當真實的社會關懷。總括來說就是一種對臺灣處境的「危機意識」；有理由可以這麼說，當時知識分子這種對臺灣的危機意識的確滲雜著「臺灣意識」與「中國意識」在內，既為臺灣的生存，也為中國的前途，或者更明顯的意涵是說為了中國未來的前途，就得先要確實的關懷臺灣現在的生存問題，在知識分子眼中，這兩者並沒有太多的矛盾及衝突，而是相輔

相成的。（1986.10：63）

因此，就在「中國意識」的大原則下，「臺灣意識」也獲得普遍的認可，臺灣社會才能有較明顯建構的機會。然而，真實的臺灣或許面貌逐漸清晰明朗，但卻是在內蘊有「臺灣／中國」雙重性的架構下持續進行，這對臺灣主體的顯現是契機也同時是另一波論爭的伏線。

雖然我們明白在外力衝擊下所激生的愛國情感民族意識，是讓具體臺灣能在標舉中國為終極依歸的架構下隱伏浮顯的重要因素，但我們也不該忽略來自內在情感的尋索與需求。因為就某種角度觀察，當時確有些作品缺少紮根於真實生活土壤的文學表現，呈現出過客疏離、逃避無根的徬徨迷思，讓臺灣社會未能真實存在於作品的時空中，缺少了一分對臺灣社會的認同與關懷。

但隨著回歸民族、關懷現實的情感湧現，臺灣土地成了最為踏實的立足點。游喚也認為對於新生代來說，由於「缺乏戰爭體認，生活空間也僅限於土生土長的臺灣」，沒有了鄉愁的逗引，「對大陸故國的印象幾乎等於零，所獲得亦僅來自歷史與地理的知識」，所以鄉愁似乎已成為前行代的專利；一個生於斯長於斯的人，應該「擁抱這塊土地」、「聆聽大塊的呼吸」，應該「予這個時代這個民族呈現倒影」，應該「以真誠的愛心做這個社會的傳聲筒」，應該「跨出自己的門楣，投入到生活的原影，與我們周圍的人群同哭同笑」（趙知悌編，1978：204～7），種種的應該都是對真實具體的臺灣投以注目關懷的眼光。

## 五、鄉土文學的困境與墮落

經過兩次文學論戰的激烈交鋒後，在所彰顯的回歸民族、關懷現實、注目臺灣、效法日據臺灣作家作品創作精神等等的要求下，臺灣的鄉土人情成為文學創作素材的聚焦，一時「回歸鄉土」成為波瀾壯闊的景象，因此在鄉土文學論述的強勢定音下，鄉土文學創作急速地竄升至主流地位。

「然而若考究七○年代的鄉土文學創作，其實是早於鄉土文學論述的」（陳明柔，1999：59），所以後來會出現對鄉土文學義界規範的歧異認知是可想而見的，其中最著者有王拓所提出的為避免鄉土文學被等同於狹隘的鄉村文學或易陷入鄉愁文學的困境，故主張以現實主義文學來替代鄉土文學，這是一種根植於臺灣土地上可以反映社會現實、反映人們生活、反映人們願

望的文學，意圖以現實主義的創作精神去進一步擴展鄉土文學的意涵；但立場迥異的正統中國論者則表達出完全不同的看法，他們則是憂心於鄉土文學質變的傾向，認爲在過去作品中原有的純眞拙樸的鄉土精神皆已喪失，反倒成爲表達仇恨憎惡的工具，指出其正朝著偏狹鄉土地域觀的偏差方向發展，故呼籲作品應重回溫馨純眞、清新健康的面目，應走向廣義的鄉土民族文學。可以明顯看出兩者對鄉土文學定位的論述不同、對鄉土文學發展的期許不同，但他們都看出了鄉土文學正在發展、也正在改變，而呈現出一種不同以往的新風貌。

　　這個持續發展的鄉土文學風貌，是茁壯新生、還是變質萎縮？在南方朔1977 年 8 月 18 日發表於《中國時報》的〈到處都是鐘聲──鄉土文學業已宣告死亡〉，則有較爲細緻的探討。這篇發表於論戰中期正當鄉土文學風潮熾烈燃燒之時，醒目的副標題上卻直指鄉土文學業已宣告死亡，雖然全文是開創新局的期許，但這樣撼人的宣示畢竟有其深意。南方朔首先指出「鄉土文學」一詞在被教條式的不斷襲用下，早已名實不符，而成爲一個過分膨脹的名詞，故宣告「鄉土文學」早已死亡。這樣的論點是他經由「鄉土文學」一詞的歷史溯源中所得到的結論，因爲經過日據時代與臺灣光復初期各自出現的「鄉土文學」浪潮，其實「鄉土文學」進入七○年代時，就已經完成它的過渡使命，而成爲一個歷史名詞。

　　但最值得我們注意的是在鄉土文學的定位上，他認爲臺灣光復後受限於整個文學風向的特殊發展，以現實農村爲背景的作品較難得到注意。但本地作家又大多只能藉助農村社會事務的描寫以馳騁胸中文學抱負，而他們素樸的寫實風格，則對當時的文學主流是一種聲音微弱的抗議。所以，他明白地說：

> 光復後的文學發展，最早所謂的「鄉土文學」，就是指的這一類以臺
> 灣鄉村事務爲對象，而以素樸的寫實主義去創作的文學。（同前）

而這種所謂的正統鄉土文學卻因社會的改變而有所轉變。在年輕作家群的興起後，鄉土文學便發生明顯的質變，文學特徵已不再鮮明顯著，那是：

> 因爲許多所謂的「鄉土作家」，他們的文學理念不再固著於鄉土之
> 上，他們描述的視界也更趨向於普遍的人性，他們寫作的技巧也漸
> 漸遠離臺灣傳統的素樸寫實主義。本土意識濃厚的原始鄉土文學特
> 徵已漸去漸遠。在他們的作品中容或尚有若干「鄉土」的風味，但

這種風味卻已極爲稀薄。（同前）

的確，鄉土文學「在年輕作家群興起後，便已發生了明顯的質的變化，這種變化過程是複雜的，但卻是原始的『鄉土文學』轉變前的等待期，它是趨向更大綜合的醞釀階段」。在這個醞釀等待中所迎接的是七○年代全盤檢討的臺灣社會，是一個興發鼓動出愛國主義的、反地域主義的新浪潮，所展現出的文學趨向是民族本位的、理想主義的，充滿批判精神的新寫實主義，因而：

> 它篩選了原始「鄉土文學」的具體社會作爲文學的主體。這種更具綜合性的文學在「鄉土文學」死後新生，無異是殘爐裡飛出的新鳳凰。（同前）

因此，沿著南方朔的思考理路而言，他之所以敢於宣告「鄉土文學」早已死亡，是因爲在不同階段下的鄉土文學都有它不同的內涵，「而所謂的『鄉土文學』，愈往後的發展也就愈不『鄉土』，甚至於許多所謂的『鄉土作家』且公開的表示沒有『鄉土文學』」。這種從原始的鄉土文學、或名爲素樸的鄉土文學到更大綜合而無法名之的鄉土文學，在質的變化發展上，若說是鄉土文學義界的開拓與豐富，無寧也同時夾帶著可能失焦模糊而不見其眞義的填充，這確是鄉土文學探索中一個始終重要而難解的命題。

「鄉土文學」一詞在不斷地標舉下成了教條式的名詞，其所承載的實際內容難免隨著時間而逐步模糊失焦，何欣在〈七○年代的使命文學〉談到當時回歸鄉土的感情基礎，是出自強烈排外情緒，因爲對外國事物採取懷疑敵視態度，故轉而肯定發揚自己的文化以爲對抗取代，於是很自然地回到自己的土地上，不過：

> 「鄉土」在哪裡？也許四千多年的文化太遠太大了罷？所以只好回歸到此時此地的「鄉土」，而且相當狹義地回歸到民間。於是凡產生於民間者，凡是老百姓所喜聞樂見者，均於提倡，均於肯定，不論它多麼原始，多麼迷信，多麼「封建」，多麼陳腐，多麼貧乏，也不論它所反映是不是今天仍然需要的。這片鄉土所產生的一切便不加選擇不加批評地全盤接受。（何欣，1979：148）

而楊照在〈鄉土文學的宿命困境〉更是深層認爲這種模糊嚴重地導致理想的俗化，「描寫模範農家的、夾雜幾句方言的、鄉下青年到臺北來奮鬥成功的，甚至於歌頌農家有了電視、冰箱的散文、掉弄些鄉村意象的現代詩，都一股腦地套上『鄉土文學』的頭銜」（1995：142），處處充斥著這類稀薄的鄉土形

式。不同於遠離理想墮於形式的稀薄鄉土，仍懷抱舊有樸素理想的作家，則在環境情勢的逼壓下反激出露骨直接的控訴，那是因為：

> 文學在他們的筆下從原先描繪受辱者實況轉而從事於指責不義者，
> 他們失去了耐心於較為精緻、細密的技巧結構和文句修飾，傾向於
> 明白淺顯的故事情節、善惡分明的人物造型，明白點說，他們漸漸
> 因為要求文學功能的無限擴大而走離了文學。（1995：142）

這種將文學趨向於宣傳，以粗糙明顯的激情寫出的宣傳式文學作品，更是戕傷了鄉土文學的理想性。這點猶如呂正惠論及七、八○年代臺灣現實主義小說（涵括鄉土文學作品）時，指出其技巧層面上表現出兩個重大的缺陷：「批評現實不免流於『譴責小說』，處理現實主義不免流於『內幕小說』」，這種缺陷正源於作家缺乏藝術的耐性與缺乏想像力，不能從現實中抽繹出藝術的內涵來」（1995：67），而這也充分顯示出完全著眼於宣傳工具而非藝術作品所致。

　　另外，就實際鄉土文學作品的成績來說，當然創作出許多動人的情節、傳神的人物所形成的經典作品，然而這些「幾乎都是那些在社會變遷的痛苦軋壓下，茫然不知所措的小人物的故事」（楊照，1995.10：140）。這些小人物的悲情故事本是鄉土文學的大宗，自然成為鄉土文學所獨具的特色，但卻是一種缺乏根基的文學，因為作品多停留在呈現表象，而未能深層探究背後那股巨大無形的逼迫力量，處處縈繞著無能為力的莫可奈何，對身處變局的意義毫無自省的能力。作品多表現出「或是接受這樣的現實，用一種阿Q式的悲劇精神去激發自己忍受痛苦的無窮潛力；或是既過度樂觀且過度悲觀地把這些痛苦的肇因歸諸於一己的努力上，以為痛苦之來是因為自己沒有足夠的努力，而只要一旦幡然立定決心便可以改變這樣的惡劣情境；或是用一種巨觀的、歷史前定論的現代化調調，將這樣的扭曲、戕喪歸諸於落後國家追求現代化、工業化，『無可避免』、『全世界共通』、『必須』要付出的代價」（楊照，1995：140），也因此：

> 鄉土文學家勢必只能捕捉一些極其戲劇性、悲涼蒼茫的片斷，描繪
> 最荒謬情境下的無可如何，卻無從處理較大的時空格局，專憑才氣
> 去捕捉那些閃爍在不同角落的悲劇場面，能支持多少篇足以感人的
> 作品呢？於是，我們看到沒有幾年的功夫，鄉土文學就陷入了模式
> 僵化，不斷自我重覆的困境裡了。（1995：141）

這種未能深化作品意義的結果，自然導致長期普遍性的淺薄，也就成爲鄉土文學最無法突破的侷限困境。

## 第二節　情繫吾鄉的耕讀子弟──吳晟

　　我不能改變你的決定。但是，更不願成爲無根的浮萍，不願離開故土的芬芳。你曾說我沒有夢想，沒有開創的精神，沒有「闖」的勇氣。然而，所謂夢想等等，並非一定要「飄洋出海」才能證明。

　　我的夢想，就在我們生於斯、長於斯的故鄉。

《不如相忘‧遠行》

　　吳晟（1944～），一個遠走都市文明回身擁抱鄉土倫常的耕讀子弟，深情繫念於那片曾撫育他成長茁壯的農鄉土地，以尊崇的心靈素樸的文字細細地鏤刻土地上的一切生活與勞動。這位衷情於臺灣農村圖像的建構者，被余光中目爲是奠定鄉土詩明確面貌的詩人，〔註9〕被陳映眞舉稱是用熱情與專注並長期關愛臺灣農村的重要詩人，擁有這樣的重量級稱譽，當足以標誌吳晟詩文在臺灣文學鄉土書寫的位置與意義（1983.06：23）。

　　吳晟，1944 年生於臺灣彰化溪洲的尋常農村家庭，亦如一般農家子弟，從小至大於求學課餘時間便需參與農忙，而其後更是在屏東農專完成學業畢業之時，放棄北上任職編輯工作的機會，選擇返鄉照護母親而從事教職並親耕農作，這番抉擇成爲他生命歷程中非常重要的分水嶺。家居鄉野的吳晟，經久養成非有要事盡少出門的習性，曾自我調侃「以前是我拒絕了都市，於今卻是都市排斥了我」（1992：18），卻正因爲如此純粹簡單的田野生活，農村中的人物景致自然而然深深地融入其生活之中，田土作物、生活勞動、自然土地、親情鄉情等等，所有親歷經驗中的農鄉風土景貌便成爲吳晟作品的重要場景與聚焦表現。但最讓吳晟不同於一些刻意隱居鄉野作家作品的，是他雙腳眞正踩踏農田雙手眞正撫育農作，自親耕實作中發乎對土地與作物的謙卑和熱情，讓他能在農村生活面貌的表層描繪外，更深地進入特屬於農人的情感世界與精神內層。

---

〔註9〕　轉引自陳益源（1986.02）〈訪吳晟‧談「負荷」〉，頁 90。文中提及余光中在〈從天眞到自覺〉認爲：「等到像吳晟這樣的詩人出現，鄉土詩才有了明確的面貌」。

　　爲文甚早的吳晟，雖在中學時期即開始嘗試創作發表文稿，但一直到
1972 年「吾鄉印象」系列組詩（1972～1977）的出現，才首度張顯個人獨具
的創作風格，而被認爲是個人寫作歷程中「極爲巨大而鮮明的進步」。〔註10〕
這巨大鮮明進步的轉變完全歸因於他在 1971 年回鄉生活的深切體悟下所做
出的回應，一分面對農村處於社會轉型變遷的強力衝擊下所萌生之愁緒，與
混合著長年孕育自土地和作物的愛戀情懷，點滴醞釀成這組關懷臺灣農村景
況的系列詩篇。吳晟對於自己在創作方向的明顯轉變視爲極其自然的發展，
因爲他抒發的是生於斯、長於斯、工作於斯的鄉土經驗、鄉土情感，以及從
鄉土出發的思考，原就十分契合於「文學是生活反映的理則」（1997.09.24）。
因此，在 1977 年鄉土文學論戰開火之前，吳晟就早已寫下了足以闡發鄉土
論述的優秀作品，即是爾後的戰火延燒瀰漫之下，他都仍舊秉持著自始一貫
的創作理念繼續昂首向前，續而推出「向孩子說」系列連作詩篇（1977～
1983），對城市文明侵蝕農村傳統價值的現象表達極大的關懷；繼之最近的
「再見吾鄉」組詩（1994～1999），則是將「吾鄉印象」的創作理路更爲擴
展與深化，訴說的是對臺灣大地環境無可掩飾的疼痛。如此長期的堅守文學
創作信念，用筆端將生命情感注入稿紙，不妄談理論主義意識流派，吳晟說：
「如果必須探究我的詩作有什麼鮮明意識，我只知每一分詩情，都是接連臺
灣島嶼每一寸土地」（2000.06.13）。

　　另觀自 1980 年後，吳晟的詩作顯著銳減甚而完全停頓，究因於他在參加
愛荷華國際寫作班時，經歷了重大的認知震憾與思想衝擊，讓他必須停下來
重新思索社會局勢、國家定位、乃至於文化認同等重要問題。〔註11〕然而在
這段十多年的思索期間，他改以散文直接書寫的創作形式，進行自我思考的
梳理與調整，期能尋找更爲清晰明確的立足點，寫出了《農婦》、《店仔頭》、
《無悔》與《不如相忘》等四本散文集。在這立足農村的四書中，除《無悔》
全書是充滿源於鄉土之愛所形塑而成的時代批判精神之顯露外，另三書則以
較詩作更能流暢細緻且深刻典型的散文書寫方式，摯情地建構臺灣農鄉的圖
象，在《農婦》中對農人高貴美德與生活哲學的崇仰，在《店仔頭》中將農

---

〔註10〕見許南村（1983.06）〈試論吳晟的詩〉，頁 22～3。他觀察「從 1971 年以前的
　　　　吳晟跳躍到 72 年的『吾鄉印象』的吳晟，前後的變化，是十分鮮明而突兀的。
　　　　相對於 71 年前的無焦點、浮淺、辭語曖昧和意念的荒蕪，『吾鄉印象』系列
　　　　有極爲巨大而鮮明的進步」。
〔註11〕詳見吳晟（1992）《無悔》，頁 163～167，〈衝擊〉一文所述。

村倫常和現代文明兩相對照的批判反省，以及在《不如相忘》中對吾鄉大地的追憶與深思，都是吳晟於詩作外再度以特有的溫情和素樸的文字深刻鮮活地紀錄留存屬於臺灣農村的記憶。

　　選擇守住寂寞的鄉野農莊、寂寞的文學創作，吳晟長期努力的只是盼望能將自農村生活體悟所牽繫成的鄉土情愫，來喚醒臺灣子弟的鄉土意識，更進而滋生其愛護鄉土的濃厚情懷。

## 一、稻作文化蘊孕下沛然成形的蕃藷情

> 阿爸從阿公粗糙的手中／就如阿公從阿祖／默默接下堅硬的鋤頭／
> 鋤呀鋤！千鋤萬鋤／鋤上這一張蕃藷地圖／深厚的泥土中。
>
> 阿爸從阿公石造的肩膀／就如阿公從阿祖／默默接下堅韌的扁擔／
> 挑呀挑！千挑萬挑／挑起這一張蕃藷地圖／所有的悲苦和榮耀。
>
> 阿爸從阿公木訥的口中／就如阿公從阿祖／默默傳下安分的告誡／
> 說呀說！千說萬說／紀錄了這一張蕃藷地圖／多難的歷史。
>
> 雖然，有些人不願提起／甚至急於切斷／和這張地圖的血緣關係／
> 孩子呀！你們莫忘記／阿爸從阿公笨重的腳印／就如阿公從阿祖／
> 一步一步踏過來的艱苦。

《向孩子說‧蕃藷地圖》

　　在面對當時臺灣詩壇一昧西化、追求現代主義表現的跟從文風，自言「生性愚鈍、粗俗」的吳晟，雖不能說完全毫無感知且未受薰蒙，但他也坦言「只能說，現代主義潮流對我沒有發生過很深入、持久的影響」，因為「在整個臺灣詩壇幾乎都全面『現代化』以後，我也時常捧讀那些深奧難解的現代詩作品和現代詩的詩論。但是覺得人們所說『孤絕的世界』，和我平日在農村現實生活中所接、所思、所感，全對不上頭，覺得自己和自己的生活，和他們隔得很遠，不但難以理解，也無法產生共鳴，想學，也無從學起」。〔註12〕對這樣一位情感真摯懇切的作家而言，當是無法遠離生活土壤、背棄人群感思，而自築於小我天地的追索。吳晟在 1975 年獲頒「中國現代詩獎」的得獎獻辭中明白表述自己創作的情感動源是：

> 母親常說：生存不是一件容易的事，一粒米，一碗飯，都不知道要

---

〔註12〕轉引自許南村（1983.06）〈試論吳晟的詩〉，頁 18～9。

流多少汗才能獲得。生存的蒼涼和艱困,較之一些輝煌的哲理,我
體驗得更深刻。在我周遭的人們卑微的情懷,實更令我關心,更接
近我的心靈,因為,我也只是非常平庸,非常非常卑微的農家子
弟。……

我的作品,大都是從實實在在的生活體驗中醞釀而來。泥土的穩實、
厚重、博大,傳統的中國廣大農民,不矯飾,不故作姿態,真真誠
誠對己對人的敦厚品行,始終深深引我嚮往和企慕。

因此,吳晟的詩文當是自豐潤的生活經驗所生發,一個道地的農家子弟以農
村生活為畫布,農民的腳印、土地的氣息、作物的抽長都悠悠地自然吐露出
一股濃郁的鄉土味,但他始終不認為自己只是一位鄉土文學作家,因為他無
意以『鄉土』自居,更不願以『鄉土』自限。正如吳晟在回首自己二十年前
的作品時,所明確而堅定地表示:「我不否認,早在七○年代初期,詩壇上正
盛行『現代主義』潮流下,我的『吾鄉印象』系列詩作,已表現了濃厚的鄉
土情懷,那是根源於實實在在生活體驗、自然萌發而來;我的鄉土意識,也
隱含著頗為執著的批判精神」(1992:240)亦如同一位與他相知熟稔並數度
為其散文集作序的文友曾健民所言:

他是臺灣農村的一分子,他生息工作於其中,臺灣農村是他最親近
熟知的環境,每一草木每一種聲音每一位鄉民每一件事故,對他來
說都有生活的內容和時代的關聯。他不多也不少、不迴避也不誇張、
不作態也不表態,真誠真實地寫下農村的生活內容與變遷,同時,
也某種高度地關聯著時代的生活內容及進展。(1985.02:9)

在曾氏這段對吳晟創作意念的敘述中,所著意點醒的是要指出吳晟詩文不是
一分只將農村風情事物複寫的自然主義寫實文學,而是能和時代進展生活變
遷有著高度關聯的現實文學。

隱含有執著批判精神的鄉土意識,確是進入吳晟作品的重要指引,因為
如此才能解讀出作家隱於作品背後的深刻巨大關懷,而非僅耽於那充滿濃厚
鄉土氣息的表象留存。關於這分源發於鄉土所成之批判精神,曾健民有極為
獨到之見解,認為它是「芽生於稻作文化的土壤」,淺顯地說就是「這種批判
力量並非產生自學問教養,而是自然而然地孕育自傳統臺灣稻作農村的生活
哲學」,並且他將其概括地暫稱為「稻作文化的民粹精神」,更在進一步的說
明中表示:「這種以母親為中心的鄉親野老的稻作文化民粹精神,正是構成吳

晟思想情感的最重要基礎，這基礎構成了吳晟對現代文明批判的力量」。雖然
這個精神還未能成為一個完整的思想體系，但其最珍貴的是它能異乎過去對
現代文明批判的立足點，擇取於農村稻作文化的角度進行省思，因此，他認
為吳晟作品中所傳達的：

> 這些來自稻作農村的民粹精神對現代文明的批判，雖非來自現代文
> 明的知識系統，但產生自現代文明與稻作文明互相激盪的生活現實
> 中迸發出來的批判力量，卻給予我們對習以為常的現代文明另一種
> 全新角度的反省與啟發。（1985.02：10）

自農村稻作文化蘊育而成的民粹精神除了是吳晟對現代文明衝擊批判的醒目
立足點外，更為積極的是讓吳晟在此文化氛圍的濡目薰陶中培養出對「蕃藷
地圖」堅定不移的愛。因為從稻農勞作、土地物化、時代轉型到環境變遷，
吳晟心中不斷加深的是對臺灣農村甚而臺灣整體的疼惜與憂慮，不禁努力地
思索臺灣過去、現在與未來的發展處境。自一分單純的鄉土情懷到一種鮮明
的鄉土意識，在吳晟身上是經過生活歲月的洗鍊所成，他不僅將這股炙烈的
鄉土之愛表露在自己的詩文之內，也同時成為他的文學創作批評理念，他在
一本未能出版的詩選編選過程中，不諱言自己的「偏執」，就是「寫臺灣人、
敘臺灣事、繪臺灣景、抒臺灣情」的堅持，也就是要求藝術表現和臺灣現實
密切結合（2000.05.23）。我們應能說是稻作文化的民粹精神，讓吳晟真切明
瞭到生命的意義與價值，在這基礎上對現代文明的種種疑惑與批判，更映襯
傳統精神的珍貴，如此牽繫所成的是他對臺灣這塊土地的疼惜與不捨。

　　因此，稻作文化蘊育下沛然成形的蕃藷情，應是吳晟長期在作品中所欲
彰顯的精神，與持續堅定前進的創作道路。

## 二、農婦美德・農鄉素面／傳統農村倫常與現代文明的映照

> 母親只認識幾個數目字，不懂甚麼高深的大道理，沒有甚麼非凡的
> 學問和事業，更沒有一些虛妄的夢想。然而，母親不虛華、不怨嘆，
> 安分守己、刻苦耐勞、充滿愛心的生活，就是一本厚厚的大書，寫
> 滿讀不完的情思，寫滿讀不盡的哲理。
>
> 　　　　　　　　　　　　　　　　　　　《農婦・一本厚厚的大書》

　　我們既尋繹出吳晟作品的思想情感基礎是稻作文化的民粹精神，也明白
到那是他經年累月長期生活在傳統臺灣農村的鄉土上所萃取而出的重要質

素，透過詩文他想提點所有生活在這塊土地上的人，不要棄離過去生活中曾擁有的美好德行，強調這些農村鄉民的生活哲學與道德情操，在現代文明社會仍是受用的，甚至益發顯得珍貴與值得宣揚。再者，由於社會轉型，工業商業漸次取代農業，在不敵此時代洪流的衝激下，遠離農鄉前往都市謀生，成了多數人不得不的選擇；而擇居鄉野的吳晟，反倒意外地尋獲一個平實卻別緻的創作素材，就是真切如實的農村生活風情。當這些素樸農村圖像一幅一幅地開展而出時，除能為迅速消散流逝的農鄉留下記錄外，吳晟更是以之為鏡鑑，希望用以映照追求文明背離傳統下所無法避免的空虛與缺乏。因此，執著堅持的吳晟給人最鮮明的創作印象，就是「沒有一位作家這樣深情地刻畫過臺灣數十年來農鄉的真實景象。更沒有一位作家這麼執意地典型住農鄉人們高貴美德及生活哲學」（曾健民，1982.08：2），也就是這個深刻典型而將漸被遺忘的農鄉，吳晟為浮沈於現代文明洶湧潮流中的人們，留下一個精神心靈的原鄉舊夢。

農婦美德，只要熟知吳晟散文的讀者，一定對那位勤勉持家的「母親」印象深刻，因為由詩入文的吳晟對散文的經營，採取與新詩相同的系列性書寫模式，而第一個系列的書寫主題就鎖定這位在日常平凡生活中影響對他最深的人——母親。一分因緣於對母親的感念讓他極其自然地以她入文，雖曾自言「當初我寫這一系列散文，紀念性質重於文學意圖」（1992：186），但在多達四十篇的作品所集成之《農婦》一書中，可看出其完整飽滿鮮明的形象早已遠遠地超越一個母親、一位農婦的身影，而是紀錄了所有的鄉親的高貴美德與生活哲學。如同他在文集的最末一篇〈感心〉所說的：

> 這四十篇小文章所寫的，雖然主要是以母親為主，但在我心目中，
> 我所想寫的，卻是所有的鄉親，所有和母親一樣坦朗、勤奮、而堅
> 忍的鄉下婦女。（1982：178）

就是這群生活在周遭的鄉民，深深地感動著他，讓吳晟提筆寫下他們的一言一行，寫下那些所有面對生命生活的真實感受，這是一種在農鄉土地上才能涵養出的美德與哲理，是臺灣農鄉所獨具的生活美學，而這農鄉美德卻是那個虛無年代所缺乏的。

對於吳晟自稻作文明的民粹精神下所體悟出的農鄉美德之內涵，曾健民以為那是「在環境的艱困中表現出來的令人尊敬的勤勞、令人不忍的認命、及對泥土大地的敬愛」（1982.08：3）；而陳映真則表示：「吳晟已經脫離了單純地寫自己的母親，而經過典型化的形象，為我們生動地留下一張張臺灣婦

女農村勞動者的畫像：勤勞、正直、樸質、儉約、慈愛、坦誠」（1983.06：25）；
另外施懿琳則是分析此文化所具之特質為：「眷戀土地、沈默厚重、勤奮踏實、
人情濃厚、樂天知命、節儉素樸」六點特色（1997.12：315）。細觀三人的論
述實僅為詳簡之別並無重大分歧，若綜而言之，應是實踏田土耕育作物下所
涵養成之勤奮勞動、寬厚安命、信靠大地等生命情操特質。

　　勤奮勞動，是戶戶農村家庭最為真實的生活秩序，因為稻田耕作從浸種、
育苗、犁田、整地，到插秧、除草、施肥、放水田、噴農藥，以及最後的割
稻、曬穀，每個過程都是粗重繁瑣的工作，吳晟曾在〈稻作記事〉一文中詳
述農民如何於每個稻作階段付出心力與勞力，最後才得以見到那片豐實飽滿
金黃稻穗的景象。而那總是一大早帶著便當和茶壺出門，天黑了才從田裏回
家的母親身影，就出現在每幅農忙圖景中，她終生操持農事的至言就是「這
一期趕時趕陣，稻仔緊張，人也要跟著緊張」。因此，無論是深冬清晨不驚田
水冷霜霜的育秧苗，夜晚昏黃燈火晃動抽水馬達轟轟下的巡田水，或是炎熱
炎陽下曬穀場上的拌肥料、耙稻穀，甚而勞累露宿卻徒勞而返的農會繳穀，
都是從早到晚粗重工作的忙碌磨熬。

> 是啊！誰驚田水冷霜霜，從開始浸稻種、整理田地，到插下秧苗，
> 每年這段期間，天氣最為寒冷，而母親每天都田裏來田裏去，難怪
> 母親的腳掌，結了一層又一層厚厚的繭，多年來，常凍開一道一道
> 深深的裂痕，每一條裂痕裏，都塞滿了泥巴，因為裂痕太深，泥巴
> 塞在裂痕裏洗不乾淨，常見到母親在夜晚的燈光下，拿著剪刀，剪
> 掉一些結繭的掌肉。
>
> 結了一層又一層厚厚的繭，凍開一道又一道深深的裂痕，母親這樣
> 厚實的一雙腳掌，抗拒了多少歲月的霜寒啊！（1982：157～8）

不僅農忙如此，在秋收春耕間的農閒時期，依是謹持奉守「工作多如牛毛，
哪有空閒時候」的生活信條（41），於是郊遊踏青的春天仍是認真種植的季
節，自家空地種植菜蔬瓜豆、農田埂邊種植蕃藷花生等間作。這一幅幅的鮮
明身影，卻也一筆一畫地刻鏤出一個堅毅吃苦、辛勤勞動的農婦印象。旁人
眼中所稱頌景崇的勤奮勞動精神，她只是簡單地視為生活條理，不是甚麼高
大深遠的哲理，「時代不管怎麼變，人總要勞動才有飯吃。我還有力氣，還
走得動，為甚麼不工作」（3）的固執堅持，「做田人哪有時間去生病，每日
打拼，日子都不太好過了，哪裡還有資格生病」（172）的強韌意志，不僅她

自己如此，她身旁的鄉親同樣如此，她也以此訓勉那些「欠勞動」的少年人：

> 不要說我每天從早到晚像牛一樣踩泥土，全村的人誰不是一樣？你
> 們也聽見耕耘機的聲音，他們耕田的人，整天能不能休息？有沒有
> 陰涼的地方可以休息？有時為了趕工，晚上還要帶著電燈連夜犁
> 田。播田的人，在燙熱的田水中，彎腰彎整天，還有割稻的人，誰
> 不是曬整天的太陽，流整天的汗？（71）

而對一個白天忙自家割稻晚上還不顧辛勞想搬菇仔草打零工幫忙家計的鄰家農婦，「已經答應人了，不去怎麼可以？趁年輕做得來，不多做一些，孩子那麼多要吃要穿要用……」，對同是勤奮勞作的農婦身影，她不禁悠悠吐露出欣賞疼惜的憐愛之意，「鄉下女人就是這樣感心……無話無句，無怨這無怨那，只知道認真打拼……」（51）。當面對鄉民口中的「這樣無知識的女人」，是一群白天勞累晚上還不捨得休息繼續打拼的農婦，吳晟是懷著敬意和熱情，生動而深刻地為他們造像，而他也做到了「成功地把母親的形象擴大投射到整個臺灣農村中堅忍、勤勞、正直的婦女農業勞動者和母性」（許南村，1983.06：41）。

　　寬厚安命，是在農鄉的稻作生活中，農民從長期的經驗裡學習明白到自我所能掌握的只是盡其全力的努力耕耘，至於外在因素的天災禍害甚或人為措施的困境阻礙，就都非他們能力所能操控與安排的。然而就是這樣的生活歷練無情地培養出農民在面對非個人力量所能改變或達成的困境時，學會懂得以認命安命、進而以寬厚的心看待世事。最切身的就是遇到稻穀歉收價錢低廉時，只能樂天地以「壞收成望下季」的心情來面對，這樣的生活哲學是認分堅毅同時卻也是無奈感慨，「我們做田人，本來就要和天打賭，遇到颱風和雨水期，是時常有的事，不過，我們做田人比較有底。」、「壞收成只好望下季，不然要怎麼樣？」、「人家都說賠本生意沒人做，我們這不是常常在做嗎？壞收成望下季，好吧！望下季」（1982：66～7）。而當面對無力改變的城鄉懸殊貧富差距時，也只是平靜地說：「有錢人有有錢人的生活，我們有我們的生活；人無不可以笑人無，人有也不必欣羨，只要自己認真打拼，安分守己過日子，不必去和別人相比」（27）。以這樣的認分安命看待人情時卻是發展出積極寬厚向善的倫常，如「開放式」的持家作風，敞胸慷慨地歡迎鄰家孩子到自家果園採摘玩耍，「東西有人要吃，總比無人要吃還要好；家裏有人要來，總比無人願意來還要好」（30），同樣疼惜後代的心情在〈樹的風波〉

一文中也能見到，在農閒期間還辛勤栽種樹苗，面對鄰人「年歲也不小了，何必如此費心勞累」、「果樹長大，不一定享用得到」等勸說，母親很不以爲然的說：「並非甚麼事都爲了自己才做啊！大家都只顧自己，只顧眼前，誰來種樹？人總是要爲子子孫孫著想啊」（113）。

信靠土地，農民的生活是由土地承載蘊育所滋養而成的，這是一種直接依附土地生養的生存聯繫，因此農民眼中的土地是尊崇神聖的，是一個他們在生活與生命上最爲忠實信賴的依靠者。由於長期稻作文化的薰陶下，自然形成農民、土地、稻作三者緊密結合爲一個互相滋養相連成體的堅實結構，這其間一分對土地超越尋常的情感，便深深地長久固植於所有農民的心中，因而他們對土地信賴依靠的堅定信念，早已不是未經躬耕田土的一般人所能體會與明瞭的。就如同吳晟在〈泥土〉一詩中所形容的：「沒有週末，沒有假日的母親／用一生的汗水，辛辛勤勤／灌溉泥土中的夢／在我家這片田地上／一季一季，種植了又種植」（1985：3～4），土地是農民一生辛勤揮汗灌溉的夢土，他們的夢想是生養在土地之上。所以，農民不是以道理言說去稱頌土地的重要價值，而是用身體勞動來訴說對土地的深情信賴，而在吳晟眼中每個的農民都是「何嘗認真計算過成本？何嘗考慮過投資報酬率？莫不是盡心盡力去呵護照顧農作物，只知收穫的喜悅欣慰，而忘了投注下去的汗水、心血和成本」（1994：75），那是一分完全出自對土地的單純信靠與執著，堅持著「有土地才有根本，有土地就要認真種作，不論有多少收益，大好農田總不能任其荒廢」（1985：156），與「土地最根本、最可信靠、人總要依靠土地才能生活」（1994：77）的生活信念，更進而成爲精神上不可或缺的寄託。

農村素面，是吳晟對自己如實生活場景的點滴描繪，每一幅農村圖景都只是素樸的色澤呈顯，未見過多的彩飾鋪疊，但那簡重厚實的筆力卻深沈地一畫一畫刻下眼中所見心中所感的農村面貌。從《農婦》、《店仔頭》到《不如相忘》，吳晟寫下了無數篇屬於農村之真實如切的生活景象，他的專注與努力令人動容，其所成就者，或如康原之言是「建構臺灣農村圖像，保留臺灣農村面貌」之表現（1995：13），或更是宋澤萊（1952～）所譽的「是日據時期以來臺灣農村生活記實文學之巔峰」之代表（1996：212）。然而，秉持高度批判精神之鄉土意識爲己身創作意念的吳晟，純粹的農村圖景呈現相信非是他的寫作初衷，而是以寓此蘊藏有更大的關懷。因爲在那個一意追求現代文明進步發展的巨大浪潮下，生活於農村的鄉民該如何面對又能如何安身？

應該才是吳晟切身而無法不深切思索的重要課題。

從一幅幅農村圖景的快速翻轉中，近半世紀的農村滄桑史開展眼前，讓我們明白到「變遷」的力量，雖有時急時緩的進程，但卻無時不在消融瓦解過往農村的美好傳承，無論人景物都入列其間，今昔間之對照尤見其反省批判之深重。因此變遷之主題確是散佈瀰漫於吳晟散文的各個農村素面中，有農村經濟、作物種植、人口外移、商業入侵與生態破壞……等等問題，〔註13〕儘管訴說面向的要點各有不同，但「每一種題材都聯繫著統一的與發展的主題，那就是，在自然歲月的過程和政經發展的過程中，已消逝或漸行消逝的吾鄉的自然、良田、農作、價值與倫理」（曾健民，1994.11：9）。針對吳晟所提出的眾多關懷面向，就彼此之關聯性進行歸納整理，則略可歸以人情物趣與良田作物為代表。

人情物趣，人物描述在吳晟散文中的份量極重，除去他的家族親人外，身旁的鄉民鄰人也相當多人入鏡，他用農鄉「店仔頭」特有的「開講」風情，縷縷道出人情的變遷。他從最初著力描寫一般村民在「稻作文化的民粹精神」下所蘊育的農鄉美德與生活哲學，到後來敘述一個個變了模樣換了心神的人，這其中的慨嘆與憂心自是顯露無遺。在〈啥人教壞囝仔大小〉中有成日喝酒閒蕩不再勤勉的清海，更有吸毒酗酒而年輕早逝的阿賜仔，他們都是自外地工作後回鄉「變壞」的模樣；而在〈現有現好，陷人起猙〉中則是那個勤奮勞作的清水君卻因同鄉惡意倒會的重負下心神分裂；然而這一切都無聲息地持續進行著，那些過往農村所奉行的人倫日常正在改變中。

人情漸次轉異而物趣變化的速度更為驚人，吳晟在《不如相忘》「親近鄉野」系列諸篇中，則是大量地為自然鄉野物趣留下記錄。成年後的他才發現那令人回味無窮的童年往事都來自遼闊的自然鄉野，有在溪圳中的游水、捉蝦、捕魚，有在田野裡的釣青蛙、灌蟋蟀、撿田螺，尋野果、燜蕃藷、烤甘蔗，處處洋溢著孩童活潑生氣的喧鬧聲。然而這些為自己所津津樂道的童年甜美回憶，對孩子們卻是陌生疏離，猶如「講古」般，好似遙遠年代的故事，

---

〔註13〕詳見宋澤萊（1996.12）〈論吳晟散文的重大價值——日據時期以來臺灣農村生活記實文學的巔峰〉，頁213～4。他歸納吳晟散文中以變遷為主題的陳述包括有：農村經濟的衰落、種植方式的改變、商人剝削農村、農村人口外移、農村人口的老化、加工業滲入農村、商品進入農村、勞動神聖觀的改變、新住宅區侵入農村、農村社區化、投機種植業的興起、生態的破壞、休閒娛樂方式的改變、信用的毀壞、小孩對農作物的陌生化等。

一句：爸爸每次都講得那麼有趣，可是我們哪有這樣的環境？令人措手愕然不知從何回答（1994：62）。消逝的童年嬉遊是因自然鄉野物趣不再，盲目地開發資源、任意地製造公害，在經濟效益為導向的工商發展下農鄉野趣已成陳年記憶。

良田作物，那片農鄉鄉民賴以生存的濁水溪下游沖積平原，原也是曠野荒埔煙草瀰漫，在興水利、建堤岸、改良土質等長期努力的開墾下，才成為世代耕植的廣袤良田。這片良田土地對吳晟而言，是一幅用以表徵鄉民生命精神的最佳景致：

> 每當遠方城市的友人駕臨鄉間來訪，如時間許可，我總喜歡帶領友
> 人走向田野，沿路向友人解說田裡的作物和農作情況，而後走到堤
> 岸上看看臺灣第一大河域濁水溪，我固執認為，這樣來回走一趟，
> 應該可以大致了解吾鄉鄉民的生命依歸。（1994：117）

因體切到吾鄉鄉民的生命依歸就完全安放於這片良田作物上，吳晟曾敘及對土地深厚的情感與對作物感恩之心意，也曾多次談論攸關土地培固與作物栽植的相關問題的憂心，但他在「濁水溪下游記事」系列中則以深情平實的筆力完整詳盡地敘述發生於其上的歷史進程。從遼闊彰雲平原的墾荒開拓史，到主要作物水稻蕃藷甘蔗的種植興衰，再到耕種方式的種種轉變，都有極為詳盡深入的描寫。在土地與作物的圖景上，鄉民用以揮灑的是自己的勞動與汗水，其所交織成的笑與淚經年複現在每一位鄉民的臉上。但隨著經濟結構的轉異、農業政策的變革、農村風貌的改變，這些田野記憶俱往矣，其間的艱苦辛酸只有農民最知最痛。吳晟認為這一切轉變的根本癥結，在於對土地作物的單純信賴的泯滅：

> 臺灣農村即將面臨的最大隱憂，是土地情感的喪失，是土地的異質
> 化、功利化，是農業的棄絕。（1994：129）

從人情物趣、良田作物之微以觀整體農村之變，現代文明成為傳統生活變遷轉異的龐大動力，曾健民更將現代文明形容為一隻隱形的巨獸，是他無聲息地主宰了農村的生產，也同時荒廢了農村的心靈。

由農婦美德與農村素面的多向交織下，映照出臺灣傳統農村倫常與現代工商文明的變異，在那令人困惑的時代，吳晟已在農鄉安身立命，尋著自己的感情思想基點。他「描繪了時代浪潮沖擊下的農鄉，及農鄉人們世世代代艱苦的環境中傳遞下來的，人類的高貴美德及生活哲學，更進一步地以他秉

承自農鄉的情操及生活哲學，批判了這令人憂心的時代」（曾健民，1982.08：
2）。對一位深耕鄉土的農家子弟，在閱盡半世紀的臺灣農村歲月，見證其間
的興衰悲喜後，吳晟耳邊迴響的卻是懷念故鄉的流浪歌聲：「你可以站在自己
生長的故土上，看見純真的泯滅、鄉土氣息的匿跡、罪惡的氾濫，而感覺到
流浪的寂寞」（1994.11：27）。

## 第三節　胸懷土地的采風說書人——阿盛

> 於是，你邁出連心的故鄉，你去到一個人都不認得的新城，夢裡有
> 人有圳有青草有小廟也有紅瓦泥牆的老居與不知多深的田鼠洞穴。
> 你打扮齊整，奔跑在亮麗的大街，將所有夜晚的夢拋在一邊；你已
> 不再等似不怕人的小田鼠，可是你是那麼難以言宣的惦記牠，隱隱
> 地牠與你之間有條剪不斷的線；一條一條的直線，牽掛的不只是老
> 榕後院，還有那一塊毫無覆蔭的老田……。
>
> 《綠袖紅塵‧稻菜流年》

　　阿盛（1950～），一個身居繁華都市卻胸懷土地熱情鄉野的采風說書人，
踩踏著充滿稻穗的成長過程，蘊含著天成於土地的鄉村教養，一路吟哦出那
急水溪畔的遺俗民情，一曲一目地說唱著鄉野風致的過往今昔。在阿盛注目
采擷的市井俚俗景物裡，我們見到的是執著無悔的泥土之愛，他以個人特異
獨有的筆調細聲漫吟臺灣鄉土之美，動聽且動人。無怪其成名作〈廁所的故
事〉會贏得楊牧「真是一篇上乘的散文，質樸敦厚的鄉土文學」之讚譽，也
值得陳芳明（署名：宋冬陽）從臺灣文學發展之角度來定位他的散文，認為
他是五○年代出生的少壯作家中相當值得注意的一位，因為在這個完全擺脫
戰火陰影具備完整臺灣經驗的新世代作家群中，阿盛的散文正表現了新生代
文學健康、厚實、磅礴的心靈，在他的作品裏，看不到緊張的吶喊，看不到
稚氣的矯揉，也看不到無謂的濫情（1986.09：27）。

　　阿盛，1950 年出生於臺南新營的農家，在遼廣的嘉南平原上過著一般農
家孩童平淡稚趣的童年歲月，讀書、嬉耍、農事樣樣如常，是個道道地地的
「小新營」，只比別人多了些印象中祖太說講舊事奇聞、乞婦念唱勸善故事的
深刻記憶，而這些容易被人遺忘的鄉居閒趣，卻是深深地影響了後來阿盛的
行事為人。然而生長在四周全是田與水的環境裏，阿盛原本也應「自然地」

承繼父母身上那種未曾疑惑過的認定，就是鄉下人合當永遠守著祖先基業，長久安居在那一方只夠養活家人的圳邊田（1986a：2）。但卻因著母親特別的寬容寵疼和自己喜讀「閒書」所受到的開啓善誘下，讓這個小鄉小鎮的大孩子來到臺北大城，成爲家族同輩子弟中唯一的大學生。阿盛在沒有稻田的臺北討生活，曾有洗車、搬貨、扛沙等種種苦力粗鄙的工作經驗，也曾教過書、寫過稿、當過記者、做過編輯，直到主持寫作私淑班，才實踐了自己爲文學興才的職志。幾十年來帶著種田人的教養在都市裡生活，發現吃廁只不過像稻子吃田水，阿盛唯一能明白的是：此地不是新營，是臺北。

　　在 1978 年 3 月聯合報刊出阿盛〈廁所的故事〉一文後，由於文章筆調之清新獨特，故旋即受到文壇的矚目與討論，這樣的肯定迴響讓阿盛更堅定信念地續走文學寫作之路。從《唱起唐山謠》到《兩面鼓》、《行過急水溪》，再到《綠袖紅塵》、《春秋麻黃》，無論是在題材轉換上由故鄉新營的懷舊撫昔，到都市臺北的人間剪影，或是在文體表現上由敘人寫事的抒情散文，到議論諷喻的批判雜文，抑或是在語言文字運用上對閩南語的熟稔暢達，都可說已能完整反映阿盛散文創作的主要風貌。一直以來，阿盛幾乎是不聲不響的潛心寫作，因爲他明白「大千世界浩茫茫，收拾都在一筆藏；鈍銳可收亦可放，收放寬緊我思量」，所以他始終堅持「文章中自有舞臺，我盡力便是」。

## 一、所來自的島事島物臺灣情

> 創作應該不是架空的罷？正如同畫出來的禾穗無法收割，離開土地，文字只是虛幻的遊戲。現實的人世，實在得像那滴在土地上剝剝作響的西北雨，不能潤濕稻田的雨滴對稻田毫無助益。
>
> 《行過急水溪・歲月走過》

　　我永遠記得「所來自」的土地本相，這是阿盛在創作時所秉持的信念原則。對於別人曾比擬自己的文章，追懷關注身邊人事的散文和老舍相近，諷諭直陳周遭世事的雜文則和魯迅相似，阿盛則認爲寫作素材本無大小區別也應非作爲辨認作家風格之繩尺，因此，與其塑造一個大而無當的素材，不如誠誠懇懇地自生活中尋索出眞切的價值與意義更爲重要。所以他覺得一個作家的首要任務是專注於「所來自」的地方與人情的表述，如此自能充滿眞情。他說：

> 爲什麼不寫身邊的人事地物呢？我所熟悉的是紅磚厝、舊廟庭，所

看到的是稻田風景，麻雀和田鼠，爲什麼不寫呢？〔註14〕

同樣地，關於自己寫作題材由鄉野童年經驗到城市都會生活之間的轉異，他仍持以相同的立足點，認爲自己在鄉下成長，就等於根植在鄉下，而後來在城市過活，也就等於枝葉在此地，也沒有理由不去寫在城市中所見的眾生相，因此，無關乎鄉野城市，他永遠記得「所來自」的土地本相。

由於接續爲阿盛文集作序之因緣，曾戲言自己幾乎快成爲散文阿盛讀書會代言人的向陽（1955～），在爲阿盛的抒情散文集《春秋麻黃》作序時表示，對於這位來自南臺灣急水溪畔長期不斷書寫島事島物的散文家，雖然隨著歲月的遞嬗、生命的成熟、經驗的富實與寫作技巧的強度提升，而不斷地改易散文表現的風貌，但萬變未離其宗的，是阿盛的筆一直圍繞著島物島事，無論是篇目或是內容都概與臺灣這座島嶼的土地、人民、生活相互關聯。所以，在這個阿盛所來自的臺灣土地上所滋養成的人事物象，也就是向陽所言之島事島物，無異乎可謂：

它們是散文阿盛的土地，也許渺小瑣碎，卻十分堅實；也是散文阿盛的天空，看似狹窄侷促，卻無限深夐。（1986.11：11）

臺灣，能讓這位始終以鄉下教養行事的作家投注以深濃的情感，應該也如「稻子吃田水」般的天經地義，阿盛在收錄創作十年議論文章的自選集《阿盛別裁》之序言〈我有話，要說臺灣〉中說：「本書另題『十年提燈照看臺灣』，是有深意的，臺灣是我生長的地方，我的祖先在這塊土地上種稻，我的子孫會在這塊土地上生活。我不太可能習慣且恬適地在其他土地上過日子」（1987：7）。就是這分源於對臺灣土地世代認定的疼惜之情，讓身爲作家的阿盛責無旁貸地參與，用筆紙天地扛起這塊島嶼上所生發滋養的人事物象，無論美好醜惡光明黑暗，都將它們記述而出。

阿盛散文以島事島物寓藏臺灣土地情，對此宋多陽則較爲深入地指出這是一群誕生五〇年代成熟八〇年代的新生代作家最顯眼耀目的特徵，因爲在當時臺灣的政治、經濟、社會巨變之時空背景下，這群新生代作家可以說是向中國經驗正式告別的第一代，可以說是告別了孤兒意識抗日文學與孤臣意識反共文學的新一代，從而蛻變成爲擺脫戰火陰影具備完整的臺灣經驗的新世代，「他們所感知和理解的事物，都是在島嶼上發生的。從而他們建立起來的價值觀，也絕對是臺灣的，全然不同於前行代所界定的『中國的』」（1986.09：

〔註14〕轉引自陳輝龍（1987.03）〈急水溪岸來的人〉，頁58。

26）。從阿盛成長的時代背景去觀照他在作品中的呈現，相信更能明白作家深藏內心未曾明說的臺灣情。同樣就創作時代背景所塑造而成的影響，向陽也如此地表示過：

> 阿盛的作品，本身就透露出這樣的訊息——它相當有代表性地象徵了新世代臺灣作家的根性，這一群新世代作家的創作資源，就在他們雙腳所踏、兩肩所置的島上，他們無需外求，只要踏實地呈現臺灣，表達臺灣。（1986.11：14～5）

呈現臺灣表達臺灣，真切流露臺灣情，揮舞著這面鮮明的旗幟，當然就不得不面對鄉土與否的提問。1977年冬，阿盛正式發表的第一篇作品〈同學們〉刊出時，恰恰正處文壇鄉土文學論戰爆發之初，隨後自成名作〈廁所的故事〉始，到〈火車與稻田〉、〈稻荣流年〉、〈契父上帝爺〉、〈春秋麻黃〉、〈十殿閻君〉、〈六月田水〉，篇篇充滿鄉野情致膾炙人口；而在陸續出版的文集《唱起唐山謠》、《兩面鼓》、《行過急水溪》、《綠袖紅塵》、《如歌的行版》，和兩本自選集《散文阿盛》、《阿盛別裁》，更是呈現阿盛散文大家之風範。但在當刻的文學大環境下阿盛寫作素材的選取，自會有被派分文學陣營之問題，有人以為「阿盛不是在說新營村子的故事，阿盛是在說中國。在替勤奮儉樸，樂天知命，善良淳厚的中國人繪像」（趙寧，1981.09：3），也有人則以為「阿盛的存在及其成績，一樣要讓中國結與臺灣結的辯爭啞然。因為，像阿盛這麼『臺灣』的作家，仍然要唱『唐山謠』，仍然承認自己是『漢家郎』的子孫。他多少說明了臺灣作家背後，始終糾纏不清著兩個傳統（自漢族歷史文化傳承的中國文學大傳統與生於斯長於斯的臺灣農村鄉野文化的小傳統）」（詹宏志，1985.09：199）。

阿盛在面對這些不同的解讀，他在第一本散文集《唱起唐山謠》的後記〈我唱歌謠請你聽〉中，就十分清楚地明白表示：

> 你若細心點，應當可以察見出我對這人世間的許多觀照影象，也應當可以聽聞到我心中最誠真的柔和的歌謠。……我喜歡自己生長的泥土，不喜歡把鄉土捏來捏去當文學的口號。（1981：209）

而他也在《兩面鼓》的序言〈不是蘋果派〉中，以戲謔的口吻對臺灣文藝界劃清界線分南北兩派之現象，「堅持認為這類事情滑稽得一似卡通波派」（1984：8）。相同的觀點阿盛在主編前衛版的《一九八五散文選》的序言〈放馬文學天地間〉有更為直接的論述：

「鄉土文學論戰」的影響，人人眼見肯定，自有其正面的意義，我
們甚至該說，論戰的結果使得臺灣一地的文學更健康、更蓬勃。然
而，年輕的作家沒有人極端在乎什麼叫「鄉土文學」，對一個秉持嚴
肅態度、努力創作的作家來說，作品是唯一眞實的東西，鄉不鄉土、
現不現代，云何乎哉？（1986：9）

自此，阿盛不再爲被派分哪派哪流多作解釋，他只談文學，而文學就只有一
種，那就是抓住人性作文章，他強調文學脫離不了土地和人世，而拒絕作一
個聞不到人氣的雲端作家。在沉思構想的紙中天地，阿盛所期許自己的是：

寫作者的責任，就在於拆掉空心矯作的任何藉口，用心靈提示與自
己一樣俗氣的人們憶起美好的事情物理。須得明白，所有的現在都
將是過去，忘記過去將迷失未來，文字，以心靈託付的文字之中涵
蘊混合著的正式回顧現在與前瞻。（1984：15）

而這就是散文阿盛，不斷提點我們記省美好的過往用以從容地面對未來。正
如同他所堅信的創作能量，「不信美好喚不回。時代儘管不一樣，總該有些什
麼美好的事物被固執地留下來吧，留下來，給更新一代的人，他們會感激的，
總有一天」（1987：7）。

## 二、鄉野舊事・現世人生／鄉村與城市的變遷消長

我從未自稱是臺北人，我的衣胞埋在新營，對他人而言，這沒有意
義，對我來說，那等於是埋根，縱使我伸延枝葉到臺北，心中的根
可沒動移過。

《綠袖紅塵・姑爺鄉里記事》

阿盛曾坦言自己是在鄉下成長，等於根植在鄉下，而後在城市過活，等
於枝葉在城市，所以他永遠記得「所來自」的土地本相，但也沒有理由不去
寫在城市所見的眾生相。因此，我們看見阿盛的新營到臺北，看見他所來自
的土地本相與他所見識的城市眾生相，兩者間雖有著不同的時空背景與價值
取向，但卻能全然相異而相容互成，這相異相容的景象正構築出散文阿盛的
整體風貌。若探究阿盛筆下之鄉村與城市所以能相異相容，乃因無論是細述
鄉野舊事或是記錄都市生活，阿盛都用著他那自土地所蘊育天成的種田人教
養，樸實敦厚的性格，細心觀察著更熱情關懷著，所有生養自這片土地上的
一切。然而就在這些細微平凡的點滴紀錄中，呈露出了「島嶼成長的一個縮

影」，雖然阿盛並非刻意強調臺灣社會的性格變遷，但是我們卻從中看到城市鄉村的消長關係，新舊社會的過度轉移與人性的昇華墮落（陳芳明，1986.09：28）。這番天地變局的敘寫，其實正如李弦所說的：「阿盛在歷史的變調中成長，因而擅於寫變，這是他的散文另一迷人之處」（1987.04：203）而也就是戰後出生的新世代作家阿盛用他那支親驗的筆，寫下臺灣社會經濟結構轉型的年代變局，用心擁抱這片生於斯長於斯情意牢牢固結的土地。

　　阿盛筆下的鄉野舊事，所悠悠吐露的正是潛藏內心的土地之夢。〔註15〕對於生命歷程中鄉野經驗的珍重，是阿盛在城市奔波生活下的深沈思索，在透過不同價值體系的返身回視，讓他更清晰地了悟到鄉野的意義，那種土地與生活深刻相連的人文傳統，在都會的現世生活中是更值得吟謳傳誦的。因此，從成名作〈廁所的故事〉開始，篇篇充滿鄉野情致的佳作便如阿盛心中早已熟稔覆誦多年的曲目，用著古樸而略帶蒼涼的音調低吟細唱出〈嘉南平原四題〉、〈火車與稻田〉、〈稻茉流年〉、〈契父上帝爺〉、〈拾歲磚庭〉、〈六月田水〉等等將被遺忘的鄉野舊事。而在這些鄉野舊事中，阿盛所抒發的不僅僅是憶舊念鄉的浮泛情懷，更確切地說應是對土地之夢的遙思。

　　以鄉野舊事映照土地之夢，正呈顯出阿盛散文在題材掘取上的異質風貌，因為他能將那些俚俗細瑣的鄉野事物一一賦予新意，「我們麻木的，他大書特書；我們淡忘的，他記憶鮮明；我們視如舊事的，他卻看成新聞；他專挑我們知道的寫，卻寫出了我們不知道的或未曾感覺到的『感覺』」（向陽，1984.11：6），因此，我們看到他能帶著諧謔說故事的口吻笑談鄉間廁所的變遷，讓一同走過那段歲月的人不禁會心但卻也莫名地升起一股淡淡的傷懷；他能用著童稚嬉耍的語氣述說那段追跑鄉間六月天西北雨的記憶，但卻也繫連出在長大後竟日奔來跑去的日子裡，才發現那西北雨就像是追著人跑的生活般，猶似那打在身上微微發疼的雨點提醒你又輸了，你只能懊惱於總是奮身追趕卻未曾贏過的宿命，也才終於明白當年父親在望見自己一身濕透時無語搖頭的神貌；這些都是阿盛散文在初期直述鄉野舊事情懷所展露的迷人之

〔註15〕關於阿盛散文中土地之夢的進一步論述，可參看李弦（1987.04）〈變中天地——阿盛的散文風格〉，頁204～205。李弦以為本質是農民的阿盛在離開祖傳的土地，從鄉村到都市後，對於失落的土地形成一種依戀情結，而土地就成為撫慰心靈的一種原型。在阿盛散文中不斷透過童年往事的回憶、舊日時光的的懷念，種種溫馨事物的唯一指涉，正是農民固著的土地之夢，當用以安頓在現實生活受創的心。

處。

　　隨著日後不斷創作的琢磨與洗鍊，阿盛在營構意象表述情感上更見精密細緻，這樣的進步我們可以在〈火車與稻田〉中發現，全文就在火車空隆空隆的來去間進行著祖孫三代對稻田情感的轉異，述說著一分失落土地的悵然無力。阿盛在文章的開頭與結尾安排著相同的景象，「草根與碎土隨著手勢離地而起」，但前後代表的卻是截然不同的意念，前面是父親在那塊牽連心肝的稻田上的喘息身影，趴下身子，膝頭沒入田水，跪著一寸寸往前移，「那是千年不變的最好的除草姿勢，也是半百世紀的人最覺苦痛的姿勢」（1985：28）；而後者則是一個自己幼年時相當熟練習慣的除草動作，如今竟是象徵著「他向父親時代告別的一個傷痛」、「他與家鄉土地的脫節」（陳芳明，1986.09：30）。在此處農人稻田的土地意象醒目耀眼，對於經年伏身彎腰田水的父親，幾十年血汗澆肥的稻田就是命根，但火車載走了大兄二兄三兄，父親眼睜睜的像是瞧著水圳的水一直流入別人的田裡，而自己腳踏的土地卻仍然乾裂，他終於很艱難的承認，「他心愛的土地上除了深札的稻秧之外，不可能留住其他什麼」（1985：31），最後，就算帶著歉意也不得不走的小漢，同樣離開了那片父母固守的老田，前往都市求出息找發展，就在帶著妻兒返鄉回家之途，他卻驚然發覺：

> 故鄉的路我沒有一條不熟悉，順著鐵道走下去，兒子的眼中充滿了新奇，他興奮的喘息。愈往前走，我愈發慌迷，稻田呢？去年還眼見的稻田教誰給移了去？一方方的灰面水泥！怎麼一下子全換成一方方灰面的水泥？我搜索放眼，父親的田！父親的田！啊，父親的田？靠近鐵道邊不是麼？原本好記認得很，我在那兒打滾近二十年不是麼？原本衷心想再來看它幾眼：就是這一段鐵道，離欄柵七十大步遠，幾千百次我在田裡痴迷想幻的望著火車直到它不見了，如今，我意緒紛雜的覓尋父親的田，父親的田確實不見了，我早知已賣掉，可是它怎會不見了！（1985：32～3）

「父親的田」不見了，是多麼的令人驚心而惶惑不安。

　　而在〈稻菜流年〉中那一窩窩安處阡陌邊角的田鼠，在阿盛的眼中就猶似耕田農家的命，雖不知田鼠是否真能兆示著豐年，但祖先卻承認田鼠該當生存在田間，而牠也知道該留個餘地，認命地守在阡陌的一角，吃著落地的穀子，唯一須要擔心的只是大水與乍然而來的干擾。家裡的長輩始終的訓示

著：

> 你也得像樣一點，你要進學。可這不是表示你可以藉故少下田；稻
> 菜與寫字簿不全然相牽連，大人們堅持認爲——好比說，灰家鼠如
> 果跑到田裡去鑽穴，牠得覺悟可能自此吃不著稻菜以外的東西，但
> 是也得認明事實上自己並不從此成爲田鼠；反過來說，田鼠永遠是
> 田鼠，縱是牠住居厝邊牆角、吃得著鹹魚骨刺；生是什麼人家子弟，
> 便是什麼命，你懂不懂？你聰明得很，嘴裡絕不吐出問句的後兩個
> 字。（1985：49）

想否定認命的教訓，卻在進了新城日漸改變自己，在新城歲月一次一次掏洗身上的泥味下，心中惦記的卻是那隻小田鼠，那塊父親的老田，當牽妻抱子再回到無舊屋無家田的故鄉時，剩的只是在阡陌邊角的父親的墳。

其後，〈契父上帝爺〉裡那只恆常在上衣袋中，墨字模糊、麻布褪色、周緣綻破的香火袋是代代薪傳之喻，自童年生病總左右在祖父香灰和大哥西藥的各自堅持下，到成年後「指著香火袋告訴兒子，爸爸是上帝爺的契子，爸爸的祖父也是上帝爺契子，兒子不懂我的意思，我無法使用童稚明白的語言說清楚原委，他兀自發問：上帝爺？什麼是上帝爺？我望著兒子思考」（1985：76）；而在〈拾歲磚庭〉裡則以守著田地守著厝角的鄉間麻雀在磚庭跳飛啄食穀粒的身影，交疊出農家老少低頭彎腰撿拾磚縫稻穀的圖景，明白到人和麻雀同是向上天乞食，「牠跳不出一個磚庭，人跳不出一線一線的磚隙」（1986c：57），但老厝不在磚庭改樣的城裡人卻像那覓食誤入陷阱將遭補殺的麻雀，從不知藏匿暗處扯動繩子的手在哪？

這分橫處於鄉村城市間的矛盾情感，阿盛在〈六月水田〉中有更爲細膩的處理，首先是在全篇接續不絕的問句下，所觸引而出的情感宣洩十分撼動人心，而同時交錯不斷的異地時空思索，則更是達到相映互成的對峙張力；在分不清東南西北的大城裡，心中仍留存的地圖記憶還是那方圓百甲田地內的每一條土路、每一個村莊，更清楚不過的是「日頭落山那邊是林投林，契約蔗田那邊是正東，正北有水圳橫著流過，而聞得到稻株香味的地點，肯定在水圳正南方」（1991：3），也從「老祖母十分堅持兒孫作鄉下人，理由唯一，爾祖交給爾父，爾父將來交給爾等，就是這塊田」（7），到如今的近乎了解「祖先嚴令守田其實是因由於設算不出子孫會面臨種稻養不活一家子的變天年」（9）；而最令人慨然的莫過於這番質問：

> 你心旌搖動，赤炎炎的六月天，日頭金光刺眼，你呆呆看著稻葉，
> 它能結多少穗？一穗一穗一穗，一歲一歲一歲，田水還要浸腳多少
> 年？……
>
> 你忘了，真的故意忘了丟棄一粒米必遭天雷的古老警告，你忘了，
> 真的存心忘了家鄉的老母親依舊割捨不掉牽心的稻田，你啊，你根
> 本記不得金黃金黃金黃黃的稻穗中包容著的是鬢面蓬首的母親的灰
> 濁灰濁灰濁濁的汗水。（1991：10）

就這樣心思恍惚晃蕩在溫熱溫熱的六月田水與燦爛繁華的臺北都城之間，那追逐幻滅的失落感悠然迴響每處。在這些精心營構的作品裡，透過那些曾熟悉而將消逝遺忘的鄉野舊事，我們看到了阿盛的用心與憂心，一種為故鄉為土地為臺灣的使命與情感。

現世人生，是阿盛自創作以來就極表關注的主題，他在自己的第一本文集的後記〈我唱歌謠請你聽〉中就曾表明，「你若細心點，應當可以察見出我對這人世間的許多觀照影象，也應當可以聽聞到我心中最誠真的柔和的歌謠」（1981：209）。文學應是抓住人性作文章，更是阿盛一貫不變的創作主張，因為他深切地明白，要在人生路上行走，要在寫作路上行走，就不能遮眼不看沿路展現的千般人文風景（1986：4），所以由千般人文風景所編織成的現世人生，當是阿盛散文創作的豐饒土壤。因此，他不僅前承自「鄉野舊事」以來的創作意念，溫情地記錄鄉里奇聞，有〈急水溪事件〉、〈打狗村奇人列傳〉、〈乞食寮舊事〉、〈姑爺鄉里記事〉、〈春秋麻黃〉、〈十殿閻君〉等，用這些家鄉老故事呈現他對新營故里的愛；同時，他也關懷在城市幽黯角落的生存問題，寫出「綠袖紅塵」系列之作，表達一個作家對社會責任的參與。從鄉野說古到紅塵妓女，其中的銜接是「采風」精神，詹宏志認為采風是隱含著社會改良企圖的，是一種使命文學，故他稱阿盛是「城鄉暗角的采風者」（1985.09：200）。

從鄉村人世到城市人世，阿盛的視界是轉異是開拓了，但不變的是未曾拋棄當年足踏的土地，他用自小被教養出來的踏實樸素去探看城市的燈紅酒綠，在「臺北經驗」下密集地敘寫出〈最後一夜〉、〈變色的月娘〉、〈綠袖紅塵〉、〈墜馬西門〉，那些存活在街頭暗角的應召女郎，每個背後都有一個故事，各有各的身世，各有各的因由，而唯一相同的是他們對現世人生的無奈慨嘆，「這人世間，我能說什麼」（1985：96），「這人世間，想來有諸多事真

是難言」（100），「這人世間的事，往往不是三兩句話就能論定的」（110）。然而這樣人世並非僅侷限在他們的身上，這些折翼的少女來自鄉野，在他們身影的背後所呈露的是農村崩潰都市沈淪，是當時臺灣在社會轉型時鄉村與城市變遷消長的縮影。

所以，阿盛在這個島嶼縮影裡真正想說的話，是在這個價值複雜錯亂的城市裡，那種天成於田土的鄉下人教養早已失落，而致許多人只能屈身地教自己認命，「我們是豆子，油榨乾了才得自由」（97），「我只是一根燒水的木材罷了，我只是老土灶裡的木材，燒熱了水，供人洗澡，到頭來成了一堆灰」（131）。然而這些所訴說的正是阿盛那一代人的悲喜心情，那是一個不得不遠離鄉野，在城市生活中奔走，卻又無法忘情土地的滄桑世代。

## 第四節　親善大地的田園哲人——陳冠學

> 將臺灣石圖安置在書桌右角上，我要將它當座右銘，雖然上面沒有刻上半文隻字，那裡卻含蘊著山海全部的靈秀、先人磅礴天地的拓荒精神以及三百年來苦難的歷史。
>
> 《田園之秋・九月二十九日》

陳冠學（1934～），一個棄絕世塵薰染而遁居鄉野田園的哲人，以那枝清透靈智之筆覆頌昔日老田園之美，引人重省這片無垢大地所載育之生命存在的意義，經此舒發出潛藏內心深處那股回向自然的天性需索。他之能以尋常田園生活點顯不凡的生命觀照，完全是源由於一分對土地的摯愛與尊重，如同葉石濤所言的《田園之秋》以透過農家四周景物的描寫，巨細無遺地記錄了臺灣野生鳥類、野生植物、生態景觀等四季變遷面貌，是充分表現臺灣這塊土地所孕育的內藏的美的作品，「這是臺灣三十多年來注重風花雪月未見靈魂悸動的散文史中，獨樹一幟的極本土化的散文佳作」（1983.02：5）。

陳冠學，1934 年生，屏東縣新碑鄉人。小學時曾因戰亂學校停課，而短暫受業於漢學先生之啟蒙，意外地就此牽結了他與中文的不解之緣。在其後的學習經歷裡，曾有過中學時自修中國舊體詩與習作唐詩的摸索階段，而培養出對文學的深濃興味；也有過大學時在名師引領下走進純粹國學之堂奧專研儒家之哲理，而致日後走上深究思想之路。就是這分無法忘棄文學與思想的志趣，讓他在迂迴波折的人生路途，雖經教書、經營出版事業、擔任編輯

工作、甚而參選省議員之職，終是斷然避居鄉野著述立業，完成個人之職志。

　　1981 年是陳冠學退隱鄉間開始個人純文學創作之期，在此之前他曾明言「一向志趣只在學問」，已陸續出版儒道思想之相關論著，計有《莊子——古代的存在主義》、《論語新注》、《莊子新傳》、《莊子新注》等書，並同時譯有思想課題嚴肅之《零的發現》、《人生論》、《人生的路向》等書。除學術研究之有成外，陳冠學在猶如隱遁般的鄉野田園生活之際，則是先完成了《老臺灣》與《臺語之古老與古典》二書，此應視爲是他長期關注臺灣之歷史語文等問題之直接表述。再者，當身立此斷絕世事紛擾的人生變動點上，過去興味深濃的文學志業悠然萌生，忽憶三十歲時曾醞釀寫作田園日記之計畫，故完成爲三十一篇日記體的《田園之秋——初秋篇》系列作品，不僅題材與體例均爲當時所殊見，更因其文筆自然情感內斂與高度的人文思考表現，而獲致第六屆時報文學獎之散文推薦獎。其後與續出之「仲秋篇」與「晚秋篇」，儼然形成一整體性極強之巨製，深刻完足地表現其一貫之精神理念，故「愈來愈多的人，也才因而經由他成熟凝鍊的文字和敏銳獨到的生命觀照，既驚又喜地看到平凡田園中的美，曉得質樸的語言可以橫生出怎樣的情采和機鋒，並且知道，在南臺灣的一處僻野裡，孤獨地活著這麼一個深富學養見識、足具性情與風骨的心靈」（陳列，1987.01.11）。這顆文學種籽的萌發成長，是陳冠學不期然的人生驚喜，終持虔敬之態度執筆爲文，故作品量少質精，與《田園之秋》同屬純文學之作僅續有《父女對話》、《訪草》二書，但所展露的依是那襲田園哲人之不朽身影。

## 一、將臺灣人的根紮下去

> 　　寫「田園之秋」的直接動機是我個人對老田園的懷念，以及想要讓
> 以後的人知曉過去的臺灣有多麼美，進而喚醒少年人愛惜臺灣這塊
> 土地，結合成較大的力量，批評現階段種種破壞這塊土地的行爲。
> 〔註16〕

《田園之秋》是陳冠學在四十多歲時避居高雄大貝湖參選省議員未成後所寫的作品，當時是持著告別文學的心情，原只爲完成青年時期曾有過的一項寫作計畫———一本田園日記。他曾談及自己創作這一系列作品時的動機是：

---

〔註16〕此小節引文未注出處者，均出自陳列（1987.01.11）〈一切都是爲著美——二訪陳冠學先生〉。

> 我是看過臺灣的土地這麼美，但經過這些年來，破壞得這麼嚴重。
> 當然現代化是全世界的潮流，無法阻擋，難免造成破壞，而且速度
> 驚人。所以我對舊田園有著很大的懷念。這種懷念是屬於我個人的。
> 但若為著讓後代人知道過去田園是怎麼樣的，這就不是我個人的私
> 事，而是大眾的事了。

大眾之事，原是個人對老田園的追懷，到用以喚醒大眾對臺灣的愛，甚而冀許能形成一股制衡敗行的力量，就是陳冠學精心細寫那個近乎理想世界的田園生活之初衷。

　　這分以理想指引現實的創作初衷，適足以破除過去一些人曾有的疑惑，「認為他的人，他的作品，都脫離現實的人生太遠，自囿在他個人的小天地裡自樂，那是退縮而自私的，是反文明的，甚至於是知識分子的一種墮落」，所以會有這種誤解，當是未能明察到陳冠學是以虔敬的態度與不朽的高度來撰寫《田園之秋》，對此他也曾明白地予以辯駁：

> 我完全將它當作文學作品來處理，不讓它有任何污染，所以我不寫
> 現時社會存在的種種問題，即使涉及到，也用極大的技術避免掉。
> 所以很多人以為我不關心現實，其實是不了解我的觀點。文學的歸
> 文學，政治的歸政治。一旦你要寫文學，卻又要與現實政治糾纏一
> 起，無論怎麼寫，都是一種失敗。

不寫現實並非代表不關懷現實，而其背後隱蓄之力量或更能發人省思。從當初計畫創作的田園日記到後來真正落實寫成《田園日記》初秋篇，在前後相去近二十年的歲月中，許多的感發當已有所轉異，故兩者之面貌應也是已有所變化了。因為隨著臺灣政經環境的巨大變動，身處其間的陳冠學莫不深切體悟，故原本意欲將此憂心於這塊土地的未來發展，以最為直接快速的政治參與方式進行陳發並改善，所以他毅然地參選省議員，抱持著文化與歷史的立場來從事政治的參與，但卻未能成功；他只好退而選擇以文章撰述來表達這些理念，就是「將臺灣人的根紮下去，喚起人民學習先人拓荒冒險的精神，並且將臺灣與大陸的關係作一個處理」，但也只有受到屢遭退稿之命運；最後，只能將無處申發的理念轉向文學天地，回到新碑老家，重拾文學創作之筆，續寫出《田園日記》的仲秋篇與晚秋篇。

　　從對臺灣文化歷史的關懷，到政治選舉的直接參與，再到文學創作的自我要求，我們能清晰看見的那是一顆熱切關愛臺灣的心靈始終在激盪昂揚。

當中鮮明的思想脈絡就如鄭穗影所指出的，那是陳冠學成長於臺灣，作為臺灣人的自覺和對鄉土熱愛的生命呼喚，因此無論是《老臺灣》、《臺語之古老與古典》、《田園之秋》都是源於同一的根本精神與思想（1983.08：118），所以他能寫出那段在溪床撿拾到酷似臺灣圖像石塊時熱血沸騰的興奮心情：

> 在水邊踱著，偶然瞥見水中有石塊，形狀酷似臺灣。伸手探下去拿，發現還有個底座。拿出水面一看，我興奮得捧著直跳，跳進水裏，又跳了出來，連聲高喊。……
>
> 在天然石雕中，看到祖先開闢出來、世代生息其間、自己生斯長斯老斯的臺灣，怎能禁得住生命全部情感的洪流呢？……
>
> 真是個奇異的天工！把玩著把玩著，不由想起了她血淚鑄成的整部歷史，但願像此刻已出了水深之中，今後永不再有征服者；民主既經人權思想的浪潮推到了本島，希望此後過的是堯天舜日，而永不再有禹王朝；願當年英勇拓荒者的孝子賢孫們，能夠愛惜這塊土地保護這塊土地，能夠自己站立起來，莫辜負了先人流的血汗。（九月二十九日）

除此，在晚秋篇中極為醒目之「伸張敷陳二人對語」中，經過四日相語辯難後，伸張臨別留念之物，乃「一枚小小的胸徽，照著初日閃爍發光。這枚小胸徽是臺灣島的一個縮影，平原鍍了綠彩，山脈突起鍍了金色，乃是鎳質的」（十一月十日），此處作者用心無疑同前。

從告別文學到後來無可選擇下回返創作天地重拾文筆，看似陳冠學對文學的無誠意，然卻能為自己作品的高度開創一番新格局，如同他所欣賞的作品表現一般，「必須在細膩之外，還能在作品底下發現到壯闊的波瀾，如海洋一般澎湃遼闊，高瞻遠矚地發出一股很大的生命力。那樣的味道，那樣的作品，才算是真正了不起的作品」，可以說他對臺灣歷史鄉土氣息的愛就是那股迸發在作品中的生命力。

## 二、昔日田園追憶‧理念伸張敷陳／新時代的理想世

> 住在都市裏的時候懷念現田園，回到現田園又懷念昔日的田園。昔日的田園是童年的寓境，而且對於現時的都市與田園，都已是十分的理想世。單是跟童年糾結在一起，構成童年的國度，已夠人懷念不至，更何況它是愈往後愈是新時代的理想世呢！
>
> 《訪草‧田園今昔》

　　為失去的老田園，在暌違多年的悲哀與懷念內積為心中的壘塊下，陳冠學所嚮往的昔日田園即幻身化成每個新時代的理想世，相對於任何現實意義下的都市與田園。在〈初秋篇〉末尾中寫著：「一個人活著，若不能將自己當成一包強烈的炸藥，把世途的轗軻炸平，好讓千千萬萬的人們有坦蕩蕩的道路行走，則套在人群中的一切行為都是出賣自我、遺失自我的勾當」（九月三十一日），雖本是論自我主體性之期許，但更為引人深思的是「炸藥」之勢，那是懷抱著發於人世並歸於人世的強烈淑世情懷才能為。在不得志退而求獨善的選擇下，陳冠學將內發情感所迸裂出的文字碎片，一片一片拼貼成《田園之秋》裡的田園生活與理念世界，欲以此理想境地的謳歌頌讚用以針砭現世俗事。然而，這樣的創作理路相當符合陳冠學自己對文學功用的要求，就是「文學是藝術的一支，而藝術的本質是美，目的只在於發掘世界中的美、人性中超越不已的理想、感情中晶瑩透亮的純潔。文學可貴的是，將人的生命從污濁的現實世界提升到一個很乾淨的世界，和宗教一樣地安頓人的生命。這是文學很大的一個功用，也是文學的最大使命」（陳列，1987.01.11）。

　　日記體式的《田園之秋》猶如一部連篇的詩卷，因為那是詩農陳冠學眼中田園生活的記述，是以一顆詩心所體悟得致的詩中世界，是天地真有睛者所見所聞所覺之萬有，是以超越生存事態的生命心靈在看待萬物（十月六日）；所以，這部作品自當非生活之紀實，而是以過去臺灣老田園風貌之記憶所構築的文學作品，就同唐捐所論的：「《田園之秋》乃是對臺灣舊日田園之美的追憶，虛實掩映，遠於史而近於詩。在『美』的定見下，自動篩選經驗，並附麗以層層的想像與願望。作者以當下實存的景致為粗胚，經之營之，用意扣求詩的真實。筆下看似率爾，胸中自有丘壑。無論描摹敘述如何逼真，始終不脫寫意的性質。在這裡，田園成為一種理念，他鉤勒的是應然而非實然」（陳義芝主編，1999.06：393）。

　　在這個應然而非實然的理念世界，自然擺落一般田園生活既有實存之人事物像，所以周遭與農務相連之人事能入日記的機會並不多，反是無論朝暮永遠出沒耳際視野的蟲鳥，便讓陳冠學這部「我自己的生活」記錄幾乎成了「田園鳥類生態記」，「可是這實在也不足怪，我寫的是田園生活啊！況且一個離群索居的人，在田園中，豈有不把日月星辰、風雲雨露、草木蟲鳥當友伴的嗎？而田園除了莊稼，除了日月星辰、風雲雨露、草木蟲鳥，還有什麼呢」（十月十一日），也因如此，自然大地，便成為這位天地鑑賞者所觀照之

主體，而這也讓無盡重複十分單純的田園日子能時時新鮮充滿感激。在作品整體結構的文學處理上，陳冠學曾強調《田園之秋》要拒絕現時社會種種問題的污染，而代以自然返歸作為生命召喚，並以此人類所追求的永恆主題促發重省人類生命之真正意義。尤其，當人世對於一個人並不是天堂而是地獄之時，對自然的記憶與感情就會全部甦醒，而渴望返歸自然，並於其間感到無限的安慰與滿足，因為「人是從自然中來，人離開了自然之後，照說對自然應該有一份永恆的記憶與鄉思，每一個人在心裡面都會時時聽見自然的呼喚，這是人們一見到自然就會打從心底裡歡喜起來的緣由」（1994：49），田園呼喚與回向自然在此成為一組互成之命題，猶如樂土之理想世的化身，他心裡明白：

> 不論田園裏有事沒事，田園好像老要我出去，和她在一起。其實，我住的平屋就在田園的正中央，滿屋子浸透了田園的氣息，縱然不出去，仍舊在田園之中。我出去，是一種生命內裏的渴求，想拿腳底去親親田園的膚表，接觸接觸泥土、砂礫、草葉，充一充生生不息的地氣；想隨著無邊的藍天舒開我的眼眸，莫要像石塊下的草芽，令眼眸鬱而不伸；想承受一點兒陽光，漸漸四野的風，好好打開全身的毛孔，任光熱氣流通暢地左右穿透；想成為一隻野兔、一隻野雉、一隻野鳥，恢復原始的自然生命；是田園呼喚我，也是我自發的回向自然。（九月二十四日）

因此，我們在《田園之秋》中看見最多的描述就是在一幕一幕田園自然奇景下一個清透空靈的哲人身影，一回又一回出自內心誠摯的讚嘆，有時是他沈醉在田野的靜謐之中：

> 騎著腳踏車回來時，天果然全晴沒有半絲雲了。空氣中可覺到含著幾許水氣，晚照靜靜地返照著這一片田野，薄薄的散撒著一層紫，南北太母及其向南北延伸的山嶺著色更濃些，尤其南北太母的削壁染得最濃。南太母一向無人測過，對照著北太母兩千六百公尺的斷崖約略推測，大概至少也有兩三千百公尺的直削，這兩座山實在沒話說，永遠吸引著我，令我仰敬。一群燕鴴背著晚照，ki-lit ki-lit 地鳴著，從後面掠過我的頭頂上空，向家那邊飛去，數了數，約有五十隻。對著這一切的景致，猛憶起，此時我是在畫中行，心中不由產生出不可言喻的感激。（十月二日）

而有時是他深思著自己身環目視的感念之情：

> 從路的盡頭向路前端看去，景色就好形容了。最東邊是一道山嶺，
> 路頭一排木麻黃和一部竹，兩邊是莊稼。夜色方褪，晝光未染時是
> 一種景色；須臾，朝日探出山頭，對直的撒下金光，又是一種景色；
> 現時，銀光滿地，山影朦朧，木麻黃和刺竹在番麥田後面向天高舉，
> 月光羅紗一般籠罩著全樹。走過番麥田，左前方便是我獨居的平屋，
> 安祥的在月光下熟睡著，老楊桃樹、牛滌有一半在陰影裏；右手是
> 一片番薯地，番薯地盡南，可見著幾戶人家，依稀可聽見，族姪輩
> 在月光下角力的吆喝聲。這條路靜而且有著溫馨。讓月光對直照滿
> 身，獨自靜靜的在自己和族親的土地中間行走，領略此情此景，不
> 負此景也不負此身。（十月六日）

當然也時會出現令人驚喜的「意外訪客」前來叨擾：

> 一對草鶺鴒追逐著飛過窗前，影子一前一後在地上光幅裏掠過，後
> 面的一隻還「執」（chip）「執」（chip）叫著。好嘹亮的鳴聲突然的
> 入耳，纔只有五、六尺的距離，我整個人像一枝火柴棒，一下子被
> 擦亮了，說我從來沒這麼快樂過，誰都不能相信。這一對草鶺鴒也
> 不知道為著什麼事兒爭執著，繞著屋子追逐了好幾圈，那後面的一
> 隻一直「執」「執」鳴著。在這樣的明光下，在這樣的朝氣中，在這
> 樣心無一事的當兒，那鳴聲一聲聲的將我擦亮又擦亮，擦得心花不
> 由得不怒放！原本是恬愉怡悅的心，這田園裏的任一動靜形色隨時
> 都可能使之綻開喜悅的心花呵。（十月十六日）

有景有聲有光，種種來自於天地萬物的身靈感應，人身置此境，實在不由得
會深深體悟到：「在自然裏，在田園裏，人與物畢竟是一氣共流轉，顯現著和
諧的步調，這和諧的步調不就叫做自然嗎？這是一件生命的感覺，在自然裏
或在田園裏待過一段時日以後，這是一種極其親切的感覺，何等的諧順啊」（九
月一日），真切是只要人不棄自然，自然就不會棄絕你，以自然之姿充足內心
安祥寧靜的渴求。

　　昔日田園的追憶，確可視為是陳冠學對理想世之追索營構，然其所重在
於「昔日」而非「田園」，故現時田園所見之種種自非刻畫敘寫重心，雖亦有
農人、莊稼、田地、耕植、生計等環繞田園生活的現世俗事，但總輕輕點過
並未進一步加以申發，甚而多帶以朦朧之詩意呈現，最為顯著者莫如在人物

上安排有相親助耕的族親、載醬油的「澎湖的」、載豆腐的「溪寮客家人」、賣魚的太平仔、同一山腳線傳遞而近四十年音信的郵差以及上課習字識文的天真孩童們，彼等所成就者乃為遠古堯天舜日之樂土圖像。

再者，除昔日田園之追憶外，理念之伸張敷陳亦為《田園之秋》用以營構理想世之主要途徑，因為在全書中相當引人注目的，自是那段記述在十一月七日至十日之事，文中虛設張、陳二人對語，乃為正義伸張之「張」與自我敷陳之「陳」，此段安排自當是張陳理念意有所指。兩文從仙境人間之辨，到遍論現象真實與靈魂全知，以及無政府之理想人世和小國寡民之太平人世等，每組論題都有正反對照，所究為何？或許可從末尾以此作結看出，那就是「談得太多了無法兒記；而且實在也不必記下，我們所談的，全都記在現臺灣的土地上、住民身上」（十一月九日）。

除前所特意虛設之場景外，在此之前亦有多處因事而發，首先是初秋篇中所現之桃花源，描寫一次深訪霧中芒花盡處的古老村莊，受到村民熱情款待，不禁感思：「這些馬來族，純樸善良，最大的好處，是不動腦筋。據我所知，他們不爭不鬥，連吵架都不會有，真可稱得是葛天無懷之民。人類的好處在有智慧，壞處也在有智慧，兩相權衡，不如去智取愚。智慧是罪惡的根源，也是痛苦的根源。愚憨既不知有罪惡，也不知有痛苦」（九月十日）；接著在仲秋篇之末更以驚恐之洪水奇夢接承初秋篇以撿拾臺灣石圖之喻，寫到夢境中所現之望石情緒由興奮轉而凝重：

> 我所以凝重地注視它，是我清清楚楚看見石圖面是個活境，縱貫山脈真有千年古木到處點綴著，只是絕大部分山坡都是光禿禿的；而山谷間也真的有細條的流水蜿蜒地流著。但是正觀看間，發現山谷的流水一下子暴漲了起來，我見太母山麓的洪水滾滾而下，僅一彈指的工夫，已沖出了谷口，下意識裏不由大吃一驚，急忙抬頭向上游的溪面看去，果見山洪已奔騰而至，竟然沒有半點兒聲音。但一經看見，便聽見雷霆般的吼聲隨著山洪淹襲過來。（十月二十九日）

此處以臺灣石圖前後之異喻指真實臺灣土地之變，其意昭然若揭。

另外，尚有散見多處且不斷申覆而相當值得注意的，是陳冠學對「農人」身分進行多方論述，此當是在田園生活耕稼經驗下最為直接的觸發。在初秋篇概為個人農務的簡略記事，多以詩人之心詠嘆農人之美善，「農人的特徵在於有個純樸的心，因有一顆純樸的心，纔能日出而作，日入而息，鑿井而飲，

耕田而食，含哺而熙，鼓腹而遊，而不奢求，不貪欲，過著無所不足，勞力而不勞心的安詳生活，而和田園打成一片」（九月二日）；然隨著仲秋篇開端續寫多日關於族親番薯番麥收成出貨之銷售大事，則鋪寫一般農家在生計維持艱難之實際問題，讓族親所憤憤埋怨的是「怨恨做農命苦，出的汗多，入的錢少」、「寧願做任何其他行業，就是不願意耕農」（十月三日），在產銷價量問題上雖未多論，但卻也發出「除了大自然，農人並不依賴誰，也不虧欠誰，農人自始就不需要任何人間組織，任何人間組織加諸農人都是無理的強制」（十月五日），如此之言所隱之控訴尤甚。陳冠學在此處除用理伸張之，更是以景感嘆之，猶見其不忍之情：

> 一覺醒來，聽見一陣牛車的轟隆聲和駛車人的吆喝聲。睜開眼，只見西窗外一輪明月正在牛滌頂上，掛在老楊桃樹南枝末端，銀光透過窗，照得我滿身。心想大概是南邊族親趕早出貨，遂起身到靠東窗邊探看。只見月光下，一排重載牛車，自木麻黃列樹外直連到籬口，正在向北行進。數了數，一共十車，這是南邊族親盡有的車數。望著車隊一車車轟隆轟隆走過去，此情此景，深深的印入我的心裏。聽得車聲呼喝生逐漸消失在北去的田野間，我開了門，走到路口，北面是茫茫的一片月色，南面也是一片茫茫的月色，只有路面上兩條深陷而齊整的車轍發著嶄新的黑光，向南向北筆直的伸展過去。
>
> （十月九日）

到了晚秋篇，由情理交參轉為議論全發，其中尤以十一月二十五日所述最為完整深入，以生存艱難之飢餓問題為論，「農人必定要天天在他的土地上滴下汗珠，他一天不滴下汗珠，就一天沒得吃」，總籠罩著飢餓陰影的宿命，甚此更為不幸是農人的汗大多是為別人流，「他無端要納官租，穀價賤如土。他的牛身上只有一隻牛虻、幾隻牛蜱，他身上卻有數不盡的人虻和人蜱」，但農人究竟是農人，今日明日的麵包都在他的土地上，即使他擁有鳴禽之翅膀也不敢飛，因為土地不可能跟他一起飛，「因此農人永遠死釘在土地上，永遠只想著土地上的麵包，而不會想到致富，更不會想到支配別人。農人是徹頭徹尾的好人，因為他的腦子裏只有那不走不飛，用他的汗珠播出穀粒的土地。這就是農人的樸質寡欲性格的全部」，如此相較於人類向前進化，將生物生存本能無限擴張與膨脹，至而出現了彼此算計劫奪甚而互相排擠，兩者之不同在於：

> 農人至多想到固定在自己土地分內的明日麵包，而人類則想到一切
> 麵包。一個進化人，不只要今日的麵包，要明日的麵包，要可能得
> 到的一切麵包，還要整個地球，若整個宇宙可能要到，他更要整個
> 宇宙；他的生存本能轉變成了貪婪。（十一月二十五日）

最後，所發出的嚴肅警示是「人類這個癌質化的生存本能，或將導致萬物的絕滅，地球的毀亡」。

　　從昔日田園追憶到理念伸張敷陳，陳冠學以正以反所重複強化的是對現時人世俗事之檢省與深思。然在這個相較於任何現實意義下的人間樂土裡，最為特殊的是完全經營在描繪臺灣昔日田園的特有風情上，其所意欲營構之理想世已有鄉土之姿更有超越鄉土之意。

# 第四章　標舉本土的臺灣經驗

　　八○年代，一個本土意識激揚的年代，臺灣社會在政治力量的強勢觸發引動下，從去中國中心的挑戰到臺灣結與中國結的對峙，甚而至對臺灣前途自主權的要求，在在都展現了臺灣主體意識的覺醒風潮正迅急蔓延燃燒。

　　當然這股覺醒力量也必然釋放於文學場域之中，受到臺灣主體性地位強調的影響，文學創作者標舉出自主性、本土化作為回應，亟欲在臺灣座標尋找臺灣文學的自我存在意義與價值。這樣的發展早已遠遠超越鄉土文學論戰時期中曖昧不明的「中國／臺灣」、「民族／鄉土」之二元性格，將籠罩於中國意識下的臺灣經驗具體浮現，將模糊於民族鄉土概念裡的本土意識直接張陳，而成為八○年代臺灣文學本土論的積極主張。

　　臺灣文學本土論是以臺灣意識為主張，而臺灣意識的具體內容則當以臺灣現實經驗作為物質基礎，用生長在這塊土地上人民的生活經驗來表達臺灣、呈現臺灣，具有強烈濃重的本土精神性格。在這樣的前提下，陳列（1946～）以深情注目一張張刻鏤在地上歲月的生活容顏，源於這分對眾生的鍾情與大愛，才能體覺到「人間是我的根本用情處」之思；而劉克襄長期執守於本土生態的自然觀察，由賞鳥經驗、環境保育到土地倫理的思索，用旅次腳印踏實地關懷臺灣這塊土地；而夏曼·藍波安則在海洋氣味中重返屬於自己族群文化的原點，學習自信尊嚴地延續達悟民族文化傳統，展現自我探索母體文化的生命經驗，是為臺灣土地生活經驗的呈現提供出另一種觀察。面對這樣的文學發展與表現，我們能說的就是關心土地、關心人民。

# 第一節　臺灣意識激昂的年代

　　七○年代的鄉土文學雖然喚起了臺灣的本土意識，但就實際發展現象觀察，不過僅是著眼於現實臺灣進而胸懷於未來中國，究其終極的回歸對象乃是深富民族意涵的大中國意識。因此，雖已有具體臺灣的隱伏浮顯，卻尚未能深度地觸探到相對等於中國的臺灣主體性之認識，這樣的鄉土意識可以說仍舊籠罩於中國民族的概念之下，完全截然不同於八○年代強烈訴求自主性獨特性的臺灣本土意識發揚。

## 一、臺灣意識的催化

　　鄉土的戰火漫燒了整個七○年代，原集中於文藝創作場域的爭論，相當程度地帶動其他層面的思索，在一波一波的論辯中，的確給一些問題得到討論釐清甚而定位的機會，但卻也同時引發出其他更多的思考方向與亟待解決的問題，我們可以發現到：

> 此次論戰中所匯聚的社會能量，也使臺灣文學傳統中，潛存的許多
> 問題，諸如寫實主義文學傳統、臺灣文學與五四文學、日據時代文
> 學的承傳與斷裂、甚或「臺灣」主體意識的提點等，得以以隱晦的
> 形式呈現，也為八○年代初的臺灣意識論戰埋下伏筆。（陳明柔，
> 1999：55）

在這種種潛存的新問題中，尤以「臺灣主體意識的提點」為主軸，牽引著七○年代的鄉土銜接到八○年代的本土，將所有已解決、未解決、甚而難解的問題都帶到了八○年代，再打一場更為激昂壯烈的戰役。

　　我們深知反抗精神深重、回歸要求強烈的鄉土意識，正是本土意識自我覺醒的前兆，這樣的牽引是必然的生發，因為：

> 文學的發展是主觀願望落實在客觀條件下的文化分歧，文學潮流在
> 主客觀情勢的演變下，因而在不斷的叛離和綜合過程中，找尋自己
> 的立腳根基。在世界文學史上，由於文化對抗而產生的，浮現著強
> 烈本土意識的「鄉土文學」或具有「鄉土特質」的「民粹主義文學」
> 等，多是短暫的、過渡性的文學。這顯示出「鄉土文學」大致上可
> 以說是本土文化在面臨外來優勢文化籠罩下的一種自我覺醒的過
> 程，也是一種更大綜合前的等待。（南方朔，1977.08.18）

所以，如果是等待，等的該是八○年代的本土，而非僅僅是打了一場失焦模糊

的七○年代鄉土文學論戰。八○年代的本土意識確實是一個「更大綜合」的呈現，從其議題探討的範圍到問題關涉的層面，在在都顯示出它所積蓄的強大力量，深深地震動了臺灣這塊土地。承續著鄉土文學論戰而發當是本土意識的文學要求：

> 檢討鄉土文學論戰的一個正面意義是本土意識的勃發。相對於過去虛幻游離的中國意識，臺灣意識在論戰後逐漸加重，鄉土文學論戰中所出現的「中國──臺灣」、「民族──鄉土」二元性格在論戰後已因時勢所逼有所調理變化，成為作家思考創作時的一個重要準據。（李祖琛，1987.05：51）

因此，原是躊躇猶疑在中國意識與臺灣意識的光譜中，原是鄉土文學論戰中懸而未決的問題，就如此隱晦曖昧地存留至八○年代，熾烈地燒遍整個年代，而這片戰火的引爆點則是 1979 年 12 月的美麗島事件。「美麗島事件激起了臺灣民眾自七○年代以來隱隱約約的臺灣意識，也大幅度地退卻了七○年代和臺灣意識並存的中國意識」（謝春馨，1995：34），臺灣的本土意識便取代鄉土而成為八○年代的主流思想。

從「美麗島事件」所迸發出的強大力量，則是自七○年代末期連續的幾個社會活動事件所蓄積而成的，首先是 1977 年公職人員選舉活動中因舞弊嫌疑所爆發的「中壢事件」，而在 1978 年原預定舉辦的增額中央民意代表選舉卻因中美發表建交公報而宣佈停辦，接著是 1979 年在《美麗島》創刊酒會上發生對立雙方衝突正面交鋒的「中泰賓館事件」，最後，則是 1979 年 12 月 10 日在高雄由黨外人士所舉辦的紀念世界人權日集會遊行活動中爆發激烈的軍警衝突，與在隨後的軍事公開審判經由國內外媒體的充分報導下，為臺灣社會引爆一股巨大的省思，透過政治的關懷參與進而觸發臺灣主體性的思索，直接使得臺灣意識在八○年代迅即激揚高漲。

同時，也因美麗島事件的刺激帶動，1980 年底補辦的中央民意代表選舉與 1981 年底的省市公職人員選舉中，都強力促使黨外力量的重整與集結，迅速完成「黨外的再出發」。〔註1〕並在隨後 1983 年的增額立委選舉過程中，黨外中央後援會鮮明地將「臺灣前途應由全體住民共同決定」列為競選政見，希冀透過「住民自決」彰顯臺灣意識，進而釐清臺灣主權問題。繼而是 1983

---

〔註1〕　參見李筱峰《臺灣民主運動 40 年》，頁 155；若林正丈、松永正義合著（1988）《中日會診臺灣──轉型期的政治》，頁 63～5。

年開始為期一年多，由黨外雜誌與統派立場不斷交鋒的臺灣意識論戰發生，這是對臺灣社會長久以來的中國中心化提出挑戰，目的是為了讓臺灣的未來能有獨立自主的發展空間。到了 1986 年黨外勢力則逕自成立新黨，取名為民主進步黨，將「住民自決」正式列入黨綱；1987 年則出現民眾街頭宣示捍衛，提出「臺灣獨立」的訴求，同年政府宣布解嚴；1991 年民進黨通過「臺獨黨綱」，標舉一面立場鮮明的旗幟迎向臺灣的未來。

這是在政治社會層面所呈顯之臺灣本土化的發展過程，其中特別突出地強調臺灣意識，用以別於過往所教育營塑之大中國意識，希藉由臺灣主體意識的普遍覺醒，能直接對生存社會、文化現象、甚而土地產生認同情感，對臺灣前途與本土文化擁有創造自主權。

## 二、標舉自主性、本土化

然而，催化臺灣意識高漲的力量，除了來自於政治社會層面的黨外組織多次的突圍活動外，在文化場域中數度針鋒相對的議題爭論，也同樣一步一步地指向臺灣結與中國結的對立，並同時標舉出「自主性」、「本土化」的發展方向。從 1981 年由詹宏志邊疆文學論所引發對臺灣文學定位的討論，到其後的文壇南北分裂、《一九八三年詩選》事件、臺灣作家定位問題與臺語文學論戰……等等論爭，都是朝著這個方向不斷前進。

1981 年 1 月詹宏志在〈兩種文學心靈──評兩篇聯合文學小說獎得獎作品〉一文中提出「邊疆文學」之詞，首度引發八〇年代臺灣文壇針對臺灣文學定位問題的熱烈討論，而詹文中最引人爭論的是他對於臺灣文學定位的憂心：

> 如果三百年後有人在他中國文學史的末章，要以一百字來描寫這三十年來的我們，他將會怎麼形容，提及那幾個名字？小說家東年曾經對我說：「這一切，在將來，都只能算是邊疆文學。」
>
> 邊疆文學。這一詞深深撼動了我，那意味著遠離了中國人的問題與情感，充滿異國情調，只提供浪漫夢幻與遐思的材料……如果我們還能因著血緣繼續成為中國的一部分；如果三百年後我們應得的一百字是遠離中國的，像馬戲團一般的評價──我們眼前這些熙來攘往的文化人，豐筵川流的文壇，孜孜矻矻的創作活動，這一切，豈非都是富饒的假象？（1981.01：23～4）

將臺灣文學置於旁支命運的地位，這樣的省思與憂心直接觸發而活絡了沈寂

已久的文壇，因爲詹宏志（1945～）對臺灣文學自主性的悲觀態度，明顯地脫離當時正處於臺灣本土意識激越昂揚的社會認知。在這個假設性的問題與結論中，臺灣文學的存在意義是被納入中國文學之中而討論的，基本上失去本身的自主性與獨特性的發展空間，這樣的論點當然引發本土文學界的不滿，可看出是：

> 在美麗島事件、二二八林家血案激起臺灣歷史主體意識的覺醒之後，詹宏志提出自比爲中國庶子的邊疆文學論，無異再次突顯了臺灣受中國壓迫的歷史形象，促使本土作家將政治民主化運動中對臺灣歷史主體地位的追求帶到文學界來，在後續對邊疆文學論的批判、反省中，臺灣文學本土論開始邁出去中國中心的腳步。（游勝冠，1997：335）

從去中國中心的腳步到強調臺灣的主體性地位，更進而彰顯在臺灣座標尋找臺灣文學自我的存在意義與價值，成爲文學本土論者所亟欲解決的問題。

　　就在文壇對邊疆文學論的一片批判反省聲中，來自於以臺灣爲主體性立場者的論述挑戰，〔註2〕所標舉的是「自主性」、「本土化」的課題。而其最具代表性的論述是，在1982年1月的《文學界》創刊號中，葉石濤的〈臺灣小說的遠景〉一文中，提出「應該整合傳統的、本土的、外來的各種文化價值系統，發展富於自主性（Originality）的小說」（1984.01：2）之呼籲，正式標舉了「自主性」的發展方向；而接著在 4 月號《文學界》中，彭瑞金則發表〈臺灣文學應以本土化爲首要課題〉，主張以「本土化」做爲臺灣文學的檢視網，「只要在作品裡眞誠地反映在臺灣這各地域上人民生活的歷史與現實，是植根於這塊土地的作品，我們便可以稱之爲臺灣文學」（1982.04：3），他同時指出「本土化」不只是一項特質，更應該是臺灣文學建設的基石。

　　其實在這場初發於八○年的文學論爭議題雖不少，但主要的指稱主題只有一個，就是「臺灣文學」，諸如臺灣文學的地位、臺灣文學的方向、臺灣文學的特質、甚而臺灣文學的定義等，各方熱切積極地界定環繞於臺灣文學的各項問題，從名號的確立到內質的爭議，在在說明了他們急切地欲證明臺灣文學本身即具有獨立存在發展的意義與價值。這是一種去中國中心化意識的建立，亟欲以臺灣文學的獨具特質爲出發所做成臺灣本土化的思考動向，強調

---

〔註2〕　參見游冠勝（1997）《臺灣文學本土論的興起與發展》，頁 330～348。其「反邊疆文學論的本土化論」一節，對邊疆文學論所引發種種回應與意見有詳述。

兩者平行自主發展各具獨立特質的事實，因此：

> 八○年代以後的臺灣文學運動，則是在回應中國文學論一再否定臺
> 灣文學獨立存在價值的挑戰中，以「臺灣文學」是什麼的追問，碰
> 觸了這個時代議題。八○年代以後的本土論，可以說就是以本土論
> 者對這個問題的回答建構起來的。（游勝冠，1997：339）

本土文學論者從「臺灣文學」〔註3〕稱謂的確立到內質的標舉，種種的討論構
成了八○年代臺灣文學的重要內涵，也是極其重大的成就。然而無論這些環繞
於臺灣文學的問題是否得到共識與答案，但誠如宋冬陽所說的，「經過『邊疆
文學論』的挑戰，這個名詞便取代了過去一般所廣泛使用的『鄉土文學』」，
他同時指出這樣的發展是進步的，「因為，他們掙脫了論戰中對『鄉土文學』
的形式上的爭議，而以更具包容的態度把臺灣島嶼上誕生的文學直接稱為『臺
灣文學』」（1984.01：24）。

　　因「邊疆文學」事件而重現的「臺灣文學」之名號，雖然開始在文壇中
自然地被廣泛使用，但對此一名號所指稱的內涵與代表的立場卻是各有不
同，出現了不同陣營的對立與雙方試圖調停的景況，這也就是文壇中所謂的
本土文學論與第三世界文學論之「南北分裂」事件。陳芳明就指出：

> 隨著「臺灣文學」一詞的確立，臺灣本地作家的陣營又立刻出現了
> 兩種理論，一個是本土文論，一個是第三世界文學論。兩種不同的
> 理論，竟成了外界所傳說「南北分裂」的根源。這種謠言在一九八
> 一年之中，散布得甚為廣泛，但究竟是如何區分，卻是眾說紛紜。
> （1984.01：24）

雖名之為「傳言」卻是存在已久的事實，這就明顯的將七○年代鄉土文學論

---

〔註3〕　參見謝春馨（1995）《八○年代「臺灣文學」正名論》，頁 65。文中提及「臺
　　　　灣文學」此一名號在鄉土文學論戰中即重新被使用，但並不是經常性地出
　　　　現。進入八○年代以後，此一名號開始以較頻繁的次數出現，但是當時大多
　　　　數的報章雜誌仍然使用「『中國新文學』、「中國現代文學」、「民族文學」等
　　　　名稱，大致說來，使用「臺灣文學」字眼的，仍限於少數較具本土色彩的
　　　　雜誌，如《臺灣文藝》、《文學界》，以及具有知識分子和政治評論色彩的《中
　　　　國論壇》。這些雜誌的共同點是讀者的階層較窄，人數也不多。而銷售量較
　　　　大、讀者深入各階層的各種報紙，仍很少使用「臺灣文學」的字眼，甚至
　　　　有人公然否定「臺灣文學」名稱的正當性，直到詹宏志以「邊疆文學」的
　　　　字眼來界定「臺灣文學」以後，因為反對者不贊同這樣的說法，才群起為
　　　　「臺灣文學」下定義，這樣的討論等於間接說明了「臺灣文學」此一名稱
　　　　的正當性及必要性何在。

戰中未打完的仗帶到了八○年代，將前次模糊不清未獲解決的潛存問題再進行一次的攻防與釐清。

　　為化解這樣的「傳言」，《臺灣時報》在 1982 年 3 月出面邀集南北作家舉行座談，會議名稱為「臺灣文學往那裏走」。﹝註 4﹞與會作家多願不直言分裂之實情，或悍然站上火線作戰鬥攻擊，反是將重點置於探討雙方立場趨向相左之成因，主持人陳若曦在談及這場座談會時曾說：「原則上南北作家都不願意有分裂或對立的說法與事實，這從座談會前半段的發言情形可以看出來。然而實際上是有歧見的，這是所謂『歷史取向』的問題」。所謂的「歷史取向」問題，是指座談中被作家所熱烈討論的「認同」問題，也就是廖仁義所發言的：「以文學的社會角度視之，『南北』的問題果若存在，是產生於每位創作者均在尋找他本身在歷史上的角色，因而有不同的認同」。創作者因歷史角色認同的歸屬相異，體現於創作態度的立場相左，本是自然可解的道理，但在當時特殊的時空背景下，能探觸並明言此是「歷史認同」的問題實屬一大進步。

　　雖言如此，但在會終卻也不免於作出最後的呼籲：「八十年代臺灣文學的方向，不論是第三世界的或是學習第三世界的經驗、技巧，都無關緊要，重要的是一個大前提，就是一位作家對他生長的土地應有個認同，其題材也應是關心生長於這塊土地上的人民」（鄭炯明之語）。這樣的認同，將龐雜難解的「歷史角色」簡單地化約成清晰明確的「土地人民」，是完成一種沒有異議也不會有異議的雙方共識。若說南北作家分裂的實情，並沒有因這場座談與其後的討論文章中獲得解決，而言其失敗確屬不公，因為在這次事件中最大的成就應是對作家創作立場作一種象徵性的總結，不論何派何流均總結於土地與人民，雖未同化為本土之名但確有本土之實，在聲勢和陣容上，本土派文學論者略佔上風。

　　同時在文學作品的出版上，也發生數個令人側目甚而引發爭議的代表事件，首先是 1983 年 12 月由李喬、高天生合編、臺灣文藝出版的《臺灣政治小說選（一）》；接著有 1982 年成立的前衛出版社之創業書《一九八二臺灣文學選》的出版，到引起最多討論的《1983 臺灣詩選》一書之刊行，無論是對書名「臺灣」的質疑，或是作品編選方針的指責，都受到不同立場極大的批評與攻擊，甚而被大陸學者古繼堂《臺灣小說發展史》中稱為「小鄉土文學

﹝註 4﹞　此次座談於 1982 年 3 月 20 日舉行，會議記錄詳見〈臺灣文學往那裡走〉一文，刊載於《臺灣時報》，1982 年 3 月 28 日。

－101－

論戰」（1982：598），足見其所代表的突顯意義。〔註5〕

　　這樣的文學議題探討原本一直停留在臺灣社會內部的爭辯，直到1986年8月20日與21日《中國時報》連載李昂（1952～）〈臺灣作家的定位——記「現代中國文學大同世界」〉一文，首次點醒現實國際社會對待臺灣作家看待臺灣文學的態度，這種轉換視角的省察，讓我們認識到不同面向的臺灣文學意義與價值，甚而是臺灣文學在世界文學的身分與地位。這是透過國家認可而進至文學認知的間接方式，則又一次的凸顯了臺灣與中國的現實政治分離，並觸及臺灣文學應有其獨特性，同時也必須標舉其獨特性，爲以建構出臺灣爲中心的自主性、本土化的文學論。這場定位的困惑雖初源於作家自我定位的深思，但擴及而至的是國家的國際定位、是文學的國際定位，是臺灣或中國的選擇，這些環環相扣的問題就在這場「臺灣作家的定位」中展開。

　　從李昂〈臺灣作家的定位〉中指出親身在國際會議中所受到的不公平對待，不該單單是個人的抱怨，而應是臺灣作家所要共同面對的問題，當面對「你們臺灣作家皆自大而且閉塞」的指責時，李昂認爲那是一種對臺灣作家的「根本心態」或「根本看法」的問題，不是用理由而可以辯論得通的。在其後的回應與挑戰中則出現有洛夫於9月25日發表的〈怒讀「臺灣作家的定位」〉，文中除了詩人的欷噓感嘆與憤怒扼腕外，他更進一步提出西方學者之所以對臺灣文學和作家的不公正批評，實導源於「莫名其妙的中國大陸情結」，此種政治情結左右了文學批評觀點，因此「西方文學界一窩蜂地大捧大陸作家之餘，也相對地因政治因素而忽視、貶低了臺灣的文學和作家；除了不公正的批評，有時甚至也採取抵制行動」。隨後在10月22日葉維廉的〈憤怒之外——「現代中國文學世界大同」會議的補述〉也說：「這些年來，研究現代中國的學者，忽然都得了『中共情結症』」，這只是政治舞臺上的一些怪現象，與眞正的實力往往扯不上甚麼關係，中共情結熱潮終將過去。在這些相關的熱切回應中，當然也提出許多的反省與解決之道，但從文中的論述不免隱隱透露出最大的問題乃在於國際社會對臺灣與中國大陸的現實對待，但這實非文學場域所能代爲解決的問題。

　　到1987年1月《臺灣文藝》製作「臺灣作家的定位」小單元，〔註6〕同

<hr>

〔註5〕　關於《1983臺灣詩選》一書所引發的爭論過程，詳情可參見謝春馨（1995）《八○年代「臺灣文學」正名論》，頁81～87。

〔註6〕　《臺灣文藝》104期（1987.01），所製作的「臺灣作家的定位」專輯，共刊載五篇文章，分別爲李敏勇：〈臺灣作家的再定位——對角色和功能的思考〉、

時刊載數篇針對臺灣作家定位問題發言討論之文章，其中李敏勇以爲各種定位討論可約略地歸納爲兩種範疇，一是臺灣作家的國際定位、一是臺灣作家的自我定位，而他認爲不應該也不必要過度關切在國際上所受到的肯定與否，臺灣作家的定位，應該從作家自我的角色和功能定位去認識和實踐。這樣的認識與實踐方式是：

> 臺灣作家必須認眞屬於這塊島嶼的歷史和地理的性格，從傳統精神
> 和土地奠定出發點；並進而認識社會條件，從政治、經濟、文化的
> 現實性思考、反省，懷抱理想主義參與社會重建，使臺灣作家成爲
> 新社會的動力而非阻礙。（1987.01：6）

唯有如此，才能在本國受到眞正的尊重，進而在國際上受到推崇。另外，羊子喬則於文章的開頭直接簡明扼要地將定位問題拉回文學的主要戰場，「如果文學史家要爲臺灣作家定位的話，必須先確立什麼是『臺灣文學』」（1987.01：8）；向陽則表示若是談到臺灣作家的定位，就不能不考慮「他是臺灣的」、「他寫的無非是臺灣」、「他可能成爲世界性的作家，但這仍來自於他深刻而周全地表達了臺灣」，也因此「臺灣作家的創作資源，就在我們雙腳所踏、兩肩所置的島上，我們無需外求，只要踏實地呈現臺灣、表達臺灣」、「這塊土地狹小但是厚實，而這才是臺灣作家可以貢獻於世界文學之未來的資本。臺灣作家的文學沒有臺灣而希望成爲『世界』，那是癡想」（1987.01：7）。在這次單元論文中顯然不願就政治問題做過多的探究，而是傾向於經臺灣作家定位問題進而強調臺灣文學的自主性與本土化，將討論的焦點拉回文學定位的認定。

　　不過，當時旅居海外的龍應台對這個問題也有所回應，他在 1987 年 4 月 27 日的《中國時報》人間版發表〈臺灣作家那裡去？〉一文，對於國際社會對臺灣作家的不公平待遇與對臺灣文學的輕視冷落態度，提出更爲直接深入的看法。他以爲臺灣作家在國際上之所以處於棄兒的地位並非自身努力不夠、或作品不好，因此他能跳脫出一般只是強力呼籲作家應加倍努力以回應政治現實中偏見漠視的迷思，反而以爲既是來自於外交政治地位的影響所致，必然需回歸於政治層面來思索問題的癥結。因爲「在國際禮尙往來的密

---

向陽：〈文學、土地、人——「臺灣作家的定位」之淺見〉、羊子喬：〈在轉捩點上，先確立座標〉、劉天風：〈從臺灣勞動群眾的立場出發〉、林宗源：〈沈思與反省〉。

佈線路上，臺灣根本不存在」，自然也就沒有隨著正式邦交而來的種種文化交
流活動，更是造成「我們所愛寵尊敬的作家——代表臺灣的心靈——到國際
上去受最輕侮的待遇」，因爲在外國人眼中認爲「中國是中國，臺灣是臺灣，
中國文學是中國文學，臺灣文學是臺灣文學」。臺灣文學不是中國文學的主
體，打著中國的旗號自被視爲冒牌貨而遭受摒棄，如此不免要問：

> 如果我不吹「中國」的號角，乾乾脆脆就驕傲的做一個「臺灣」的
> 作家呢？（1987.04.27）

從外交政治上回看的是正統強調的質疑，因爲一直以來的教育與政策均爲
「在臺灣的文化代表中國文化，臺灣的文學代表中國文學，臺灣是中國傳統
一脈相傳的掌門人」，所以這樣的課題是該被嚴肅審愼地重新檢討。

在龍應台（1952～）的文章之後，又有《臺灣文藝》在 5 月時邀集多位
作家進行深入對談，此座談會同題名爲「臺灣作家那裡去？」接著 10 月的《臺
灣新文化》中刊登一篇陳芳明的〈跨過文學批評的禁區〉，文中提出「戰後臺
灣文學所記錄的，是臺灣從農業社會過渡到工業社會的種種衝擊與巨變。凡
是島上的作家，都能夠感受到這塊土地的動盪、陣痛與再生。其中最顯著的
是，政治與經濟的轉折，使臺灣作家不能不去思考整個臺灣的前途。這種心
情，也絕對不是中國境內的作家有能力去理解的。檢驗戰後的臺灣文學與中
國文學，二者分屬不同性質的經濟生活共同體，從而內容也顯現了截然不同
的生命經驗」（1987.10：60）。因此，他認爲：

> 離開臺灣文學的內容，去討論臺灣作家的定位問題，只不過反映了
> 臺灣知識分子的荒誕和愚昧。今後要辨認臺灣文學的性格，只有擺
> 脫政治煙幕的誤導，眞正深入曉解臺灣社會的本質，然後進一步去
> 考察臺灣作家的思考與作品。釐清了臺灣文學中的「中國」虛構性
> 與虛僞性，則臺灣作家自然就定位了。（1987.10：61）

這是自臺灣作品、臺灣作家爲出發的思索過程中，用以呼應那股強大之臺灣
意識潮流，所標舉出的自主性、本土化的文學主張。

## 三、臺灣經驗的文學本土論

宋冬陽於 1984 年 1 月的《臺灣文藝》86 期發表〈現階段臺灣文學本土化
的問題〉一文，認爲繼七○年代末期鄉土文學論戰後，臺灣文學儼然劃分爲二，
一是「臺灣文學本土論」，另一是「第三世界文學論」，文中針對此文學宗派

分歧的現象，詳細論述其形成的原因與發展內容，並進一步分析雙方的得失與日後對臺灣文學的影響。

　　本文雖題名為「現階段」，但文中卻前溯「鄉土文學論戰的意義」，主要是因為「無可否認的，1977 年的臺灣鄉土文學論戰，對現階段文學理論的塑造有很大的衝擊」，他對此提出了四點觀察角度，以為鄉土文學論戰的重要意義在於「代表臺灣作家對過去三十年臺灣社會經濟的一個總的認識」、「釐清了三十年來官方文學與民間文學兩種不同路線發展」、「總結了戰後臺灣文學中『孤兒意識』和『孤臣意識』的發展」、「使得臺灣本地作家陣營內部有了新的展望」。而此處值得我們重視與深思的，是他不僅僅歸結出鄉土文學論戰本身的存在意義，並同時延伸出它對現階段文學本土論所引發的影響，這樣的連結思索更能讓我們從中明白地認識到兩者之間的承接關係。

　　然而，在這樣的前後承接關係中，的確相當程度地看出在八○年代所發生的種種文學現象，深受七○年代這場轟轟烈烈的文學戰役所影響，就如陳芳明所言：

> 一種文學的誕生與成長，往往不能脫離它所處的社會經濟條件的制約。今天臺灣文學會出現當前這樣的面貌，乃是在一定的歷史背景與客觀環境之中醞造出來的。在整個鄉土文學論戰過程中，對臺灣文學與現實社會經濟之間交互關係的過程，討論得最為周延的，應屬王拓無疑。這方面的辯論，可以說使得文學工作者警覺到客觀環境對文學創作的影響，而且也更警覺到身為一位作家在社會中所扮演的角色。這種警覺對後來兩種文學理論的萌芽，不能不說是相當具有啟發性。（1984.01：12）

「客觀環境對文學創作的影響」與「作家在社會中所扮演的角色」之雙重警覺，正是啟發並成為八○年代文學創作論題的焦點，這方面可從圍繞臺灣作家定位問題所延燒出的相關話題中得到印證。

　　再者，他提出經由民間文學路線所發展出的臺灣鄉土文學，所著意表現的「乃是以定居在臺灣這塊土地上的人民生活經驗為中心，透過文學的形式來表現他們的挫折與奮鬥以及悲傷與歡愉」，而這樣的發展方向當然更是八○年代的文學創作者所一致積極努力的重要目標。同時，他認為承續日據時期臺灣作家精神而在作品中沾染深重的失落情緒，如此充滿孤兒意識的抗日文學在鄉土文學論戰中有了沉思反省的機會，因而「孤兒意識在論戰中得到過

濾提煉的機會，把徬徨無依的心態化爲對臺灣本土的強烈認同，這種轉變就成了日後本土文學論的張本」，這其實說明了在文學本土論發展中一直佔有重要地位的日據臺灣作家精神與其作品意義。

最後，他以爲鄉土文學論戰最大的意義，乃是在於本地作家不僅對過去臺灣文學進行全面的回顧，也對未來的文學前途尋找新的出路，其中在論戰間出現並被廣泛使用的「臺灣文學」與「在臺灣的中國文學」之名詞，背後隱含的觀念所牽涉的正是文學工作者之立場的嚴肅問題，這在八〇年代更是不斷引爆重要論題的主要源頭，因此他歸結所得：

> 在臺灣本地產生的文學作品，究竟應該稱爲「臺灣文學」，還是應該稱爲「在臺灣的中國文學」？這個問題就變成日後本土者與第三世界論者的爭論焦點。因爲，這個問題密切關係到一個作家對文學的認識，以及對未來文學發展所抱持的態度。（1984.01：13）

宋冬陽分別在「兩種理論的奠基者：葉石濤和陳映眞」、「『邊疆文學論』的挑戰與回應」、「臺灣本土文學論的確立」以及「第三世界文學論」等四個部分中，以正面申述與反面駁難的方式，強調文學本土論的正當性與正確性。他闡述葉石濤文學批評的理論基礎即是以「臺灣意識」來詮釋臺灣鄉土文學作品的性格，而這種意識並非停留於政治層面，而是在歷史背景、經濟結構、文化演進等種種特定的社會經濟條件制約中，再加上民眾主觀願望的抗爭意志，所凝聚而成的一種堅強的本土意識，更進一步發展成爲現在所公認的臺灣意識。他認爲以臺灣意識爲基礎的臺灣鄉土文學作品，誠如葉石濤所鋪陳的「應該是以『臺灣爲中心』寫出來的作品」、「應該是站在臺灣立場上來透視整個世界的作品」，而這正是臺灣文學本土論者進一步要申論的。另外，將「在臺灣的中國文學」概念推演到極致，自然演變出「邊疆文學論」的爭論事件，對此陳芳明更是明白點出「邊疆文學論」一詞，對臺灣作家的本土意識產生相當大的刺激。而隨後的「南北分派」傳言，宋冬陽亦歸之於意識認同的判斷，能從本身固有的歷史背景和本身立足的現實環境出發，根植臺灣土地、反映臺灣人民，具有臺灣意識認同就是臺灣文學。因此，他說：

> 臺灣意識的凝結，是因爲臺灣人民受到一定社會經濟條件的制約，再加上他們主觀願望對此偏頗社會經濟條件的反抗。前者是靜態的、被動的；後者是動態的、主動的，雙方交互作用產生的結果，便是今日爲大家普遍公認的「臺灣本土意識」；而以臺灣本土意識爲

　　基礎所寫出的作品，則是一般通稱的臺灣本土文學。（1984.01：26）
文章最末則以「都是臺灣經驗的臺灣文學」作結，重點在指陳臺灣本土文學
論與第三世界文學論是對立與衝突的說法，並不正確也相當混淆視聽，因為
從實際的創作表現來看，「主張本土文學的李喬，與倡議第三世界文學的陳映
真，他們創作的小說主題縱有不同，但他們的精神都是以臺灣本土為依歸」，
〔註7〕無異是說明了一個文學創作的自然現象，就是「身在臺灣的作家，不管
提倡任何理論，他們的作品都不可能離開臺灣社會環境，而去表現另一個社
會內部的問題」。也因此，兩種理論的作品各是從不同角度飽滿地呈顯出臺灣
的真實面貌，而均具強烈濃重的本土精神性格，絕對是臺灣經驗的臺灣本土
文學。

　　除此，宋冬陽還一再強調本土文學論與第三世界文學論之間的兼容並蓄
性，其關係的密切就猶同本土論者李喬所說：「前者如果無後者的認識，極可
能陷入狹小局面；而後者無前者之落實，則難免流於綱領引導的空泛無物」，
其實也就是許水綠所言之「兩者都是臺灣文學不可或缺的要素。前者是屬於
臺灣文學的內在範疇，後者是外在範疇；兩者都統一在臺灣文學運動裡，並
且又透過文學而統一在臺灣社會運動裡」，以及「臺灣文學是胸懷臺灣本土，
放眼第三世界，開拓自主性及臺灣意識的文學」。

　　在一層一層的剖析中，從對立衝突的不存在到兼容並蓄的密切關係，宋
冬陽意欲表明的是「臺灣本土文學論的提出，是可以包容第三世界文學論

〔註7〕　宋冬陽是立於「同」的角度，欲進一步收納第三世界文學論於本土文學論中。
　　　　他首先提出「自一九七七年提出『臺灣文學』一詞以後，從來沒有一位本土
　　　　作家是把臺灣排除於第三世界的範疇以外。強調臺灣本土文學論者的基本態
　　　　度是：第一、臺灣文學的價值必須從臺灣本身的歷史與現實來評估；第二、
　　　　臺灣文學不是隸屬於其他地區的文學，它本身早就具有其自主性。這兩個基
　　　　本態度，並不構成對臺灣地區以外的文學，以及其他不同文學理論的對立與
　　　　仇視」。接著進一步申論「臺灣文學本土論是以濃厚的臺灣意識為具體內容，
　　　　而臺灣意識則是以臺灣歷史與現實做為物質基礎」。他指出若以書寫臺灣的歷
　　　　史與現實作為檢視作品本土化的判斷，「事實上，陳映真的作品，特別是他近
　　　　三年來所寫的『華盛頓大樓』的系列小說，絕對是臺灣經驗的臺灣本土文學。
　　　　雖然，他在文學理論中以『中國意識』來闡釋自己的作品；但是，如果一層
　　　　一層給予冷靜剖析的話，讀者在文字與情節中很難找到中國的影子。相反的，
　　　　他在小說裡提出的問題、表現的價值，都是屬於臺灣的」。這種對現實環境的
　　　　關切與觀察表現是同於本土文學論所強調的，但對歷史認識的論點上就有修
　　　　正的必要，「如果把他理論中對臺灣歷史的誤解部分，以及對中國歷史的錯覺
　　　　部分剔除，那麼就成為不折不扣的臺灣本土文學論」。

的」，因為兩者同是致力於追求本國自主性文化的建立，在這個共同的目標下沒有理論的問題，而是行動的實踐，他對「願意強烈認同臺灣的作家」提出建言：

> 要使文學繼續發抒人民的心聲，所有本土作家都應有勇氣去認識當
> 前臺灣社會、經濟、政治的演變；缺乏對臺灣社會性質的瞭解，不
> 僅易於使文學與群眾脫節，而且使作品失去其應有的民族風格。
> （1984.01：37）

在這樣的呼籲下，臺灣文學本土論最最簡化的理解也就是強烈認同臺灣經驗的作品。

# 第二節　地上歲月的人間行旅者──陳列

> 這個高山世界，我以前竟然是近乎懵懂無知的。然後，隨著一次又
> 一次的美的感動，極其純靜愉悅的靈的洗禮，以及自然之世的學習
> 與成長，我才發現，對自然界裡的所有奧秘和生命跡象，對這片高
> 山和整個的這塊土地，情感和認知上都越陷越深了。而另一方面，
> 對於大自然中的種種神奇，困惑和陌生之感，也越來越揮之不去。
> 我喜歡這樣的感覺。
>
> 《永遠的山‧看山是山》

　　陳列（1946～），一個佇足靜閱人間眾生自然萬物的行旅者。他不僅以深情注目一張張刻鏤在地上歲月的生活容貌，用心收納同屬這塊土地上的歡喜憂愁，有著寬厚博大的悲憫之情，卻也同時存著對生命生存的信心勇氣；其後更在豐繁壯麗的玉山世界裡流連啟蒙中，親身領受到自然奧秘天地裡的種種神奇驚異，而發出生於斯的驕傲與護養之重責。人文、山河、自然，都已成為陳列對這塊土地的戀慕所在，隨著探觸視野的開拓延展，讓作品的精神氣勢更見一番新象，打破過往憂思惜舊的凝重情懷，進一步擴大鄉土書寫之境界，將前期鄉土散文從歌詠田園農村生活之美善，轉而描寫大自然之偉力，從而訴說生態之保育，故可謂是轉變時期的重要作家（周芬伶，2002：153）。

　　陳列，本名陳瑞麟，1946 年生於臺灣嘉義的務農人家，有著同於一般鄉下小孩耕耘收藏的農作經驗，因而年少記憶的聲色影音幾近全與農事相連，而那一幅一幅不滅的勞動圖像，日後成為他與這片天地間的強韌牽繫。青年

時那段在花蓮教書工作的日子裡，則為他開啓了個人生命中一分永不鬆解的山海情緣，因為在那片磅礴幽奇的靈秀天地裡，他一次又一次地領略到那來自生命的深沈壯闊訊息。雖然其間曾被迫離開花蓮「遠行」，〔註8〕那是一回人生行旅中的巨大震盪，被捕入獄服刑的焠煉，讓他看待生命的角度有了不同的調整。所以當能再度回到這片生活的世界一般的人間社會時，他選擇以不同的姿態面對，1986年定居花蓮並積極參與地方文化的推動工作，「文化花蓮」是他的理想。所以，無論是初期的文學創作，能寫下一篇篇深情博厚令人感懷的作品，或是後期的政治參與，能從參選省議員到層選為花蓮地區的國大代表；都讓他體悟到這一切並非偶然，毋寧是一種必然，就是一種將自己奉獻給人間社會自然大地的必然。

在近二十年的創作生涯裡，陳列予人的印象是創作態度嚴謹，從1980年正式發表的第一篇作品〈無怨〉（原名〈獄中書〉），到1989年結集成的第一本散文集《地上歲月》，十年寫作成書一冊，這樣的創作速度或許還未足以說明什麼，但他能以〈無怨〉、〈地上歲月〉二篇，連續獲得1980年與1981年的第三、四屆時報文學獎散文首獎，則應當足以代表他的作品之不凡。所以能不凡是源之於他對於散文創作的識見，當時「遠行」歸來的陳列並無法隨意謀生，僅能以翻譯文章餬口，由翻譯到寫作再到選擇散文這個文類，對於其間的轉折他曾提到，「有一部分是由於對長時流行於臺灣文壇的那一些充滿風花雪月或旨在與人把玩自賞的沙龍作品不以為然，以為散文或可另闢蹊徑，呈現其他面貌」（1994：5），所以有了姑且一試的意外機緣。接著1990年時他接受了玉山國家公園的寫作計畫委託，以定居玉山一年的時間，用文學的方式呈現園區內大自然的萬般奧秘與神奇，完成《永遠的山》一書，而此書亦獲得1991年時報文學獎推薦獎。後來的寫作呈現則是到了1993年他在《中國時報》所撰寫的「寧靜海」專欄，此部分作品則並未結集。

從《地上歲月》、《永遠的山》到「寧靜海」專欄，陳列作品的題材關切約可概分為三期，即是前期寫人間經驗、歲月悲歡，中期寫山海映象、人與自然，晚近挖掘政治與文學之間擺盪的思考與觀察（陳義芝，1998：16）。雖能如此清晰的辨識陳列在每個階段的題材呈示上之不同，但更值得注意的卻是貫穿於其間始終一致的信仰意念，也就是陳列在回視顧望這一切時所說

---

〔註8〕　陳列口中的遠行是指自己入獄服刑之事，他在1972年4月被定以「為匪宣傳」、「叛亂犯」之罪名，判處七年刑期，服刑四年八個月，1976年底出獄。

的：只有在把自己的作品定位為「社會關懷與改革」的一種方式時，我才較能自我鼓舞出創作的動機（1994：6）。因此，陳列的創作源頭本出一分對土地上的關愛與責無旁貸的使命。

## 一、玉山純靜洗禮下的土地歸屬之情

> 所有諸如此類的初次經驗和粗糙的認知，於是吸引並催促著我一再走入了更迷人、更廣闊、更生動蓬勃的高山大千世界裡。而在逐漸的領略和了解之外，在感動之外，某些情感也似乎在漸漸醞釀著。我一再地在這個島嶼的最高地帶行走跋涉，目睹了它的山系水系，目睹它的地形地質的特色、氣候特色，隱約體會著自然景觀中生物與非生物的特質，以及生態體系的特質，終而更生出了一種驕傲的感覺。玉山園區裡的經驗，使我對這塊土地的歸屬感和愛，一日深似一日。
>
> 《永遠的山‧看山是山》

在陳列近二十年的創作道路上，我們能清晰的看見其作品題材的主體轉異變化，由初期的人文生活到中期的自然生態再至晚近的政治現象書寫，三者間可說存在有極為顯著的差異性，然其關懷之旨卻是前後一致，就是同以關懷之情平等之心看待在這塊土地上所生養的一切。然而這轉異變化的過程正一次次的釐析看清那曾經模糊未明的土地歸屬之情。

對於土地的歸屬之情一直是文學創作表現的母題，一位作家如何表現己身的土地歸屬，當與其土地認知啟蒙的過程有相當的關聯性。其實在陳列的土地認知啟蒙過程中，農事勞動的經驗可說是最初土地歸屬之情的連結，那是在土地的操持親作中所得到的最真實單純的啟示：

> 偶爾我會覺得，一個人的童年或青少年時候的幸與不幸有時是很難說的；父母在盡力之後仍然無能給我的一般所謂的最佳栽培，部分由大地來彌補，來啟示我。祖先和我都流注過血汗的每一塊田，包括這片梔子花田在內，都曾經是我疲憊惶惑時注視的對象：坐在田壟上，或走在作物間，看著同樣疲倦的大地上長出的綠色生命，或者和它說話，或者什麼也不想，讓它容納我，提醒我責任的意義。十多年的學校教育給了我較複雜的知識，土地則點點滴滴地將更深邃的某些東西注入我的心胸裡，其中包括了關懷、希望、自由以及

和村人一體的感覺。（1989：19）

因此在土地生養的啓示下，讓他除了農人農家之外看見了更多的生命與生活，而表現於外的這分土地歸屬之情，就如他在《地上歲月》小序中所提到的：

> 我在這塊土地上生活、走動，經歷見聞的某些人和事物曾令我感動、不安或憤懣。這幾篇文章，大致上，便是此類情思的紀錄與詮釋。
> （1989：2）

陳列是要用這塊土地上的人和事物，要用自己最眞實的情思，去詮釋紀錄同屬的這一切，用以抗衡那些遠離社會現實的囈語謊言，用以對照那些流行於文壇的風花雪月沙龍作品，這是他對自己提筆的要求，「我曾設想，我的第一本散文集將分別處理各種人的生活切面，他們在這塊土地上活著的歲月，他們生活過的臉孔，他們的遭遇和希望」（1994：6）。陳列在此處所想表達的是用眞實存在於這塊土地之上的生命與生活，也就是他曾說過的「因爲人間是我的根本用情處」。

但隨著外在創作環境的改變，讓陳列有機會接觸一個全新的視野，因爲他接受了玉山國家公園所委託的寫作計畫：「希望透過文學的感染力，以生活的語言來呈現玉山園區自然的奧秘與生命的神奇」。就在這片美麗壯闊的山河中，陳列得以有機會感受和領略以前不曾感受領略的東西，是這片高山世界啓發了他新的知識與新的關懷，除了認識自然，也同時更進一步地確立自己的土地歸屬之情。

當他置身在這臺灣的最高處在這臺灣的源頭時，所冉冉升起的驚異與感動，是一種與山河大地的神靈契合，是一種對宇宙自然的尊崇敬愛，所深切地感受到的是自己所生長所站立的高山島嶼臺灣，是多麼的美麗迷人，不由發出生於斯的驕傲：

> 這個早晨，似乎仍是地球上的第一個早晨，永遠以不同的方式和樣貌出現的高山世界的早晨。當旭日昇起，在澄淨的蒼穹中，臺灣五大山脈中，除了東部的海岸山脈之外，許多的名山大嶽，此時都濃縮在我四顧近觀遠眺的眼底，所有的那些或伸展連綿或曲扭摺疊的嶺脈，或雄奇或秀麗的峰巒，深谷和草原，斷崖和崩塌坡，都在閃著寒氣，變動著光影，氣象萬千，整個的形象卻又碩大壯闊，神色則一般地寧靜無比。這個時候，光和風雲，以及其他什麼時候的雨

雪雷電，都瞬息萬變地在這個山間世界裡作用嬉戲，讓山分分秒秒
地改變著它的形色與氣質。然而就在那捉摸不定的特性裡，透露的
卻又是巨大無朋，如如不動的永恆的東西，讓人得到鼓舞與啟示的
東西，例如美或者氣勢，動與靜的對立與和諧，生機與神靈。

我又一次默默念起這些山峰的名字。一種對天地的戀慕情懷，一種
對臺灣故鄉的驕傲感覺，自我心深處汩汩流出。（1991：23～4）

因此，這片自然山河世界的美麗與神奇，帶給陳列的不只是感動還有珍愛疼
惜，不僅讓他深掘出過往在地上歲月人間經驗裡所發悲憫之情的源頭，也讓
他在日後有勇氣暫離文學參與政治，選擇一種更直接而立即的方式去尋找諸
多問題的答案，而這些都是源出於他對這塊土地的愛，且是日益明晰日漸加
深的愛。

究觀陳列——這分來自自然山河洗禮下的土地歸屬之情，所表現出的人
文襟懷開闊氣象，實已遠超前一時期以鄉土連結土地之情的表現，也將獲得
更深長更遼闊的共鳴。

## 二、人間悲歡・山海映象／無法也不願割離的世界

許多人在不為人所知的地方揮汗工作，一些人在努力探索使我們的
時代得以讓後世緬懷的理想和成就。一個讓人氣餒卻又時而滿懷希
望的世界，但總是我們存活的世界——不能割捨，而且終將回去。

《地上歲月・山中書》

對於文學創作，陳列始終「深信文學應有它之所以是文學的藝術美質，
是不該受到犧牲或迫害的」（1989：2），更認為「文學教人溫柔體恤，是一種
須久須遠的文化修持，不是工具」（1994：6）；而這樣的文學信念也同時決定
了陳列作品中的藝術分量與精神價值，〔註9〕因此在篇篇深具藝術美質的作品

〔註9〕 關於陳列作品的藝術美質與精神價值之探究，郭楓（1990.12）〈地上歲月・人
間文學〉一文有詳細論述，「陳列，在相當高的水平上，創造出作品的藝術境
界。這境界是他所特有的：美麗的語言蘊藏在拙樸的描述之中，似乎未見神
奇，而神奇已融入語言的骨髓裡。完密的結構進行在自然發展間，章法的安
排，段落的銜接，首尾的呼應，看似渾然天成，實則匠心獨運」（195）；同時
他認為「陳列不是出世的隱者，陳列是入世的、心懷悲憫的現實主義作家。……
是擁抱土地和人民的人道主義者、是恬淡自適的自然愛好者、是胸懷開闊的
博愛者」（198）。

中，尤須引人深思的或許正是陳列無意強調卻自然流露的深情胸懷，亦如郭楓所言：「我們應該從他素潔的文字間，恬靜的容顏裡，尋覓陳列熾熱的心靈，以及這顆心靈對人間眾生的鍾情與大愛」(1990.12：194)。

人間是我的根本用情處，是陳列在〈山中書〉裡直切的內心表白，這句話相信最能表明《地上歲月》全書的精蘊深意，因為書中的每一篇都在描繪一張真實生活的容貌，都在碰觸一個真實生活的心靈，都是陳列用真意誠心去相待的人間眾生悲歡。他所無法忘視棄離的是出自人間眾生所散發出的生命力量，雖宿命卻執著的勇氣，畢竟，我們活在人間。握著筆，陳列給自己唯一的要求就是記下在這塊土地上的人間歲月，一張張生活的臉孔以及他們的遭遇和希望，關於那些相識與相逢的人。

無論近觀遠視這些熟悉或陌生的地上人間生活，陳列都情深意遠地一一細述，有〈地上歲月〉裡辛勤耕植的父親與農家勞作，有〈漁人‧碼頭〉裡的早已退休老漁人和討海生活，也有〈礦村行〉中總置身漆黑無援的深坑隨時準備死亡的礦工生活，以及在〈老兵紀念〉裡那群少小離家千里卻在歲月移逝中逐漸凋零的外省老兵；這些生活面容與生存方式或許相異，但相同的是每個身影都會令人「想到多少生命在不為多數人注意的時地所可能有的辛酸和寂寞」(1989：44)，而一切都在這塊土地上。當看到生活本質中的庸淡與悲愴，陳列的思緒往往掉落同一困境，「面對一些人艱難的生涯，我實在不知如何插嘴」(110)，也不禁想問：「生存該是個什麼模樣？活著是不是應有一些希望」(83)。他所尋找出的答案是希望就在堅韌的生存意志上，就在那分對生活永不放手的心靈上，這是最扣人心弦的美質，而這樣的深刻美質他在許多勤懇工作的身影裡看見，那基隆碼頭裡正忙碌作業的卸魚工人：

> 他們都穿著長統的雨鞋，動作迅捷，神情專注。黏稠的空氣沾在他們的皮膚和衣服上，他們的外表在陰潮的港邊顯得粗糙而沈重，但是，在此起彼落的魚箱碰撞和拖拉聲，以及水陸兩方互為激盪的引擎聲中，他們勞動的身姿和有時抬起頭來笑談兩句的臉色，卻又呈露出他們生命深處的鮮明活潑。那是許多室外工作者共有的令人感動的生存模樣。(49～50)

同時，他也在自己曾經最為熟悉的生存方式中發現：

> 當我赤著腳，在村中小店裡與人閒聊，在田間的路上與相遇的鄰居佇立著談桑話麻時，我才體會到，知識理論有時也可以是虛妄的。

> 此時存在我們之間的是一個彼此不必費心再去界定的情境，因為我
> 們有著類似的衣食住行和育樂，看到的是相同的天空。與莊稼無關
> 的書本遠了，我該努力閱讀的是他們褐紅的臉孔，這些容貌講述著
> 生活中的苦痛和歡笑。（20）

就是這些不甚輝煌甚而帶點宿命的日子，讓人看不出特別明顯的思想情感卻
最為真實的臉孔上，令人覺得他們又憂苦又自在幸福，這是陳列所悲懷卻激
賞的人間眾生。

除此，長期身居花蓮的陳列，筆下也出現許多偶遇相識的原住民身影，
在〈同胞〉、〈山中書〉、〈在山谷之間〉以及〈遙遠的杵聲〉裡，從最初年少
記憶中每每望見那讓人掛念的卑微渴盼的山胞模樣，總伴隨著一分濃稠模糊
而莫名的虧欠感覺，而隨著歲月增長，陳列才稍能平心冷靜地思索在某些難
以說清的神情背後是謀生的艱辛難堪與生命的失落荒廢。在大自然的山中，
他才得以知曉某些真實的人間生活：

> 他們是所謂的山胞。我時常看到他們單獨或兩人結伴地上山來，如
> 果騎車就把車子鎖在佛寺前院的樹下，然後背起袋子或竹筐，深入
> 那形勢險奇的高山去。夜半時，往往看到車子還在，隔早起來才不
> 見了，有時則要經過兩三天。他們是去設陷阱捕鳥獸或者採蘭花的。
> 晚上看見摩托車的暗影，多少總要擔心起他們在那麼黑冷的深山裡
> 正在做些什麼事，如何過夜。（65～6）

若放棄不得不然的謀生方式，所能選擇的卻也不多：

> 事實上，早已有人學會安全而容易的謀生方式了，山腰風景區的那
> 些陪照的姑娘就是。他們盛裝豔抹，對觀光客緊纏拉扯。生意清淡
> 的空檔，有的就去小店買雞爪翅膀，邊吃邊嘻笑追逐，或是坐在石
> 桌邊上無語茫然看著桌面，有時抬眼盼候下一輛車的來客。我在旁
> 觀看，心中升起一些難過，對她們，也莫名其妙地對自己。（67）

縱然際遇遭逢各不相同，但一般的記憶多是哀愁和寂寞，顯得壓抑也有些失
落，而他們最熟稔親近的歌舞祭典或許正用以慰藉平凡粗糙的生活，彌足生
命荒廢失落的空洞，就在族人唱和吟哦中得到共知共感的舒放：

> 歌裡唱詠的意思我原是聽不懂的，但那旋律如波浪，蕩漾襲捲，手
> 腳的牽連蹈踏更是坦白的傳情，一起交織著，觸動了一顆孤寂的心
> 靈，一個被僵冷的情思模式束縛而又缺乏親切的人文潤澤的我。我

因而似乎漸漸陷入一種酩酊的感覺，甚至於也忘了那感覺，只有身
體隨著節奏在擺動移走，並依稀體會到其中訴說的人的命，自由的
嚮往，愛與同情。後來我甚且相信，這些歌，這些舞，無非要化去
他們在人生歲月中隱忍著的哀愁和寂寞罷了。（113）

雖多帶著悲苦無奈，但其實也有自信和希望的存在，那是陳列在負責架設山
區吊橋的泰雅青年身上明白的，當看到他們身手俐落，大聲唱歌，賣力工作，
他們的臉孔是生活過的，那是令人感動的臉孔，他們是快樂認真過日的山地
青年，「從他們身上，我彷彿看到一種可欲的山中人的生命情調，一種如實地
接納自然、親近自然，並且不卑不亢地出入自然求生的生活方式」（68），與
其停留在主觀情感上的悲憫同情，不若換以能鼓舞激賞他們所努力追求的堅
韌生存意志，因為：

當他們如此這般地在傳統與現代的夾縫中努力呼吸著時，他們勢
必會有所疑懼。但這不是很需要介意的。人唯有在有知覺地活著，
在擔負和委屈之後所感到的迷惘和毅力中，才能顯出人之所以為
人的魅力。我往往在繁忙的市街和山邊水涯，看到他們這樣地活
著時顯露的令人怦然心動的臉孔。在我看來，他們的臉孔之所以
給人異樣的感覺，並非由於鮮明的輪廓，而在於其中所說明的生
之勇氣。（34）

因此，「讓陳列傾心的是什麼？是生活，是默默耕耘盡心盡力的生活。陳列，
幾乎以宗教般的情操信仰土地，信仰腳踏在土地上認真工作埋頭建設的人群」
（郭楓，1990.12：203），所以，這個充滿生氣的人間眾生是陳列頻頻回顧的
世界。

那段花蓮山中居的日子，繁富壯闊的太魯閣天地塑造了陳列對山水世界
的概念與情懷，帶給他一個嶄新的視野與關懷向度。陳列在山谷之間，「日子
就這樣過去，消磨在管山管水裡。並不固執要去做什麼事，然而想來也沒什
麼大後悔。晚上入睡前，閉目感受周遭的寧靜，我總是心懷感激。大自然如
此渺漠，卻又如此可親，和我息息相關；我無法也不願割離。在黑暗中，我
彷彿聽到了宇宙生命的呼吸和訓諭。我凝神諦聽。時間緩緩流過」（70），而
這般的自然山水天地就即將成為陳列生命中另一個無法也不願割離世界，他
的內心明白：

雖說看書寫字，其實，這種時候也並不多。人文的東西因人際遭遇
的減少而淡薄了，文字中的義理似乎也顯得不再那麼當然，甚至於

> 透露出和以往的認定大爲相背的意思。因此，我更常只是安靜地坐
> 著，什麼也不想，讓天地間那股龐大細緻的安靜沁入我的體内心裡，
> 或是無關經濟效用地在室外閒蕩，觀看風景，時而沒有主題地隨意
> 思索，體察一些短暫的感覺和意念。令我身爲感動和覺得親切的，
> 大多是些自然的事物。(57)

其實，山海映象在陳列的《地上歲月》時期尚屬醞釀階段，猶未全力發揮盡情書寫，因爲他在〈山中書〉與〈山谷之間〉裡，僅是將山居生活作爲置身大自然中寂靜情思的鋪陳，所重者仍在於山中人物悲歡的敘寫。而在〈親愛的河〉和〈我的太魯閣〉中，才開始初步對高山河流進行直觀的情感智識省悟，他提醒是河流充沛的水源潤澤了人們賴以維生的土地，因而人類的生命與文明甚可說是它所涵養和維持的，「在臺灣，人生存的歷史，河流也可以詮釋」(121)，河流當是人們生計中不可或缺的一部分：

> 在臺灣西部幾個廣袤的平原上，在蘭陽溪的泥沙沖積形成的蘭陽平
> 原，活生生的綠色生命蓬勃地生長著，依時季變化著種類和色彩。
> 它們是眞正養活了島上子民的依據，並且是在一九六〇年代犧牲了
> 自己培養起工業的保證。而這些土地之所以能一直保持著盎然的生
> 機，水是一項極大的因素。在這些田野間，除了作物和交錯的農路
> 田埂之外，最密集的就是那些大大小小的完全引自河流上游水庫的
> 圳渠了。(124～5)

除了生計，許多成長歲月中的幕景都以河流爲底，多數人在河流的同行伴隨下長大，在一幕幕交織著河水的甜美回憶中成長，河流延展的風光景色，「往往就這樣成了我們的一種親愛的鄉愁了」(129)。

　　另外，在太魯閣那片千古歲月所成的峽谷山林中，陳列所凝神諦聽的神秘宇宙的言語，訴說著大自然的孕育誕生，而那雄渾幽深的大山氣質，溫柔莊嚴的天地靈氣，令人不由生發出靜定安貼的心情：

> 我總覺得，那些山，在光影煙雲的烘托下，每一個分秒都呈現出絕
> 佳的姿色，豐繁多變卻又極其單純的美的姿色，而那種美是既完全
> 悄無聲息卻又暗潮洶湧的，是一種雄渾無限的氣勢，靜的奧義，大
> 自然生命深沈壯闊的訊息。那奧義和訊息，我隱約體會著，把握著，
> 然後回到室内，安心地看書，寫字。(136)

如此，便彷彿遠離了紅塵的憂傷爭執憤怒，走進一處寧靜得可以回首端詳自

己的地方。身處山林深谷所油然生起的戀慕情懷和心思空靈的感覺，是陳列所熟悉且珍藏的，因為那足以幫助他克服生活中的徬徨憂傷，能使他在漫天火光的人間社會中懷有一塊清涼的乾淨地。

　　但是讓陳列對大自然體悟思索有新的開展，能從先前單純的美感興趣轉入深刻的精神探求，與自然更顯親近契合的表現，則必須到《永遠的山》之書寫階段。因為那是他多次進出玉山園區，長期親觸高山裡的自然生態世界，當置身在三九五二公尺的玉山之巔，這是臺灣高山世界的最高處，是臺灣山系的心臟地帶，就彷彿是臺灣的源頭，而在這崇山峻嶺環繞的悠悠天地間，那磅礴壯麗的宏偉氣象開啟了新的身心視野，是一種遠離文明將自己交給自然的舒放，他說：

> 在每一次的旅程中，也許是當我小心翼翼地走過某個危崖碎石坡之後，也許是在某個疲憊踱步的小徑上，或是終於可以休息後的顧盼間，這些景致就那樣不期然地在我眼前呈現了，是一種深深的或溫柔或駭異的撞擊，而我的整個人便也忽地裡燦燦然豁亮，心神蕩漾恍惚間，人與天地好像頓時有了一種神秘的契合，感覺到一種難以言說的純粹的愛與快樂，彷彿覺得隱約捕捉到了一些特質了，關於美，關於大自然裡的生命奧祕。（1990：13）

就是高山世界裡的大山谿壑、天光雲影、草木植物、鳥獸動物，透顯著大自然的神秘奇偉秩序與生命強悍力量，不禁令人深深驚嘆，更進而體悟到一些華麗而豐富的生命意義。人與自然的諧和，在陳列探訪一處原始闊葉密林中有極為細膩的描述，那是一片鬱綠幽深生機蓬勃的世界，由喬木灌木蕨類地衣腐葉等所構成的一張龐雜神秘的密林網：

> 在這些層層疊疊覆蔭著的枝葉下，在猖獗生長的植物中間，我定定地站著，感受那宏深的寂靜。但我分不清楚遍佈在我四周的這種寂靜是魅力或威脅。我也不知道，自我心中冉冉升起的情緒，是感動呢還是恐懼。我只覺得，這寂靜，這些植物存在的樣子，以及從其中隱隱散發出來的一種既清新又霉腐的奇異氣息，一起進入我的心裡，讓我感到這整片原始闊葉林的偉大，以及神秘，而人，尤其是我這樣單獨的一個人，是渺小的，微不足道的。（49）

是大自然的莊嚴盛景，令人內斂沈思，讓人學習尊崇，使人安詳平靜，而這些都非人間社會所能體切感悟得到的。這樣的摸索啟發適足以回應人類在心

靈探求過程中的某些困惑疑慮，故此時之大自然已非止於生態之境，而是另一個精神心靈層次的學習，而陳列的自然書寫已達此境，正如他所說的：

> 自然除了是一種生態資源之外，更也是一種精神的資糧。對於人的心靈的萌芽和成長，自然景觀是一個極爲重要的塑模因子。它是我們的根。所謂「佳妙天成」，我們應該經常去看大自然中許許多多比任何人類所創造出來的東西都還美麗的東西，包括山、水、岩石、樹木、草葉、鳥的形貌、色澤以及氣味，面對著它們靜靜沈思，讓心安寧地休息，讓我們面對自己。（127）

因此，無論人間或自然，都是陳列用以探索學習的世界，也是陳列無法忘視捨離的世界，因爲堅韌的生活勇氣與強悍的生命力量，都在在吸引並感動著他。但每一次怦然心動的美麗記憶，往往伴隨的是令人深沈的傷痛，面對生存的艱難困境，思索自然文明的衝突，卻是無力解答的難題。

## 第三節　本土生態的自然觀察家──劉克襄

> 每一世代同科種鳥類的體內都擁有一個相似的基因，只要時間到來，這個基因便會爆發，刺激著牠們飛行出巡，按著祖先走過的天空奔馳，去尋找牠們的原鄉。這種鳥叫漂鳥。
>
> 我的父親曾經是。我也是。我們周遭的許多人是。他們的上一代與下一代也是。
>
> 《漂鳥的故鄉・漂鳥》

劉克襄（1957～），一個本土生態的自然觀察家，由賞鳥經驗到環境保育更至土地倫理的思考，長期執著於自然生態的人文追索，不斷深化關懷自然領域的可能，然而這樣的探求歷程，應當如陳健一所提的，「不只是劉克襄個人經驗，也是生活在臺灣土地的人歷經數十年來疏離土地、自然生命習氣，重新發現自然、體會自然的演繹歷程。畢竟，劉克襄觀察經驗和許多生長在臺灣的人一樣，從疏離開始，逐一摸索，漸次熟悉，甚至思考更深沈的自然文化等議題」（1998.10.12）；也就在那一篇篇充滿人文關懷的自然誌中，幫助我們對臺灣土地做更深層的認識，這樣的感動或如同是自然寫作者王家祥所言：「當我在閱讀劉克襄的作品時，彷彿只是土地透過作者的眼睛和思考在述說他和作者之間的相處互動」（1995.02.09）。

　　劉克襄，1957 年生，臺灣臺中縣人，孩童時曾夢想成為一個揚眉吐氣的棒球國手，也願意訓練自己變成一位橋牌高手，但卻在青春昂揚的大學生涯扮演一名疾呼吶喊的年輕詩人，第一本詩集《河下游》的著者署名：劉資愧，意寓資本主義慚愧，是得名於早年崇奉社會主義的革命青年父親，希企藉著嘲諷激進的政治詩篇召喚貼近父執輩的精神與理想，用以紀念那個心嚮往之的時代。大學畢業後入伍海軍服役，航泊海洋的行船生活，開始這段從海上出發的孤獨旅行，途中驚遇萬隻水鴨齊飛掩蔽落日的龐大候鳥遷徙盛景、偶見全身黝黑鳥屍漂浮沙灘的謎題，以及親睹察見各個島嶼的海鳥棲息，於是為他開啓生命中的另一個窗口。

　　1980 年秋天在澎湖測天島與候鳥結緣，自此劉克襄找到一個生命的出口，觀鳥成為孤寂生活中的恆常秩序，望遠鏡裡的天地成為眼睛中唯一的世界，他稱這是自己的「火種」被點燃了。儘管從海上回到陸地，退役後的劉克襄重新回到人的現實社會裡，報社編輯工作卻無從安心，面對疏離茫然的生活自覺格格難適，於是「火種」再度點燃。因為逃避，所以進入山野海岸，將二年來到處旅行觀察鳥類生態的體驗寫成 97 則札記，1982 年完成他的第一本自然寫作《旅次札記》；從漫遊賞鳥到定點觀察，其後劉克襄更在計畫寫作下完成了淡水河下游的四季水鳥調查，觀測的地點分別是沙崙河口、竹圍紅樹林、關渡沼澤區和中興橋河段四個地方，將一年來的觀察記錄整理所成《旅鳥的驛站》，不同於《旅次札記》的模糊賞鳥興趣，他開始嘗試以知性旅遊的認知與軟性調查的態度，「在表面報導與硬性調查間，尋求折衷，以深入淺出的方式撰述」（1984：72），表現出較為成熟客觀的創作成績，此寫作歷程的轉易也為日後他在自然寫作的突破創新奠定了堅實的根基。

　　隨著長期定點觀測紀錄水鳥種類數量所延伸而出的，劉克襄也必然注意到整體環境地景的生態變化，「親眼看著關渡沼澤區在自己旅行的時日裡逐次步向毀滅，漸漸地也發現自己對現有社會處理生態環境的態度充滿隱憂」（1985：197）。從鳥類棲息行為的觀察到環境四季變化的關懷，此番意義更顯重大，正因為這個令人憂心沈痛的發現深深震撼他的內心世界，讓他無閒再藉賞鳥逃避世俗，反是感到肩負著莊嚴的責任，必須將旅行中的經驗化為文字做為呼籲去影響別人。就在這樣強烈的反省自覺下，劉克襄以更為積極參與的創作態度，寫出《隨鳥走天涯》（1985）、《荒野之心》（1986）、《消失

中的亞熱帶》（1986）、《自然旅情》（1992）、《偷窺自然》（1996），從這幾本著作中可以清楚看見他的觀照視野正漸次放大擴展中。

　　或因感於自己立處於現今時空中從事自然保育所努力的一切，不禁讓劉克襄亟欲探測過去前人所積累的成績，於是他一度將精神擺置於認識百年前的臺灣山林風土，大量蒐集整理十九世紀西方探險家與日據時期博物學者來臺遊記的種種資料，譯介編撰有《探險家在臺灣》（1988）、《橫越福爾摩沙》（1989）、《後山探險》（1992）、《深入陌生地》（1993），強烈表現出與歷史縱深聯結的企圖；並在此基礎延伸出他個人的行旅記錄《臺灣舊路踏查記》（1995），帶著人文關懷與歷史視野進行臺灣舊路的探查；也發展出晚近他所積極倡議的綠色旅行，以自然觀察的熱情走訪臺灣各地的地理環境，鐵道鄉野小鎮成為他行旅的重心，寫出《快樂綠背包》（1998）、《北臺灣自然旅遊指南》（2000）、《安靜的遊蕩》（2001）、《迷路的一天，在小鎮》（2002），意欲傳遞一種兼具人文精神與自然體驗的旅遊精神。然而，除卻前伸進歷史紀錄探求的境地外，他也不忘在紮根於未來，「我想扮演的就是童話裡那個吹笛人，設法用美妙的笛聲，把孩童們帶離城市」（1992：10），所以他為下一代的自然教育繪寫有《山黃麻家書》（1994）、《不需要名字的水鳥》、《鯨魚不快樂時》、《豆鼠私生活》（1996）、《扁豆森林》、《小鳥飛行》、《草原鬼雨》（1997）、《望遠鏡裡的精靈》（1997）、《綠色童年》（2000）等書。

　　雖延伸至其他領域的關切，但他並未曾忘記引領自己進入這片自然生態的鳥類，用心蒐羅整理臺灣早期鳥類研究的相關史料，撰寫成《臺灣鳥類研究開拓史1840～1912》（1989），為同是喜愛鳥類的讀者提供一重要背景文獻；而在自然觀察的突破上則是寫出小綠山系列，《小綠山之歌》、《小綠山之舞》、《小綠山之精靈》（1995）三書，除延續定點觀察的要求外，更發展出現實性觀察與基礎性調查的精神，同時將觀察物種的觸角延伸開展為整體互動的生態視野，儼有擴大版圖伸至博物誌的雄心。

　　在二十多年的創作生涯中，劉克襄的創作成績斐然，不斷的創新與突破，一直引領自然寫作開闢疆土的可能性，這分嘗試的動能或許恰如他對自己被稱封為「鳥人」的認識一般：

　　　　「鳥人」的工作將如樹之年輪的生長，輪線將隨時間的遞增而離軸

　　　　心愈遠，也愈曲折，這樣也正足以證明樹的益形茁壯。

　　　　沒有一條輪線是相同的，正如沒有一次旅行的心情會相仿。我還有

繼續的賞鳥生涯。（1985：198）

而這也就是他不斷擴展、繼續前進所懷抱的終生心志。

## 一、舒緩心靈的美麗世界

> 在一個島嶼型的國度裡，一個急著要跨入開發中國家門檻的社會
> 中，人與人之間會激烈競爭，會壓得喘不過氣是必然的事。相對的，
> 人人要求維持一個美麗小世界，尋求緩和心境的需要，也會愈來愈
> 迫切。現時，我們已開始渴求一個舒解的空間，希冀一個適當的休
> 閒活動，藉以減輕物質商業化的強勢壓力。賞鳥活動正好符合。它
> 也是這種激烈轉型期體制下的命定產物之一。我們現在需要，將來
> 也更爲需要。
>
> 《隨鳥走天涯・鳥人》

　　劉克襄曾將自己最初的賞鳥經驗喻爲孤獨的旅行，從初識鳥種的興致引
發到辨認工作的困難重重，以及行旅山林間的落寞寂寥和人間世事的干擾斷
裂，都讓他在開端的賞鳥記事《旅次札記》中充滿了憂鬱感傷的情緒，這是
因爲他原出於觀照自己而旅行。就在這段旅行即將結束之刻，身立大肚溪口
觀看海鳥飛起飛落之景時，他內心的觸發卻是：「岸鳥的一切只是爲覓食、爲
遷徙而生存。遵照大地萬物自然法規，因襲循環，原始單純，節制而合理。
島上的人生活就無法這樣了，過多歷史的背景駄負著，積壓下來是複雜又氾
濫，且寧可遵照反自然的方式設法生存」，並深深體悟到「站在島嶼的邊緣，
最後所能觀照的剩下自己。……只有觀察鳥時，我才感覺安全。觀察人卻不
行了，牽連太多，我恐懼。面對海岸，大海湯湯，島嶼愈小。裡面的事卻日
益增多，我的確害怕」（1982：213）。因爲他知道自己旅行於山野海岸只是爲
了逃避，逃避錯綜複雜的現代工商社會體制，企圖藉賞鳥平衡自己，刻意隱
身躲藏於那個美麗小世界之中，尋求舒緩的空間與心靈的平和。

　　原本服膺賞鳥名家羅格・托利・彼得森（Roger Tory Peterson）對賞鳥人
的看法，「在這一個惡質時時攪擾我們的世界裡，賞鳥只是一種逃避，逃避矯
揉造作，返歸於眞璞」，劉克襄在獨自刻苦完成淡水河下游四季水鳥觀察的定
點旅行後，開始有了不一樣的想法。因爲他在長期的賞鳥經驗中，發現「觀
察」活動所獨具的意義與精神，他表示：「依我自己的賞鳥經驗，鳥類只告訴
我們特異的棲息方式，觀察過程卻教導我們認知的方法與途徑。透過觀察，

我們學會的也不只是認識鳥種，或者熟悉周遭環境，因為觀察本身即屬於客觀、消極性的行為，這時他額外提供一種多數人已忽視的行為」（1986：128），這珍貴而極易被人忽略的價值就是：

> 觀察必須等待，等待必須耐心，這一串關係，往往促使人認識自己
> 在自然界中所扮演的角色，認識自己原本具有的原始性，重新獲得
> 對其他事物的關愛。藉由這種行為，人也會發現自己更深層的一面，
> 從而培養一條嶄新的思路，透過來自外在環境的壓力，建立個人的
> 一套思考方式。（1986：128）

這個發現對自我認識的意義或許遠遠超過所觀察記錄的鳥種數量，當然也就是在這樣的覺醒下，才會出現劉克襄在《旅鳥的驛站》序文中所提到的：「我承認，這一年的旅行是有生以來心靈衝擊最大的一次，我已脫離兩年前撰寫《旅次札記》的心情，不再藉賞鳥逃避世俗，獲取身心的平衡。從認知到關懷，進而追求贖罪的心情，我已深深體會，一種個人消極行為與自私的誤謬。任何人對待這個身處於中的社會，都有主動的義務，在生活中做某種犧牲」（1984：72）。

因此，他決定回到世俗，以唐吉訶德式的精神投身回去，扛起一個莊嚴沈重的責任，試圖將自己的旅行經驗透過文字報導，提醒別人注意自己周遭生存的環境，「讓生活於這塊土地的人了解，讓生於斯，老於斯的人明白，我們的自然環境如何地運動著」（1985：64）。這樣的心路歷程轉變，就如同劉克襄在《隨鳥走天涯》的後記中所表示的，回望自己漸次踏入自然觀察的省思裡，在大甲溪行走的《旅次札記》階段，「那時只抱著逃避世俗文明的心態，鎮日浪漫於自我設定的旅次，周而復始的跋山涉水」，到了在淡水河下游四季鳥類的長期定點觀察《旅鳥的驛站》階段，「這時親眼看見關渡沼澤區在自己旅行的時日裡逐次步向毀滅，漸漸地也發現自己對現實社會處理生態環境的態度充滿隱憂」（1985：197）。這未曾期待回報的旅程卻帶給他極大的生命力量，得能在繁複人世中找到自己的立足之地，可以盡心盡力。

劉克襄雖從賞鳥這個觀察小點出發，但他所觀照的視野卻十分的寬廣，他以觀察紀錄、報導抗議到教育倡導，不斷地擴大他的參與層面，有社區生態環境的認識、自然步道的走訪、綠色旅行的倡議、都市空間的經營，以及地方自然誌的建立等，都是他漸次擴展的關懷領域，然而這些不同領域的關懷都是基於自然生態的人文思考，強調人與自然的和諧共存。關於這點劉克

襄也曾表示過：

> 做為一個賞鳥者，他本身就試著以人道、和平的立足點出發，透過
> 鳥類的觀察，他看到的不只是鳥類的世界，他看到的是一個自然的
> 萬物世界，與人密切相連的環境。（1985：65）

不僅如此，他更同時認識到人的重要性是在於對自然的責任，而這也是向陽
在為他第一本文集《旅次札記》所寫的序文中亟欲點醒讀者的，劉克襄不是
一個單純的賞鳥者，「在他的視野裡，鳥或許只是一種象徵，他的望遠鏡頭對
準的是天空，而出現在他的筆尖下的，則是影響天空的本源——站在大地上
的人類」（1982.06：3～4）。劉克襄也坦言在自己的賞鳥經驗裡，往往不免將
人類與鳥類的境地互相比擬，牠們的存在正是人類生存的重要指標，對同是
兩腳站立的我們而言：

> 水鳥與沙丘在淡水河北岸所構成的海岸世界或許不是我們必須瞭解
> 的，但百萬年前我們的始祖是從那裡走出來，有一日我們也將回到
> 那裡。這是一個和諧、衝突和變化不息的所在，一如人類某種型式
> 的社會。我們曾花過大部分的時間在非自然的進行各種工作對待
> 它，現在是反省的時候了。我們有必要去瞭解。自然的深入研究將
> 是生活環境和平的基礎。（1985：150）

賞鳥，「經由這個對環境無積極侵略性的活動，重新在我們與自然間搭起一座
橋樑，做為我們關心周遭的基礎。更進而嚴肅地維護每一種自然界的物體，
提升我們生活環境的品質與尊嚴」（1985：98），是這樣的信念與堅持，讓劉
克襄成為一個身負重大使命的真正鳥人。

## 二、賞鳥血統・自然旅次／臺灣本土生態踏查記

> 全地球位於北回歸線的島國只有一個，那就是我生長的地方臺
> 灣。……！
> 這幾年，我旅行海岸或森林時，所觸目到的景象仍是瘡痍橫陳，如
> 今甚至比以前更壞。海岸不僅越來越髒，森林也逐漸縮小。就自然
> 生態環境而言，這是一個正在迅速消失中的亞熱帶島嶼。這更是我
> 長久以來的噩夢。
>
> 　　　　　　　　　　　《消失中的亞熱帶・一九八○年的自述》

劉克襄的自然寫作是從賞鳥觀察記錄開始的，隨著他旅次的前行邁進而漸次

發展出多方位的省思，一分未刻意自覺的土地關懷不斷滋養生長，終至蔚然博觀。從追索自我尋求生命意義出發，到發現自我存在的價值與責任，一個值得且必須的關懷領域正等待他投注心力，他也以超越常人的辛勤努力深情地注目自然萬物景象，那是一個與我們息息相關卻總遭遺忘的自然。然而他的注目始終流連徘徊在臺灣這塊土地，若說自然原該是無國界無邊境的，但在這個風鳥南飛北返的遷徙要站，也就是他生長的地方臺灣，成爲他賞鳥旅次中的天下第一驛，「當許多靠海國家開始積極進行海岸、沼澤的保育措施時，臺灣若依舊是一片自然保育的廢墟，風鳥在整個地球的遷徙路線上，猶如在中間斷折了。長此以往，風鳥便是在這裡飛向天國之驛，不是飛往家鄉或避冬區的路上。我的故鄉就是這樣的難關」（1986：86）。

我們都知道劉克襄早期的作品幾乎環繞在賞鳥觀察的主題上，並未出現一般散文多以人物爲重心的創作模式，此時的他急欲拋除人世的一切，只專注賞鳥，記錄觀鳥的一切，識或不識，知或不知，只是純粹地記下他所觀察到的世界。而在這個世界裡唯一剩下的人是自己，因爲他原是從觀照自己而出發，所以當他在春天的大肚溪口遇見一隻貼海飛翔的鷗時，要問的是：「這一季的黑脊鷗，聽說仍然棲息北海岸，唯獨他出現大肚溪口，好像我一樣，不知他來做什麼，尋求更適合的環境？或者只是逃避」（1982：79）；當他置身深山夜聽黃嘴角鴞的噓鳴時，不禁想到的是：「自從退伍到報社當編輯以後，每次回到家寫稿，也是五點上床。黃嘴角鴞是爲了獵食，我爲了什麼」（1982：100）；而當他趕路於深山濃霧中，面對登山人問山鳥是否怕霧的疑惑時，「沒有依據，我答不上來。感覺就是，我說。就像我，一樣害怕迷失霧裡，除了鶇科之類，很少鳥種喜歡陰濕的」（1982：203）；而當他在春天三月看著岸鳥北返時的心情，卻是「田鷸返家，有路可循，我卻無去處」（1982：213）；這些觀鳥旅次的點滴心情，零散片段地出現在他的紀錄裡，若說最具形象表現鮮活靈動的一次，應屬劉克襄在中彰大橋看見蒼鷺飛翔的經驗，那試圖搏飛的毅力令人深思：

> 我也發現了蒼鷺，我們島上最大的鷺鷥，正飄在天空。我只能用飄形容。這時海風高達八級，蒼鷺想越過大肚溪，正與海風爭執不下，彷若風箏，結果越飛越退後，過了兩三分鐘，只好停在小水鴨群中憩息。……在八級的海風吹襲下，中彰大橋已沒有人跡車輛，釣魚人早已離去。橋下也是，洋燕不見了，除了八隻西伯利亞來的環頸，在沙洲追逐，遺留一排爪跡，大地空曠茫然。

第四章　標舉本土的臺灣經驗那隻蒼鷺再度試圖起飛，終於被海風吹回原來出發的地方。我收拾裝備，騎上單車，努力的迎風渡橋。

大肚溪南北兩岸，寒流海風的立冬裡，只有我在移動。（1982：46）得以見出在這個階段的劉克襄是憂鬱的，正如同向陽爲他寫的序〈憂鬱冷靜的外野手〉裡所提到的，不管是對於臺灣鳥類存亡的擔心，或是對於都市工業化下生態破壞的顧慮，甚至是對於繁瑣人世的無奈，關於「這種關注態度及寫作手法，我們不一定非得把它強調成作者的使命感不可，如果仔細來看《旅次札記》，它倒更該是作者劉克襄的生命觀或生活態度，由此出發，作者以二十餘年來生於茲長於茲的身分，表達了他對鳥類，以至生態、人世的看法；也由此出發，作者刻意強調眞我的痕跡依稀可見」（1982.06：8），的確，生命態度應是作者此時所思所想的一道人生大題。

雖則劉克襄在《旅行札記》的末篇〈最後的旅行〉中曾表示已疲憊於這種兩天一夜的旅次，疲憊是出自於悲觀，「今晚返回城裡，會準備離開這種生活方式，畢竟是脫離常軌的行爲。到了一九八〇年，臺灣仍不停前進，這種觀念注定失敗，我要改變孤注的心理」（1982：215）；但可喜的是事後他未曾離開，反是以唐吉訶德持劍的壯烈身影重新出發，完成《旅鳥的驛站》的定點觀察記錄後，劉克襄宣示著自己將抱持強烈的信心，「在未來繼續的旅行道上，從每一個定點裡，我會時時提出抗議」（1984：73）。

至此刻他已不能只是單純的賞鳥，他無法只是成爲一個優秀的賞鳥者，只從賞鳥過程中產生愉悅與憐憫的心情，「我知道自己是做不到的。我只瞭解，我已不再是只會逃避一個惡質時代的賞鳥者，正在學習時時抗議。我的抗議也必須有證據，這個證據必須經過長期觀察與記錄，再完整的呈現出來」（1985：58）只有觀察才是積極的瞭解，也才能談得到保護，就在一次次的深入觀察裡，鳥的世界曾給過他最沈健穩重的感動，他在基隆河河口沙洲處守候近五個月，等待和濱鷸族群的近距離接觸：

> 在這次最接近的觀察裡，我第一遭清楚看到這群水鳥的眼神。每一隻濱鷸的眼神，充滿著陌生、不馴與無可言喻的神秘。對於賞鳥人而言，眼神是鳥最生動、也最無法觀察的地方。拍攝野鳥的人也以抓住它的眼神爲第一要素。
>
> 這也是我第一次強烈感受牠們身上散發出的光澤，從來沒有見過如

> 此純然灰褐的色彩。這種平實的灰褐一直是牠們忍受酷寒、免受敵
> 害，保護牠們從北方千里迢迢抵臨的顏色。灰褐代表了安全，也象
> 徵著遷徙、旅行、流浪冒險的顏色。這種顏色不是底片或是顏料所
> 拍攝、渲染得體，完滿表達出來的。（1985：49）

而在〈沙岸〉這篇長文中，則是劉克襄以前後斷續滯留兩年的時間，對淡水
河河口的北岸沙崙，在這個水鳥過境西海岸的第一要站觀察，以春夏秋冬四
文表現沙灘四季嬗變的情形，當水鳥過完冬季補充能量積蓄脂肪的憩息，在
起風時日他眼送避冬水鳥——北返時，心裡想著是：

> 這是什麼樣的返鄉心情呢？每年固定往返一次，是否與人類的感受
> 相似，或者更加沈重、嚴肅，同時帶有某種使命與生存的涵義。我
> 想是的，而且更令人感佩。在這種返鄉過程中，牠必須面對迷途、
> 失蹤、死亡等未知危險的壓力，沒有一隻水鳥能夠知道，當牠這回
> 再出發是否能安然抵達目的。但牠們還是毅然地本能選擇了這種旅
> 行，將生命交付大自然去判生死，將命運託予未來去決定。只等梅
> 雨時節到來，勇敢的展翅拍撲，奮力升空向茫然的大海投去。（1985：
> 129～130）

感動得愈深自然抗議也就愈重，原是為離開人群才投入鳥類世界，但終究會
因為關懷而返身觀看人類的世界，這是一條極其自然的道路，因為事實上讓
人嘲諷的是未有人煙才是安全所在，故在多年的賞鳥經驗下，劉克襄發覺「贖
罪感的帶入才有可能使目前的賞鳥活動提升，進入另一個比現階段更有生氣
的領域」（1985：136），他不談污染公害的表面問題，而是著重於四時變遷與
水鳥活動，透過這些自然生物的觀察，來瞭解我們所面臨的生活環境，「自然
的深入研究將是生活環境平和的基礎」（1985：150），環境破壞污染的這類嚴
肅問題的思索與呼籲，也漸次地進入劉克襄的生態寫作中，一篇篇明示暗喻
的文章是他的憂心，因為他明白若不及時挽救，未來可能發生的悲劇：

> 往昔，水鳥神秘的遷徙行為以及按時南北漂泊的生活一直使我著
> 迷。完成觀察後，看到原本要設立保育區的沼澤繼續遭受破壞，我
> 好像是做錯了事一樣，再也不願去涉足。幸好還有溪澗可以慰藉，
> 只是它又能維持多久？我的同胞們最懂得利用自然的一草一木了，
> 總有一天牠們也會完全開發這裡。與鳥一樣，我將被趕得無處可去。
> （1985：87～8）

選擇這個並非易事的身分——真正的鳥人，劉克襄用賞鳥記事來記錄自我追尋，也用賞鳥記事來思索人類未來，兩者所交織而成的土地倫理自然保育觀念，則成為激盪碰撞下最熾烈燃燒的火光，它不僅點燃劉克襄一人的火種，相信也同時點燃許許多多隱藏未現的火種。之所以能如此，正因為這分莊嚴沈重的責任本屬人群，亦恰如劉克襄對自己賞鳥的終極關懷所喻之言：

> 我的賞鳥血統正像河口的小玉石礫，它來自兩個不同的源起。小玉
> 石礫係躺望在海底盆地的邊疆，在冰雪山域的遠方。那裡是人群與
> 鳥群的交會區。（1985：198）

自然旅次，是劉克襄在賞鳥觀察記錄的同時所漸次培養的習慣，寫作初期它扮演著配角身分，只是隱身於賞鳥活動的底層，並未被刻意凸顯出來，然而隨著關懷自然視野的擴大開展，來自於旅途過程的整體思考則躍升為敘述重心，因此自然觀察旅行便成為劉克襄後期寫作的主要表現。從定點旅行、知性旅行到綠色旅行，他不斷嘗試自旅途中學習的可能，也努力豐富旅途所蘊藏的內涵，其中人文精神的強調則是前後一貫的堅持，因為如此，所以他願埋首整理編譯百年前先人的行旅記事，而在同時他也以身親歷來自於旅行薰沐的體悟，這些都是他用以親近自然瞭解自然的方式。在他的自我經驗下所亟欲提醒的是：「我們必須在野外，在與自然直接面對時才能洞察。也只有這種接觸方式，才能與自然產生不可割捨的感情，從而瞭解人的心靈與自然如何溝通和諧。這種和諧的感情是永遠、莊嚴的。在大家漠視的生存環境下，我們已愈來愈難取得與自然親近的機會。這也都是我們自己主動放棄」（1985：67）。

在二十多年的行旅記事中，劉克襄的觀察角度當然不斷地變化與調整，我們能從他在後期旅行寫作多樣化的表現看出這分努力，甚而他在晚近出版的《安靜的遊蕩》序文中提到，旅遊是什麼？「春天時去攀岩，只是去看一種叫守城滿山紅的淡紅色杜鵑花。油桐花開時，想要搭平溪火車，從終點站慢慢回來。去雙溪車站，只因為想搭上一次藍色的平快車。……」（2001：4），關於這些推翻過去舊有的旅行思維，他只是自答：

> 為什麼會這樣？我已無法理性地敘述這種情緒，那似乎是一種生命
> 裡最本質的需求，中年生活的寫照。我習慣藉著遊走山水安撫自我；
> 也藉著這樣持續年輕。（2001：5）

對劉克襄來說，每一回的旅行地點與旅途過程，縱有萬般變化與感受，但不

變的是他始終踩踏在臺灣這塊土地之上，二十多年一直如此。喜歡賞鳥旅行，在〈隨鳥走天涯〉中，面對賞鳥同好的美國友人辛普遜船長提議，「反正你們這塊地已無可救藥，還不如跟我出去，咱們到處看鳥去」，劉克襄明白自己「只是對這裡的鳥，心裡有一分說不出的感情，牽掛也多了點。我還是不敢太早遠行，真的，再也不敢奢言說要到那裡去了」（1985：27～8）。當然也曾遇過有人不解地探問，「你為什麼不去去歐洲、美國？那裡鳥很多」，他嚴肅而認真的回答：「我沒有興趣。我想觀察和記錄本土的鳥，比較有意義」（張文翊，1988：2）。對於這些，劉克襄在一次訪談中就提及，從不曾後悔當年放棄出國讀書的機會，作出選擇留在臺灣做自然觀察的決定，「我慶幸自己親眼看見了並參與了臺灣十年來自然生態保育運動的發展」（項秋萍，1996：166）。他將自己的能力和興趣全心用於自然的付出與負責，因為：

> 每一個年代也應有每一個年代的自然認知，與尊敬方式。一九三〇年代鹿野忠雄的長期高山旅行，一八六〇年代史溫候的搭船環島探查，都是我畢生的夢想。這個時期缺乏這種觀察環境與氛圍，我也無怨尤。只想擁有與他們一同的心靈，將眼光落在這塊島上自然生物的生息，攜著新的視野，反芻他們的探查。（1992：101）

因為賞鳥旅行讓他認識自我，讓他發現生活的土地，也同時激發出他對這塊土地的疼惜珍愛，用臺灣本土生態踏查記錄書寫這一切。

## 第四節　達悟黑潮的海洋朝聖者——夏曼・藍波安

> 我深深的體會到，有很多的智慧是從生活經驗累積下來的，而生活經驗如是一群人共同努力建構的話，那便是文化。蘭嶼島上的族人在如此之環境下，共同堅守屬於這個島上的生存哲理，孕育出了獨特的——達悟文明，這些年的失業（刻意的）為的就是企圖想要探索祖先們與大海搏鬥時，對於「海洋」的愛與恨的真理，而這樣的探索，在與耆老們談論共同的海裡經歷與經驗交換時，發現他們的長年勞動的生活哲理在面對我微笑的同時，卻是如此地令我感動。男人們的思維、每句話都有「海洋」的影子，他們的喜與怒也好像是波峰與波谷的顯明對比，倘若自己沒有潛水射魚的經驗，沒有暗夜出海補飛魚，沒有日間頂著灼熱烈陽，體會釣 Arayo（鬼頭刀魚）

　　實貴經驗，那是不會深深迷戀海洋的，沒有這樣的愛戀，就不會很
珍惜自己民族長期經營的島嶼，包括文化。

《冷海情深‧關於冷海與情深》

　　夏曼‧藍波安（1957～），一個親體達悟文明飛魚文化的海洋朝聖者。從退化的雅美人到真正的達悟勇士，是洶湧浪濤溫柔水波洗淨了他被漢化的污名，而這段蒙塵沖刷的生命歷程，也正是他深入自己民族文化情感的探索經驗。重回蘭嶼，回到母體文化的懷抱，傳統生產技藝的勞動實作，部落耆老智慧的經驗傳承，都在在讓夏曼親體特屬於達悟男人的原生價值。不僅是學習更在於延續，一篇篇充滿海洋氣味的作品，是夏曼為了實現一個有希望的夢，企圖營造族群自信再生的泉源。誠如原住民學者巴蘇亞‧博伊哲努（浦忠成）所指出的，那是意圖透過民族文化的追溯與實踐過程，以文學呈現民族獨特的價值與行為，積極建構足以使其他族群得以接近的文化符號系統，其中有嚴肅的責任取向，而來自人之島的夏曼似乎就依偎在這樣的主軸線之間（2002.07：10）。

　　夏曼‧藍波安，1957 年生於蘭嶼，童年時就同島上多數達悟孩童一般，在迎接承載豐富物資的臺灣船時，內心有著無限的嚮往與憧憬。國中畢業的夏曼終能如願地踏上臺灣土地，十六年求學打工的異地生活，頭頂著強迫按上的漢名「施努來」努力生存，雖盡心卻未能如願出現他曾經編織過的夢想與理想，流離不安穩的日子總縈繞著一分滯居都會邊緣謀生的徬徨無助感，這讓臺灣天堂的童年夢碎了。在臺灣的十六年是段非常痛苦的經驗，「黝黑的皮膚、明顯的番仔輪廓，儘管糾正自己原住民的口音，學習正統中文，這種迴避原住民身分的努力，仍功虧一簣；蘭嶼孩童的夢變成矛盾、幻影，最後令我迷惘、徬徨了」（施美惠，1999）。而同時就在他親身參與原住民抗爭運動的過程中，深感於自己對族群母體文化的遠離生疏，因此帶著反省自覺重回蘭嶼，回到那曾撫育他成長茁壯的地方，也是回到達悟族人真正生活的土地。

　　1989 年回到蘭嶼定居的夏曼，開始嘗試學習潛水射魚伐‧木造舟捕撈飛魚，勇敢接受海洋的考驗，親身實踐做為海洋民族一員的傳統生產技能。當他恪守飛魚季的一切信仰禁忌，同享全村族人因飛魚所帶來的興奮喜悅；當他獨自奮力釣起生平第一尾 Arayo（鬼頭刀魚），得到部落耆老們最神聖的祝福；當父親主動邀他上山伐木合力完成一條屬於自己的船時，當族中長輩准

允他參與建造飛魚祭祀神祇大船的重要工作時，讓他親身體會造舟困難與驕傲的磨練，都是認可他成爲達悟勇士的直接讚賞。從海洋棄嬰到海洋之子，夏曼終於徹底褪去「退化雅美人」的污名，成爲長輩心中「最愛海的孩子」，而這也是他回歸部落後最大的成就。是十餘年的家鄉眞實生活，給他重新認識肯定自己族群文化的機會，讓他「復活」，讓他活得更自信而有尊嚴。就是這分對文化的自信尊嚴成爲夏曼努力創作的激發動力，他希望爲世居蘭嶼的達悟人傳授祖先在這個島上生存的生活經驗，並矢志終身成爲雅美文化的實踐者與繼承者。

　　1992 年夏曼出版了《八代灣的神話》，這可說是他傳續達悟文化的第一步，書中以族語思維漢文書寫的方式，講述了關於雅美人捕魚築屋種芋等主要生活技藝的神話傳說，「故事裏有了詩歌，有了雅美曆法的知識，有了祖先的歷史演進，增加了許多雅美人應該了解的傳統知識、生存技藝等等」（1992：2）。而在 1997 年的《冷海情深》散文集中，則完全表現他個人回歸母體文化的省思歷程，在海洋的滋養下，他脫離困頓徬徨重拾自我尊嚴的生存意義，從施努來到夏曼・藍波安，那是一段蒙塵到清洗與再造的生命軌跡。而 1999 年的《黑色的翅膀》是以飛魚迴游的亙古宿命交織著少年與海洋的愛戀，訴說著飄泊異文化的情愁，此書獲得當年吳濁流小說首獎。而夏曼的近作《海浪的記憶》，則獲得 2002 年時報文學獎散文推薦獎的肯定，書中除延續《冷海情深》的創作精神外，更擴大思索整個達悟民族依存海洋共生的文化價值，那是人與海洋相依相惜永無止境的深情對話。關於夏曼作品的書寫情懷其實就如他自己所說的，大海是我的教堂，也是我的教室，創作的神殿，海洋在引領著他的靈魂。

## 一、母親的島嶼，回到原點是非常重要的起點

> 無論是否有射到魚，只要泡在海裡一、兩個小時，我便非常的高興，
> 滿面喜悅，彷彿凡事皆順暢無阻，在那一天夜晚，有如此之感受，
> 是這四、五年來不斷潛水射魚與海洋建立起來的無法言喻的特殊感
> 情。海，固然是世上最無情的實體，但也是人類最珍貴的朋友。如
> 此兩極化的心靈感受，對世居在蘭嶼的達悟族而言，小島的生活，
> 祖先累積的與海洋之情感的流動，猶如狂傲的急流未曾在達悟子民
> 的血漿內凝固死亡似的。

> 《冷海情深・無怨……也無悔》

　　原點，壯年夏曼的原點是達悟族人世代共同生活的蘭嶼，是長年相依生
存的海洋，當立足在此原點之上時，他才能自信尊嚴地延續達悟民族的文化
傳統。當決心回到母親的島嶼，重拾一切部落傳統生產技藝，謙卑地學習做
一個真正的達悟子民，逐漸生活在母體文化之內的夏曼，曾形容那就好像胎
兒般地吸吮母體的養分，努力充實茁壯自己。

　　去臺灣唸書，是許多達悟孩童所期盼等待的，也是完成童年夢想的第一
步；對於五○年代戰後出生的雅美新生代而言，當年滿載物資的臺灣貨輪所代
表的意義就是：「臺灣真是天堂，蘭嶼卻如監獄」，所以他們帶著夢想奮勇地
飛向臺灣。然而經歷多年的外地求學謀生歲月，最後得到的卻是被漢化的污
名，讓他們成為部落耆老們口中的「退化的雅美人」。夏曼當然也走過這段達
悟子民追求易碎夢想的艱難徬徨過程，青春盛年原該是承繼傳統文化勞動生
產的黃金歲月，但他們卻選擇離開族群母體文化的教育薰陶，而致日後嚴重
喪失原始信仰的氣質與尊嚴。這種與母體文化隔絕陌生的普遍現象，卻在他
們省思自我存在意義的需索下，獲得重新正視的契機。

　　1984 年，「臺灣原住民權利促進委員會」開始推動臺灣原住民民族運動，
並廣泛地獲致各族原住民知識青年的支持與努力，而夏曼也在這樣的社會運
動風潮中走向達悟族追求自主的道路，積極參與反對核廢料儲存蘭嶼的抗議
活動。然而當時這些原住民抗爭運動並未能得到相對顯著的重視，一部分固
然是外在政治經濟力量的強大壓制，但另一更為重要的原因，則是來自運動
推動者本身的因素，因為這些各族知青多是自少年時代即被切斷了母文化孕
育，外地求學滯留都會謀生，以致除血統身分外早與母文化間存在著巨大斷
層，致使運動訴求面臨無法避免的空泛現象。因此，對自我的反省與追尋，
重新認識自我民族的意義和價值，或許才是一切開始的基礎。「我，到底是什
麼？」，三十二歲的夏曼選擇返身回到蘭嶼，「回到原點，是非常重要的起點」、
「我族群的文化底層就在這裡，這些在都市中是學不到的」（施美惠，
1999.12.22）。

　　對於夏曼從臺灣回到蘭嶼的自省，關曉榮認為這個重大的決定大概涵括
了雙重的意義：

> 其一是在臺灣現代商品經濟的維生困境與挫傷中，尋找存在於母文
> 化自然經濟中的力量。其二是從日漸老邁凋零的父兄身上，追尋少
> 年時期被斬斷，日後蒙上污名的母文化精髓，從中學習並吸吮它獨

特的滋養，從而清洗污名重建人的尊嚴。(關曉榮，1997.05：7)
在困境與挫傷中，回視母體文化的異質，或許才能學會真正誠摯珍愛所擁有
的傳統價值。尋找母文化自然經濟中的力量與學習母文化的精髓，嚴格意義
來說是一體兩面的，因為在達悟族人特有的生存勞動方式中，潛水射魚、伐
木造舟、捕撈飛魚等傳統生產技藝，不僅用以累積有形之財富，也同時代表
著無形的族群社會地位，更為重要的是夏曼透過這些傳統勞動生產工作的親
身體驗，所探討的是族群文化的文明過程。

因為海洋是達悟男人從事生產的場域，有海洋才有達悟族，所以對於達
悟男人而言，「海面永恆波動的波紋宛如他們腦海裡的腦紋，記載著模糊朦朧
的祖先的祖先之神話般的故事，以及他們這一代過去的盛年歲月、與海浪搏
鬥的永恆記憶」(2002：46)，也可以說是海洋孕育了島上的族人，他們的民
族存續甚而文化積累都深深地與海洋相接，因此若是離開這個勞動生產場域
便無法理解及解析達悟部落耆老們的知識系統，就如孫大川所說的：

> 夏曼寫海其實講的是蘭嶼人的宇宙信仰和生活，海的冷暖、顏色和
> 律動，在夏曼的潛海實踐中，早已變成他皮膚感應和呼吸節奏的一
> 部分。出海的勇氣和對海的敬畏，是傳統達悟人最動人的性格特質，
> 夏曼在他的海洋書寫中充分將那種奮不顧身卻又寧靜自制的情緒張
> 力表露無遺。如果你細細品味夏曼寫他在海底十幾公尺，閉氣與浪
> 人鰺眼對眼對峙，或靜靜讓鯊魚擦身而過，你必然會同意夏曼不是
> 坐在船上寫海，而是潛入海寫海。海不是對象，他被海圍繞，屬於
> 海的一部分。海是宇宙的核心，海就是蘭嶼文化的全部。(2002.07：
> 6～7)

回到母親的島嶼，夏曼在不斷潛水射魚造舟捕魚下與海洋建立了無以言喻的
特殊情感，他嘗試學習祖先用原始體能與大海搏鬥的生活經驗，孕育真正的
自信尊嚴，透過海洋他所得到已不單是個人的族群社會地位，他還明白到族
人敬仰海洋的傳統文化，更得到珍愛自己達悟民族的驕傲。他知道這就是他
所要追求的，「用勞動（傳統工作）累積自己的社會地位，用勞動深入探討自
己文化的文明過程；與族人共存共享大自然的食物；廢除自己被漢化的污名，
讓被壓抑的驕傲再生」(1997：148)，同時是這分湧自內心的驕傲才有足夠的
力量，讓他有勇氣回視前塵，看清童年迷惘易碎夢想的必然；

> 在海面上的孤獨，讓我回想自己在十六歲的夢想：趕緊離開這個島

嶼，到臺北追逐我未來美麗的夢。四十歲過後的我，原來要實現我的夢想的，其實就是要靜靜的享受這一刻的寧靜，重新擁抱人與大海的平等關係。在這世上有多少人可以很自主的為自己闢出類似這種空間呢？尤其在海上。（2002：18）

回到這個原點，夏曼才能說出「清澈的海是我洗滌我污穢肉體的聖地」（2002：63），也才有機會體會到「海，真的很美很美。墨藍的海隱藏好多好多的生命，如今她已經深深吸引著我，在墨藍的海裡，我挫折，我成長，我怯懦，我堅強」（1997：186），而這就是他個人生命得到重新出發的原點，就在這母親的島嶼上、就在海洋上，就在達悟民族文化傳統上。

## 二、傳統生產技藝·族群海洋思維／母體文化的滋養

> 哇！鬼頭刀在我船旁衝破海面飛了起來，當牠衝入海裡濺起的浪花浸溼了我的衣裳。哇！那是我的大魚，我趕緊捉住我的魚線，展開了大魚和自己智慧和體能的戰爭。……十來分鐘的較量使得自己早已汗流浹背，我脫掉襯衫，脫掉被漢化的虛偽的外衣，和我的族人公平的接納陽光灼熱的紫外線，和浪濤的浸潤。嘿！我是雅美人，真正的，決不是被文明化的雅美族青年。我用雙掌摸摸浮動的海流，唸道：「你們認識我吧，海洋。」
>
> 《冷海情深·黑潮的親子舟》

對剛回到蘭嶼面對海洋的夏曼來說，最嚴峻的考驗就是傳統生產技藝的陌生無能，致使年輕力壯的他在族人眼中卻像是個殘廢的雅美男人，不是生產者而是消費者，這讓自己的父親曾多次痛心地表示：「你拋棄族人的傳統工作是我這個父親一生最深、最大的恥辱」（1997：51），也因此在《冷海情深》中最頻繁出現的書寫主體就是關於達悟族群的傳統生產技藝。這方面的書寫可說是表現了夏曼在重返達悟世居地蘭嶼後最為真實的生活困境與摸索學習，透過實際參與的個人經驗，透過族人海洋思維的認知，才深切地明白到勞動背後的生命價值與生存態度，也才真正體悟到自己族群傳統文化世界的美麗與偉大。

傳統生產技藝當是最能具體表徵達悟文化的特色，不幸地卻同時也是消失得最為快速的文化內容，因為「新生代被大時代的環境吸引，在都會裡生活是多麼的困難，幾十年未回到母親的島嶼，早已被逼忘記傳統的生產技藝

了」（21），所以，夏曼選擇一點一滴地記錄這些生活的本質，用以還原達悟族人長期智慧積累的文明精髓。潛水射魚、伐木造舟、捕撈飛魚是最貼近達悟人的生活原像，也是最能體現雅美男人的原生價值，所以自然成為構築達悟文化的重要基礎。我們看到夏曼在〈海洋朝聖者〉中詳述了自己對潛水由畏懼害怕轉而親愛熱切的心路歷程，並從中瞭解到「只有經常被海流折磨的雅美勇士，經常孤獨地在波谷下射魚維生的人，才能融化在海洋的感情世界裡」（116）。而他也在〈浪人鰺〉、〈大魟魚〉、〈浪人鰺與兩條沙魚〉中，多次覆寫了那個人與魚共依共存的海底世界，與族人口中最強悍結實的大浪間的力拼搏鬥，與海中惡靈怪的沙魚魟魚對峙脫逃的驚險場面，以及為親愛家人捕捉漁獲時的喜悅欣慰之心，都是潛水讓他體驗到族人與魚之親密關係所孕育出的海洋文化，明白族人愛慕敬仰海洋思維的價值觀，而這正是由傳統生產技藝的實際勞動中所體悟到的認識：

> 我由於經常孤獨的去潛水射魚，自然的比較能體驗長輩們與海洋之間長年累積的神秘經驗，而這神秘經驗的背後正是個人用原始的體能在海中攝取食物，長久被海洋塑模的機制與原始宿命觀。（129）

「造舟是我雅美人最重要的技藝、生存工具以及被族人肯定為真正是男人的工作」（55），夏曼在〈黑潮的親子舟〉中記下個人親體這一切的過程，從跟隨父親上山伐木，學著口中唸頌禱詞莊嚴地砍下每塊「充滿飛魚腥味的木塊」，到聽見父親削木的清脆音響在山中繚繞時的感動，以及用這條父子同力合作的剜木舟，去體會祖先在海上生產，釣 Arayo（鬼頭刀魚）那種不可取代的驕傲，種種與傳統的接近，讓他「學會了敬畏山林，學會了祝福祖靈，也學會了疼山愛海的生命本質」（60）。其後他更寫出了這個傳統生產技藝的大氣象，完整地記錄達悟古老習俗──大船的下水典禮，在〈再造一艘達悟船〉中將造舟文化的極致精髓完整表現並藉以傳遞達悟文明特質。

另外，在傳統生產技藝中捕撈飛魚更是全村族人日常生活的重心，由於飛魚祭儀與禁忌行為在雅美族人的生活規範與社會組織佔有極重要的戒律功能，而成為族人主要文化及社會結構的基準，因此幾乎可說雅美文化即是飛魚文化的延伸。〔註10〕就如夏曼自己所親身體悟到的「唯有親身力行捕撈飛

---

〔註10〕夏曼‧藍波安（1992）《八代灣的神話》，頁117。他在〈飛魚神話故事〉一文中指出，「飛魚在雅美社會實際生活及觀念上具重要性，也顯示出該信仰在雅美族社會中，不只有其正面的明顯功能，更有其反功能及潛功能，以及相對

魚的新生代，方能明瞭飛魚文化的特質及其對雅美人的重要性，牠真的是支配了族人的海洋觀、價值觀」（144）。在八代灣這個飛魚故鄉的海域上，最迷人的景致莫過於：

> 夕陽落海休息後的海灘上，早就聚集了很多即將出海的男人們。他們有的努力繫牢槳繩，有些人在整理魚網，有的則在吐霧吃荖、談天。準備在餘暉中出海的雅美男人們顯得格外沉著冷靜。海浪的律動，是他們熟習的。魚腥味很濃的海水，在這個季節是特別令雅美族人喜愛。自古以來，自有飛魚神話故事之始，從來也沒有人曾經聽說過這小島的居民有那個不喜歡海的。夕陽暉光在大海的波峰之間投映，頻頻閃爍著銀白色的光芒，宛若飛魚脫落的鱗片，呼喚雅美人捕魚的舟隊。（75）

所以當夏曼身列捕魚舟隊與族人同聲祝禱順利出航時，在「我用銀帽呼喊，祝福你們──天神賜予的糧食；我永遠遵守你們祖先傳下來的禁忌；我的心被所有的祝福填滿了，一如你們填滿我的船身，一尾雜魚也無」的祈求詩歌中，他深深所感動的是族人出海的無畏勇氣：

> 我可敬的族人，他們都是上了年紀的海上壯士，他們鬆弛的肌肉承載著求生的意志，承載著千年來祖先求生的技能和文化；他們的神情是如此的堅強，如此的穩重，究竟是什麼樣的神力在吸引我可敬的長輩們非得年復一年的恪守飛魚季的儀式呢？是習俗？是榮耀？是地位？是競爭？我不停的反覆思索。宣洩的浪花是海神眾孫子迎接的笑容，我迫不及待地追蹤長輩們的航道，最後一位是我。（63）

是思索，也是解答，在夏曼心中已有答案，那是一分在大海波浪掏洗下的勞動價值觀，這是他在親身力行捕撈飛魚的傳統勞動中，以成果累積自己的社會地位，用心靈去觸貼族群的文化心靈。

　　對達悟族男人來說，與海洋結有深厚情感是不難理解的事，因為那是他們一生成長學習的場域，也是他們建構個人社會地位的源頭，所以對那些曾以原始勞動力量求生存的達悟族人而言，所有的記憶都在那每一道浪頭與波谷之間，他們生命的意義是汪洋大海給的，就如夏曼常聽到族中耆老的話，「海浪不斷翻開我的記憶，當我失去海洋給我的回憶時，就是我逐漸結束生命的日子」（2002：46）。他們用生命經驗建構的真理，是大海長期孕育著這個小

---

於前述社會功能之外的個人層面上的功能。飛魚神話既具有詩歌之美，又極具海洋意義，可謂研究雅美先民祖先之宗教信仰和社會風俗的主要依據」。

島上的人，祂是雅美人所賴以維生的寶庫，有海洋才有這個民族，因此，達悟族人對海洋的崇敬是無以言喻的。

然而，這些對於已遠離大海的新生代來說，海洋思維卻猶如遙遠的傳說故事般飄渺而難以瞭解，故族中耆老不忘提醒自臺灣返鄉定居的夏曼，「千萬不要以為你唸過漢人的書，把我們用經驗累積的智慧視為廢話，漢人有他們的生活方式，我們有異於他們的習俗。你回來了，就理所當然地把自己融化到族群思維的世界裡，尤其是關於海的種種，你沒有充分的理由不去牢記我們教給你的知識」（1997：128～9）。就是族群思維的海洋世界，成為夏曼融入母體文化的重要觸媒，在那一篇篇充滿海洋氣味的作品，有著「老人對海洋冒險的故事傾紙難書，小孩子對海洋的憧憬不可言喻，大人對海的依戀與對話永無止境。第一次感受到一個民族可以對海洋如此的深知與眷戀，甚至融為一體到這種程度」（陳其南，2002.07：14），這些海洋書寫顯示著沈浸於其間的夏曼已能深入族人的認知世界，是海洋給這位雅美之子的生命啟示，一如祂長期所給予他的族人。

夏曼在這片積累存續族人生存智慧的海洋上，不僅勇敢地接受祂的考驗，也對祂豐實的養育心存感激，這些讓他漸漸地擁有了達悟人的信仰——崇敬海洋。從迷信否定到信仰認同，夏曼明白到族人的海洋思維是一種依賴自然環境、尊重自然界萬物有靈的信仰之古典氣質，是保持與自然共存共依的親密臍帶，故與其說是敬畏海洋的信仰，不如說是尊重大自然一切有生命的動植物的博愛精神。

在外顯的傳統生產技藝與內孕的族群海洋思維交織互成下，是達悟族人的生命價值與生存態度，而這樣的母體文化精髓完全是建構在他們的傳統勞動行為上，所以夏曼對於族人原始體能的勞動意義有較多探討，他說：「我沒有一絲的驕氣斗膽稱呼自己是作家，但我有萬丈的勇氣和信心傳播我們島上的族人所發生的一切的故事，這正是我要努力的方向，而參與傳統的工作，沒有貨幣代價的勞動也正是我極力摸索的題材」（1997：95）。族群原始體能的勞動意義是他進入母體文化必須釐清的重要部分，因為其背後所代表的意義是不同文化體系的價值對照，誠如關曉榮為《冷海情深》所作的序中提到的：

> 在原始共產社會的自然經濟中，勞動者的智慧與尊嚴，極其深刻地對照了現代商品經濟中勞動者的窄化、異化與固定化。夏曼‧藍波安從獨立的個人依附於現代社會的政治與經濟構造上的重重網罟中

突圍，掙扎著試圖奪回達悟族人的尊榮，清洗被漢化、被異化、被窄化的人的屈辱。（8）

勞動者的智慧與尊嚴是夏曼《冷海情深》與《海浪的記憶》中都極為顯目的主題，先是以自我內心對話進行反覆辯證為表現，而後則以部落社會中族人的境遇作多樣的呈現。在〈海洋朝聖者〉中當別人對傳統勞動的謀生能力質疑時，他提出的思考是：

> 的確，潛水射魚絕對不是我雅美子弟在未來社會裡應用的、基礎的謀生知識或技能。然而，我原始的目的，在於讓學生明白他們的父親為其捉魚而勞動之原始價值，讓他們在成長的過程中，在腦海紋路儲存原來他們長大後應有與大自然抗爭、求生存的鬥志；甚至企圖延續在他們心中加速退化的族群意識。（118）

就是因為他完全明白先民「那無任何代價的一生的勞動，僅是要讓土地呼吸，要讓自己活的有尊嚴，那分堅守禁忌行為之精神，僅僅是在證明自己是雅美文化的繼承人，傳授祖先在這個島上生存的生活經驗」（94），所以夏曼也矢志成為傳承達悟文化的子弟，一如先祖父兄所長年力行實踐者，他將自己歸鄉後逐漸融入在母體文化之內的生命旅程，去開拓下一代的思維與反省的空間，希望在這樣生活背景所長期孕育的雅美後代，能擁有一分自信與自傲的生命泉源。

另外在《冷海情深》一書也不斷出現來自於家人生活經濟壓力的不諒解，這讓夏曼不禁思索著：

> 這幾年來孤伶伶的學習潛水射魚，學習成為真正的達悟男人養家餬口的生存技能，嘗試祖先用原始的體能與大海搏鬥的生活經驗孕育自信心。用新鮮的魚回饋父母養育之宏恩，用甜美的魚湯養大孩子們，就像父親在我小時候養我一樣的生產方式。我的做法錯了嗎？
> （213）

但他的答案是無怨無悔，當選擇把自己的黃金歲月消耗在海洋勞動時，得到的遠遠超過金錢所能衡量，因為海洋所賜予他的是生命真諦與族群尊嚴，如此讓他內心擁有一股真切踏實的力量去面對未來。

除卻個人內在世界的肯定，傳統的勞動價值也正面臨著外在世界嚴苛的考驗，在《海浪的記憶》序言〈一個有希望的夢〉中，夏曼寫著：「達悟族出海釣鬼頭刀魚，是藉著自己建造的拼板船出海作業，出海的目的無他，只是

履行我們傳統達悟男人與海神建立的契約，煞是我們的天職。對於一般的人，尤其是生活在都會的人，一切生產的目的皆建基在貨幣經濟的利潤上概念，簡直不可思議的另一世界，更是無法體會的生活經驗」（2002：18），然而這個非貨幣經濟考量的世界似乎正在殞落消散，在達悟耆老深邃而難以言喻的憂鬱眼神中訴說著自己無力抗拒的變遷，且落寞的是下一代達悟人還沒有理解海的內心世界：

> 近幾年來，當他們不再划船出海抓飛魚的時候，在飛魚汛期間，他們始終是不約而同來到堤防上數船隻，結果每一年的答案總是相同：「船隻越來越少，真懷念過去的男人所建造的船隻佔據整個沙灘的情景。」太陽落海後，他們總是說著這句話回到他們被乾柴燻黑的房間，想著過去甜美的歲月，回憶因飛魚的來到被蒸騰的喜悅灑落在部落的上空。（2002：44～5）

在世代斷裂變遷下，老人的海與年輕人的海，已不是同一個海了。過去部落社會裡的老人家們舉手投足皆是文化的表現文化的內容，他們的身心在長期勞動中淬煉出不斷向體能挑戰的氣質，不由令人蕭然起敬；可是當這些生存智慧文化傳統延續到新一代時，卻是成為弱勢的邊緣生活，迷惘徬徨而難以應付現實生活，夏曼筆下的〈海洋大學生〉、〈龍蝦王子〉以及〈三十年前的優等生〉，都有著一股憂傷難釋的情愁，努力尋求一個合理的答案，為著達悟的將來。因為在部落社會現代化的過程中，價值轉型中數不清的困惑矛盾正衝擊著這一代的達悟，「達悟的男人」與「挫敗的壯年人」究竟是什麼樣的標準？夏曼問著：

> 孩子們的未來是追求貨幣生產的時代，父母親過去的歲月是追求初級物資的生產；孩子們的母親深入在父母親、部落過去的思維卻又陷在孩子們未來的幻想裡。從歷史經線不可變動的發展中，我被逼著要試著填補這兩個時代落差最大的、最親的人之知識生產與勞力生產的迫切需求。我的狀況就像擺盪的鞦韆開始在矛盾與衝突的迷惘深淵裡輾轉滾動。（2002：14）

不管如何的變遷與困惑，夏曼在經歷這段重返母體文化懷抱的過程後，他所祈求的是只要能留在母親、祖先的島嶼，在這片達悟族的土地上，在族人傳統生產技藝與海洋思維的孕育中，學習與傳續這分源自勞動的生命價值與生存態度，為達悟民族的未來做一個「希望的夢」。

# 第五章　原鄉書寫之常與變

　　追尋原鄉是人類境況（human condition）的本能與宿命，是對已然消逝或尚未出現的烏托邦理想作追尋建構的需求。這樣的需求多是受到鄉土失落或改異之變動下，所自然驅策的一股緬懷追憶過去舊有美好情感動力；但除了屬於時代人群所共享共有的理想國度外，也有極具個人生命色彩與自我價值定位的心靈世界，那就是當個體思索自我存在的意義與價值時，往往必須找尋到一塊足能安身立命之處，以作為自我生命意義的源頭。因此，出自於懷戀鄉土與探本溯源的原鄉想像回歸欲望，應是作為原鄉書寫的主要動力來源。

　　再者，面對繁複多變之姿的原鄉書寫時，當知其非僅屬於作家個人，也應同屬於眾多與之擁有共同記憶甚或想像之讀者群，此眾人所置身之時代環境，正是作家作品無法須臾離之的創作背景。是故在原鄉書寫中創作背景可說相當程度地介入作家、作品與讀者之間，是創作背景的氛圍驅動了作家的原鄉需求，是創作背景的更移改變了作品的原鄉內涵，也是創作背景的連結召喚了讀者的原鄉想像；我們當無法漠視創作背景對整體原鄉書寫之表現所造成的影響。

　　最後，我們知道原鄉書寫的確真實留存許多動人感人之回憶，得以發揮其訴諸人心召喚鄉情之能，但不該遺漏的是，它也正同時悄悄地對那不願或未需的記憶片段進行著篩落的工作，由此兩力所共合共成的便是那亦實亦虛的原鄉烏托邦之景。是以想像的鄉愁恰為原鄉書寫中極為突出之作品特色，一種虛實交織的寫作風格，作了最佳的註腳，之所以能如此，則當與原鄉書寫本身在時空的距離隔絕與情感思想的記憶傾向有極大之關連。因此，我們應重視由作品本身所呈現出的這些觀察點，從而尋索其演繹轉化之脈絡。

# 第一節　重塑原鄉的追尋動力

在文學創作上，原鄉主題可謂歷久而彌新，[註1] 這實究因於追尋原鄉是人類境況（human condition）的本能與宿命，因為相對於每一個時代處境的當下現況之不美好，必然會生發出對一個已然消逝或尚未出現的不存在烏托邦理想作追尋建構的需求。是故永恆的鄉愁，現實存在的人間永遠沒有一處美好理想的家鄉故園，因而「鄉」的內涵與意義便在這樣不斷失落與追尋的反覆辯證過程中，容許一再地被塑造與創新。然而，除了屬於時代人群的烏托邦理想國度外，當個體在思索自我存在的意義與價值時，也往往必須找尋到一塊足以安身立命之處，作為自我生命意義的源頭。因此，出自懷戀鄉土與探本溯源的原鄉想像，應是作為原鄉書寫的主要追尋動力來源。

懷戀鄉土的原鄉重塑，可從離鄉去國的懷鄉文學與關懷現實的鄉土文學中見之，因為受到鄉土失落或改異的變動，情感上極易驅策出一股緬懷追憶過去舊有美好的動力，正如卡露兒・符蓮（Cary Finn）提到美國懷舊潮時所說：「不論是經典或是當代的故事，總把現在看成充滿缺陷和不足，而過去則表現得相對地完整，具權威性及充滿希望，是一塊『較好』的地方」（轉引自周蕾，1995：41）。於是發乎自然地，不在的過去總會是一個較好的所在，而所有的現在則相對顯得較不完美。因此，這股懷戀鄉土動力的強韌展延，往往就在重複地敘寫甚而想像過去／現在的映照對比裡表露無遺。

對於 1949 年前後自大陸撤遷來臺的人來說，是國破家亡戰亂離鄉下的憂國懷鄉之思，使他們自然地發出對於過去那片故土家園的追憶之情，同時更因身形的外在隔絕進而觸引內心精神靈魂銜接的迫切需求，於是他們不斷地在文字世界裡重返家園追憶過往，用重塑原鄉的紙上記憶來療傷止痛。故無論是琦君以故人舊事童年記趣所編織的搖籃中國、或余光中以地理歷史造就的文化中國，或是王鼎鈞筆下流離戰亂記錄的苦難中國，都成為他們日夜遙

---

〔註1〕 此語見王德威（1993）《小說中國・原鄉神話追逐者》，頁 249。他認為在中國現代小說的傳統裡，「原鄉」主題的創作可為歷久而彌新。從魯迅〈故鄉〉（1921）起，五四及三、四十年代的作家如廢名、沈從文、蕭紅、艾蕪等均屢有佳作。1949 年以還，臺灣以軍中作家為主的懷鄉文學（司馬中原、朱西寧、段彩華），還有日後由本地作家所鼓吹的鄉土文學（黃春明、王禎和），也曾各領風騷。中共作家過去秉承毛的延安文藝談話指示，對「土地」或「農民」其實從未或忘，但直到八〇年代中的尋根文學，才算一放異彩。而晚近隨著政治局勢轉換，驀然興起臺灣及海外的「探親八股」，啼笑喧嚷，亦不妨視為原鄉文學的一支奇兵。

思懷想的故土家園，在他們目下的臺灣生活只是旅程的過站，而他們的鄉愁始終停泊在那片「回不去」的中國大地。

若就七〇年代興發的鄉土文學風潮而言，在臺灣國際地位與政經社會一連串的變動下，文化界反省覺醒後歸結出回歸民族關懷現實的主要訴求，立於這個訴求而備受討論的文學社會性之創作精神，便讓臺灣鄉土成爲作品中最能呼應傳達時代訴求的代言身分。但就在回歸鄉土的同時卻不免發現那早已成爲一個遙指的過去歲月，因爲現代文明工商社會的強勢侵入，在在使得臺灣農村鄉情步步退卻，所有的農鄉風情幾乎只能再現於紙中天地。所以，在遠走都市文明回身擁抱鄉土倫常的吳晟眼中，我們看見他以農婦美德與農村素面經營的農村圖像；而在身居繁華都市卻胸懷土地熱情鄉野的阿盛筆下，我們看見他以鄉野舊事現世人生描述鄉土之愛；甚或是棄絕塵世薰染而遁居鄉野田園的陳冠學身上，我們看見他以尋常的農家生活田園哲思歌頌昔日老田園之美；這種種的書寫透過農村／城市的人情景致之映照對比，表達的是一分對現代工商文明的思索與警醒。立處於當下臺灣社會經濟結構轉型的年代變局中，他們那一代人的美好天地就留存在農村倫常與田園之美的昔日世界。

至於探本溯源的原鄉想像，則是一個個體安頓自我身心的回歸之所，當個體在省思自我存在的意義與價值時，必須尋覓一處足以說服自我並獲取認同的天地，在此天地中自我生命才能享有安詳平和之境。江宜樺在《自由主義、民族主義與國家認同》中歸結整理「自我」概念有以下認識：「第一、自我是著根於特定的歷史社會文化脈絡之中，社群關係是自我認同的既定素材，無所謂純然中性的本體我；第二、自我認同的形成主要靠成長過程中，不斷探求本身在社會脈絡中的角色而定，不是靠所謂自由的選擇能力來完成；第三、選擇能力固然是人類諸多能力之一，但選擇能力不至於大到可以任意改變自我在社群中的歸屬。換言之，不管一個人的社會角色可以有多大調整，他仍然不能從所置身的系絡中完全拔出，任意地安排到別的系絡去」（1998：78）。若據此而言，原爲看似極爲自我的探本溯源之原鄉想像，似乎也受歷史文化社會脈絡的影響，而難以完全脫鉤。

在八〇年代出現本土意識高漲的臺灣文學，本土意識所著意表現的是要以定居在臺灣這塊土地上的人民生活爲中心，也就是一種對土地認同對人民關心的書寫，在這樣的文學胸襟創作理念下，是可以超越過去深受時代意識左右的大論述表現，而呈現出一種源於土地人民爲關懷的多元論述。多元論述

雖未能全脫時代社會之影響，但卻極具個人生命色彩與自我價值定位，所以，我們能看到陳列用關懷之情平等之心看待自臺灣這塊土地上所生養的一切，人間眾生自然山河都已成為他的戀慕所在，更為他個人興發出一股對生命生存的信心勇氣；是在這樣的時代下，才能出現對本土生態的自然觀察和人文思索之長期堅持的劉克襄，他不斷深化關懷保育自然領域的可能，經由如此不僅是一分未刻意自覺的土地疼惜不斷滋養茁壯，也同時為他自己找到一個緩和舒解心靈的美麗小世界；然而更具特殊意義的是夏曼・藍波安，為了自己漢化污名蒙塵洗刷的生命歷程，自退化的雅美人到真正的達悟勇士，在族人傳統生產技藝與海洋思維的孕育中，讓他重返母體文化的懷抱，並透過對自己民族文化的追溯與實踐，親體特屬於達悟男人的原生價值，重而企圖營造民族自信再生的泉源。這樣探本溯源的原鄉想像，都是從追索自我尋求生命意義為出發，進而發現一個肯定自我存在意義的所在，則以超越常人的辛勤努力投入以安頓自我。就這樣的發展進途而言，我們一直習用不察的「故鄉」之語，就將「不僅祇是一地理上的位置，它更代表了作家（及未必與作家「誼屬同鄉」的讀者）所嚮往的生活意義源頭，以及作品敘事力量的啟動媒介」（王德威，1993：250）。

雖說原鄉書寫的動力來源或有上述如此之分別，但相同無異的是同為個體回歸母體慾望的需求，既言「回歸」便存在距離，無論是有形甚或無形的距離，都致使「他鄉」與「原鄉」同存之命題，因此，就如張寧在〈尋根一族與原鄉主題的變形〉一文中所提到的：

> 原鄉一直以來是一個古老的母題，沿著這個母題，人類以不同的語言和表達方式說了數不清的故事。以「異鄉人」的身分追溯原鄉是它基本的模式。原鄉往往是一種被對象化了的複雜的情感意象──它是家、是祖先流動的血脈，是一種根植在每一個「原鄉人」生命中的文化記憶，也許用佛洛依德的觀點來看是一種回歸母體慾望的象徵。原鄉從一開始便是由一種異己的力量──找尋原鄉的人構成的，沒有這種來自他鄉的距離，便也就無所謂原鄉的主題了。（1990.01：155）

異己身分、他鄉距離確實都為原鄉書寫之能成形的客觀條件，兩者應是充分必然之條件。然而更值得我們注意的是追憶重塑、尋找定位更而走向未來，則往往是原鄉書寫的真正命意所指，三者交揉雜織或隱或顯地作重點表現，則是令這類主題書寫得能不斷創意翻新之故，所以：

在後現代社會將舊觀念不斷解構、重建的過程中,「鄉愁」頻頻出現
新義。有人的「鄉愁」認為對過往的追憶其實是對歷史的重建,試
圖自歷史中尋找自己的定位,以及在反省中找到走向未來的力量。
有人說鄉愁是在巨大的資本運作之前,小知識分子無力感的顯現。
（張遠,1991.07.18）

對於身處二十一世紀社會的我們,安頓自我身心的原鄉究何所指？或許悲觀
的真是「鄉愁是在巨大的資本運作之前,小知識分子無力感的顯現」之語,
對於現世社會而言極為恰當。但面對未來仍不免冀有一樂觀積極的追求,
亦如白先勇所言那是作家「孤獨的重新建立自己的文化價值的堡壘」,同時也
是「一種民胞物與的同情與憐憫」之關切；〔註2〕對此柯慶明更進一步表示,
在一個已然全力衝向現代化的社會中,面對生命所必須思索的最終問題,那
就是：

在一個多變而物化或逐漸疏離化的社會中,傳統文化中所肯定的人
性尊嚴,與人生價值,如何依歸,如何轉化或求生存的問題。……
作家的使命卻是在於物化的經濟社會體制裡,重新發現生命的意
義,重建他們一己的人生信仰以及人類共通的生存之道。（邵玉銘等
主編 1995.06：111）

這個問題的解答也許正是追尋原鄉之最終動力源頭。


## 第二節　原鄉書寫創作背景的轉變

原鄉書寫之內涵呈現繁複多變之姿,雖為作家鄉情或鄉愁之個人精心演

---

〔註2〕 語見白先勇（1977.06）〈《現代文學》的回顧與前瞻〉,此文原是論述六〇年代
《現代文學》作品之精神,但筆者卻於其間深體作家創作精神之共通性是足
以跨越時空之隔。他認為「這批在臺灣成長的作家亦正是這個狂飆時代的見
證人,目擊如此新舊交替多變之秋,這批作家們,內心是沈重的、焦慮的。
求諸內,他們要探討人生基本的存在意義,我們的傳統價值,以無法作為他
們對人生信仰不二法門的參考,他們得在傳統的廢墟上,每一個人,孤獨的
重新建立自己的文化價值的堡壘。因此,這批作家一般的文風,是內省的、
探索的,分析的；然而形諸外,他們的態度則是嚴肅的,關切的,他們對於
社會以及社會中的個人有一種嚴肅的關切,這種關切,不一定是五四時代作
家那種社會改革的狂熱,而是對人一種民胞物與的同情與憐憫——這,我想
是這個選集中那些作品最可貴的特質,也是所有偉大文學不可或缺的要素」。
收入歐陽子編（1977）《現代文學小說選集》,頁 5～18。

出，但就如同我們所知的，這一幅幅原鄉圖景當非僅屬於作家個人之世界，也應同屬於眾多與之擁有共同記憶甚或想像之讀者群，故這極具可能成就一股精神心靈的召喚力量，無論是出自單純的情感共鳴抑或有心的意識集結。然而這股巨大暢行的召喚力量並非單由作家個人魅力與創作魔力所能致，而是應得自於眾人所置身的大環境之賜，民族文化、歷史記憶、時代社會、政治經濟、生活型態……等都將是用以連結作品與讀者的重要接著點；反觀而言，這些連結接著點則未嘗不是作家作品無法須臾離之的創作背景。

是故在原鄉書寫中創作背景可說相當程度地介入作家、作品與讀者之間作用著，可以說是創作背景的氛圍驅發了作家的原鄉需求，是創作背景的更移改變了作品的原鄉內涵，也是創作背景的連結召喚了讀者的原鄉想像；立足於此，我們當無法漠視創作背景對整體原鄉書寫之表現所造成的影響。也因此，原鄉書寫必須被脈絡化（contextualized），唯有將其置回創作背景的時代環境中進行考察，如此我們才能較為深入且確切地探求其書寫的真正意義，同時也必須經由創作背景的連結接著，原鄉書寫所具備之社會象徵媒介的動能性（agency），才更顯清晰明朗。

王德威在〈原鄉神話的追逐者〉中曾使用「神話」一詞來描述原鄉題材作品之特質，且申說這樣的觀察角度並不就此否認其所投射之歷史經驗，反是更加凸顯其與歷史環境對話的重要質素，他認為：「以『神話』一詞來審視原鄉文學的傳統，非但毫無貶意，反而強調其於我們的文學及社會體系中，運作不息的力量。這些作品已經發生了單純鄉愁以外的影響，為我們的社會總體敘述行進，注入對話聲音。……對於關懷『原鄉』情懷何所之的讀者們，也只有在了解神話意義本身不可免的詮釋循環，以及神話運作不能稍離的歷史環境後，才可避免『原鄉』的閱讀行動，墜入一廂（鄉）情願的追逐中」（1993：274～5）。正因如此，可以這麼說：

> 「故鄉」的人事風華，不論悲歡美醜，畢竟透露著作者尋找烏托邦
> 式的寄託，也難逃政治、文化、乃至經濟的意識型態興味。與其說
> 原鄉作品是要重現另一地理環境下的種種風貌，不如說它展現了「時
> 空交錯」（chronotopical）的複雜人文關係。意即「故鄉」乃是折射
> 某一歷史情境中人事雜錯的又一焦點符號。神話何曾外於歷史？以
> 「神話」來看原鄉作品，其實正是又一門徑，觀察現代中國作家反
> 省、詮釋歷史流變的成果。（王德威，1993：251）

能夠展現時空交錯的複雜人文關係，讓原鄉書寫成為時空向度的象徵指標，成為折射特定歷史情境人事雜錯的焦點符號，而這正是原鄉書寫過程中值得我們關注的創作背景之意義所在。故無論是源於懷戀鄉土或是探本溯源的原鄉想像，其回歸動力之一致性當無庸分說，但對於繁複多變且漸次轉異的原鄉作品內涵，該問的是創作背景如何作用於原鄉書寫之中？

五○年代的懷鄉文學在時代悲劇流離情愁下，原本即易因強烈之人情自發而應勢演出，但此場演出之所以能轟轟烈烈形成大氣勢，實未能忽略是國家強勢文藝體制下反共戰鬥文藝之號召所曾給予極大的助益，故尚且暫不論其他，單是創作空間的寬廣無礙就已屬幸運之極，因為當時整個文壇資源幾為大陸遷臺作家所據，絕大原因乃為他們擁有符合反共抗俄意識戰鬥文藝政策的身分背景與創作條件。就在這樣的資源環境配合之下，讓懷鄉深情與反共認知相結而行共享時代文學之主要發聲地位，因此可以說是這樣的政治力量與文藝政策之因勢利導下，讓懷鄉文學有超高水準的表現，致而成為光復初期臺灣文壇質量均豐的作品。

因源於去國辭鄉所瀰漫滿溢的憂國懷鄉之情，當必然發展出以回憶大陸為主體的作品，或是直接思懷過往大陸生活家鄉人事，或是間接遨遊地理孺慕歷史以成之文化鄉愁，或更有未忘戰爭離散的苦難家國記憶……，這種種都成為那一代中國人重重疊疊的回憶，就在這樣的斷裂遙思的時代裡，他們的家國之痛與身世之悲全都寫進了懷鄉年代裡的原鄉書寫。這種充滿著舊中國大陸風情的回顧式原鄉作品，綿延盛行了二、三十年，能說是臺灣當代文學中極為常見的文學品種，也是臺灣文學發展史上陣仗龐大的一支隊伍。而我們該說這是遠離故土飄泊他鄉的大陸來臺作家至為精彩動人的演出，琦君、余光中、王鼎鈞各擅其能的至性表現尤是大家風範。

但七○年代臺灣在國際情勢逆轉面臨存亡威脅之際，可幸未被擊倒反是觸發整個社會愛國力量的蓄積與湧現，且在排外情緒高漲下自然強化那原本朦朧不彰的民族意識，更進而帶動社會內外各個層面的反省檢討，從政治、經濟衝擊的直接反省到文化層面的深度思索，臺灣正步步邁進變革創新的覺醒運動。這場革新覺醒運動在知識分子所專擅的文藝界更見機鋒，其中最具代表性論述的則為兩次規模盛大的文學論戰。先是七○年代初期引爆的現代詩論戰，標舉著民族、傳統的大旗，以茲對抗來自西方現代主義的文學典範，批判「橫的移植」、倡導「縱的繼承」；再是中期登場的鄉土文學論戰，強調

重視鄉土的真實經驗，提出回歸鄉土回歸現實的大原則；因此在現代詩論戰與鄉土文學論戰這文壇兩大戰役的無數辯難下，標舉著回歸民族、回歸現實的論述定音，也就在這一片回歸原則的熱切要求下，臺灣的真實具體存在終能獲得正視關懷的機會。

這些反省思索被帶入文學創作的領域，並相當程度地反映在對作品的要求與表現，要求文學應具有社會意識反映社會現實的功能，就在創作步調的調整過程中，民族與現實的回歸被同時接受也被混同看待，有中國傳統也有臺灣過往，有民族歷史傳承也有真實生養的土地。因為如此，臺灣社會才能在中國意識的大原則下，出現一個較為明顯建構的契機，讓臺灣社會真實生活的各個面向成為文學的載寫主體與探討對象。發現臺灣的存在事實，是將對生活在這塊土地上的人民更具真實意義。

七〇年代，這個回歸注目臺灣的年代，在時代變局中臺灣社會的真實生活經驗開始獲得重視，這對過去以中國為正統的主流思想價值體系而言是謂巨變。就是這樣的創作背景間接觸發了臺灣具體形象的隱伏浮顯，這是一個重新發現臺灣鄉土的轉機。王德威就曾以「鄉」的專屬權問題切入這場文學運動風潮，他說：

> 值得注意的是，歷來我們強調此運動在政治文化上帶動了「本土」化風潮，反往往忽略其對原鄉文學傳統本身的衝擊。在「故鄉」與失去的中原已逐漸合為一義的年月裡，黃春明、王禎和等人的嶄露頭角，以及楊逵、鍾理和等人的重被發掘，實在暗示了「故鄉」的所在不必僅定於一。「臺灣」的鄉土之得「出現」，也再次說明原鄉神話何曾只是有關地形地物的追認而已。它更是個充斥意識型態動機的人為佈置，代表不同價值、意識系統的角逐場地。鄉土文學與原有的懷鄉文學拉鋸於文壇之上，其實已悄悄揭發了「鄉」的專屬權問題。（1993：260）

故雖同為鄉土的敘寫，但顯然的是臺灣鄉土已漸次取代中國鄉土，新生代作家疾聲呼籲要拋棄前行代作家想當年的癱瘓心理，要拔除那缺少生根土壤的懷鄉文學，他們要擁抱自己真正生長其上的鄉土經驗，反映臺灣社會在時代變局中的真實生活經驗，在吳晟的農村圖象、阿盛的鄉情采風與陳冠學的老田園，都以不同的生命經驗訴說著真正的臺灣鄉土之情。

八〇年代在強烈訴求自主性獨特性的臺灣本土意識之發皇張揚下，從去中

國中心的挑戰到臺灣結與中國結的對峙，甚而對臺灣前途自主權的要求，大幅度地退卻七〇年代與臺灣意識並存的中國意識，以本土取代鄉土，更爲強調凸顯臺灣的主體性格。這股臺灣主體意識覺醒風潮是在社會政治力量的強勢觸發下所引動的，展現於文學場域中的作用，則是文學創作者標舉出自主性、本土化作爲回應，亟欲在臺灣座標尋找臺灣文學的自我存在的意義與價值。這樣的發展早已遠遠超越鄉土文學論戰時期中曖昧不明的「中國／臺灣」、「民族／鄉土」之二元性格，將籠罩於中國意識下的臺灣經驗具體浮現，將模糊於民族鄉土概念裡的本土意識直接張陳，而成爲八〇年代臺灣文學本土論的積極主張。

　　臺灣文學本土論是以臺灣意識爲主張，而臺灣意識的具體內容則當以臺灣現實經驗做爲物質基礎，用生長在這塊土地上人民的眞實生活經驗來表達臺灣呈現臺灣，具有強烈濃重的本土精神性格。然而，這樣的創作背景卻能提供文學一個多元表現的空間，因爲源自關懷土地關懷人民的創作表現，將可遠遠超越前期受制時代意識大論述之能爲。因此，源於個人生命價值的探本溯源之原鄉想像，正替換著已失濃重時代鄉愁的懷鄉戀土之原鄉重塑，在這樣的創作語境下，我們才能看見在報導文學中鍾情人間關愛眾生的陳列，在自然寫作中堅持本土生態保育的劉克襄，也才有機會認識族群文學中探索母體文化的達悟族作家夏曼・藍波安。這些充滿鮮活個性又極具時代對話的原鄉書寫，打破過去我們對原鄉書寫的既定印象，也讓我們對新時代創作背景下的原鄉書寫表現有更深的期待。

## 第三節　虛實交織的原鄉想像

　　無論是出自於懷戀鄉土或探本溯源之動力的原鄉想像，相同可知的是原鄉之景並未既存於當下處境，這樣的隔絕事實在兩者之間卻是相當一致的。因此，在對這已然消逝或尚未出現的烏托邦理想世界做追尋建構的同時，我們必然發現一種相異於當下現實景況，存在於過去或未來的想像的鄉愁（imaginary nostalgia）〔註3〕之力量正迅急擴張蔓延，用以圖構各自想像中的

---

〔註3〕　王德威（1993）《小說中國・原鄉神話的追逐者》，頁249～250。文中曾以「想像的鄉愁」（imaginary nostalgia）一詞，説明三〇年代以來鄉土論述的特色，以爲儘管描摹原鄉題材的作者背景、年歲有異，懷抱亦各自不同，但他們的作品卻共享不少敘事抒情的模式：或緬懷故里風物的純樸固陋、或感歎現代

原鄉景象。當這股想像的鄉愁任憑作家各施其能各展所長的爲眾家原鄉書寫增添獨門風采之時，值得分說的是在原鄉圖象的建構過程中，它是如何地介入並產生影響作用。

其實，我們從現存原鄉作品的觀察中，可以發現深具浪漫魅力的想像鄉愁，的確能爲原鄉書寫真實留存許多動人感人之回憶，以發揮其訴諸人心召喚鄉情之能，但不該遺漏的是，它也正同時悄悄地對那不願或未需的記憶片段進行著篩落的工作，由此兩力所共合共成的便是那亦實亦虛的原鄉烏托邦之景。是以這股想像鄉愁恰爲原鄉書寫中極爲突出之作品特色，一種虛實交織的寫作風格，作了最佳的註腳，之所以能如此，當與原鄉書寫本身在時間空間的距離隔絕有極大之關係，在這方面，王德威曾提出「時序錯置」與「空間位移」之討論，他表示：

> 原鄉作品的敘述過程以及「鄉愁」的形成，都隱含時間介入的因素。
> 今昔的對比，傳統與現代的衝突，往事「不堪」回首的凄愴，在在
> 體現了時間銷磨的力量。但也正由於突出了時光的主宰地位，原鄉
> 式作品才得大肆展現「回憶」功夫的重要，以及「欲望」失落及再
> 現的種種悲喜劇。究其極，原鄉主題其實不只述說時間流逝的故事
> 而已；由過去找尋現在，就回憶敷衍現實，「時序錯置」（anachronism）
> 才是作家有意無意從事的工作。
>
> 相對於「時序錯置」的現象，我們亦兼可考察「空間位移」（displacement）
> 的問題。此不僅指明原鄉作者的經驗狀況──「故鄉」意義的產生肇
> 因於故鄉的失落或改變，也尤其暗示了原鄉敘述行爲的癥結──敘述
> 的本身即是一連串「鄉」之神話的移轉、置換、及再生。比附晚近神
> 話及心理學對神話傳佈與置換的看法，我們不妨質問原鄉作者如何在
> 遙記與追憶的敘述活動中，不自覺的顯露神話本身的虛擬性與權宜
> 性。（王德威，1983：251）

於此見出時間與空間的是如何複雜地作用於原鄉書寫之中，除時間流逝空間移轉的正面直接影響外，尚須注意的是來自於時空前後轉異對比下的側面效

---

文明的功利世俗、或追憶童年往事的燦爛多姿、或凸顯村俚人事的奇情異趣。綿亙於其下的，則是時移事往的感傷、有家難歸或懼歸的尷尬、甚或一種盛年不再的隱憂──所謂的「鄉愁」，亦於焉而起。「故鄉」因此不僅祇是一地理上的位置，它更代表了作家（及未必與作家「誼屬同鄉」的讀者）所嚮往的生活意義源頭，以及作品敘事力量的啟動媒介」。

應，而這些都是形成虛擬權宜之原鄉書寫的客觀必然因素。

　　另外，在圖構這種具有虛實交織之原鄉景象的過程中，也必須同時考慮到作家個人之主觀自然因素，因為就形象學之研究而言，「形象（圖象）是對一種文化現實的描述，是情感與思想的混合物，一切形象都是個人或集體透過言說、書寫而製作、描述出來，因此並不遵循眞實的原則，也不忠實的描繪出現實的客觀存在」（陳惇等編，1997：167～8），鍾怡雯曾將此論用於中國圖象書寫之研究，她認爲：

> 圖象既是情感和思想的混合物，也意味著一個作家透過他的想像，無論是集體記憶或個人的理解，表達出他們自己所嚮往的一個（虛構）空間，他們在這個空間裡以形象化的方式，對社會、文化、意識型態進行反思。也因此形象學必然牽涉到自我與他者，本土與他鄉的關係。必須注意的是，巴柔所定義的形象，並非現實的複製品，它按照創作者的需要而加以重組、重寫，因此決定形象存在的，毋寧是創作者的意識型態。中國圖象示每一個創作者按自己的中國慾望再現的成果，無論是懷鄉、返鄉、對中華文化的追尋，都是創作者個人的理解和想像，是他們的「情感」和「思想」的混合物。（2001：5）

這種因緣於情感與思想的混合，所形成之不遵循眞實不忠於現實的想像書寫，亦十分適用於原鄉書寫之觀察。因此，無論是從客觀的時空必然因素，或從主觀的情感思想自然因素，都能說明原鄉書寫所以呈顯虛實交織之虛擬權宜特性；祇是這些原因隨著原鄉書寫的追尋動力和創作背景之不同，會有影響輕重的分別，所以應該在以原鄉爲主題的作品中進行更爲細膩的討論。

　　首先，在懷鄉文學的原鄉書寫中，我們可以清楚地看到思懷鄉土的琦君是如何以溫馨美好的童年往事存續原鄉記憶，孺慕文化的余光中是如何以壯麗宏偉的地理歷史圖構原鄉景象，而悲憫大地的王鼎鈞又是如何以時代風雲的戰亂烽火標樹原鄉傳承；儘管三位作者的原鄉內涵呈現明顯差異，但在虛實交織的原鄉虛擬權宜性上卻是相同一致的，因為那永遠「回不去」的中國大地原鄉記憶，在時空隔絕下自然十分引人思懷，當然也就極易形成美化想像的回憶空間，這讓作者最是能夠揀選自己的「眞實」，發揮自己的「想像」，以成就自己的原鄉中國，正如同鍾怡雯在針對具中國視域作者所討論到的：

> 這些散文作者的中國經驗，有些雖限於童年記憶，他們的書寫卻常常逾越了眞實，去美化、想像，經過「賦予意義」的過程，同時以

> 文化、地理及家國認同去強化／膨脹記憶。當中國被凝視／書寫時，
> 創作者其實同時是在確立／誤立，重新定位／移位，或者虛擬中國。
> （2001：7）

這種以文字重回的原鄉中國，是定點於過去時間的中國，甚而是悠長遙遠的
中國全部，關於未來希望的「想像」是缺席的，因此，它的「眞實」雖非虛
構，但也絕非完全眞實，而是揀選部分的眞實所成，是情感思想下所折射出
的「眞實」。而且在他們追溯往昔書寫記憶時，多是爲能新創力量面對當下現
實（actuality），用以補足那分心靈精神上對失落過去的空虛。

　　進入鄉土文學的原鄉書寫，由於紮根鄉土的社會意識高漲，回歸鄉土關
懷現實的寫作精神倡行，是故我們所見到的吳晟能以溫情素樸的文字深刻鮮
活地紀錄留存臺灣農村的記憶，而阿盛則以厚實磅礴的心靈眞情柔和地采風
說唱鄉野舊事的今昔，他們二人的作品表現在原鄉書寫的虛實交織點上，是
透過對過往美好事物的追憶思懷，用以呈現當下現實中農村崩壞土地失落的
滄桑無奈，是在記憶之網的篩擇下「自然」地留存質樸敦厚的農村倫常土地
情懷，用以映照現代文明工商社會都市生活的變異錯亂，此時此刻之鄉情或
早已是被刻意留存之虛實交織的「異鄉」情調，此點在王德威論述原鄉小說
時也曾談及：

> 原鄉小說基本沿襲了傳統寫實主義的模擬信條，但也同時誇張或戲
> 劇化其內蘊的矛盾。卑微的人物，樸拙的風俗，傳奇的往事往往是
> 作家的拿手好戲，而大量原鄉作品集中刻畫農村經驗乃至其無奈的
> 變遷，又豈僅是偶然？反諷的是，故鄉之成爲「故鄉」，亦必須透露
> 出似近實遠、既親且疏的浪漫想像魅力。當作家津津樂道家鄉可歌
> 可泣的人事時，其所貫注的不只是念茲在茲的寫實心願，也更是一
> 種偷天換日式的「異鄉」情調（exoticism）。（1993：250）

再者，相對於留存記憶思懷過往的作者來說，陳冠學的田園日記則可謂獨立
奇格，在棄絕塵世遁居鄉野親體農耕生活下，他以「當下現實」進行昔日田
園生活的理想世敷陳，所採取的策略並非回到過去而是以現在重現過去，令
人不禁突生恍惚錯置之感，亦眞亦假是實是虛，他所展現超脫現實的異鄉情
調似更見高超誘人。

　　這種立基於過往眞實回憶且穿梭當下現實，充滿異鄉情調之虛實交織的
原鄉書寫，其傳統寫實主義之模擬信條已逐漸游離模糊，進至後來強調本土

意識的八○年代文學書寫則更見開闊之姿。究其所以能出現如此開闊之發展契機，主要關鍵應是此時的原鄉追尋之動力已與之前有別，從懷鄉戀土轉為探本溯源之自我徵逐，這樣的轉異就足以擺落原鄉情愁於時間必回至過去的宿命，「未來」的參與將激碰出新的想像火花，讓原鄉書寫的虛實交織進入當下現實與未來虛構的綿延交錯，然而當下現實之「實」是實或虛，未來虛構之「虛」是虛或實，足堪令人玩味。再者，除了時序錯置的變異表現外，這類書寫在空間位移方面也有極大的突破，因為過去作家在不同時代或社會背景所折衝的原鄉書寫，雖然「他們的風格與角度容或有異，基本上卻都能掌握一地理位置，使其成為敘事意義鋪展的根源」（王德威，1993：270），但從中國鄉土到臺灣鄉土，一個明確可指的地理位置似乎重要性不再，代之而起的是可脫意義固定的土地之縛，而朝向無空間定點的開闊寬廣之愛。

　　從「未來虛構」與「無空間定點」的角度來觀察原鄉書寫的演繹轉化，相信更能看出它的發展潛能，因為如此，才能有機會出現像陳列這般的人間行旅者，以寬博的人文襟懷用心收納同是土地上的歡喜憂愁，戀慕珍愛於土地所滋養的人間眾生山海自然，並由此發出對生命生存的尊崇敬畏與信心勇氣，這讓作品的精神氣勢更見一番新象，打破過往憂思惜舊的凝重情懷；也是如此才能見到像劉克襄這樣的自然觀察家，長期執著於自然生態的人文追索，不斷深化關懷自然領域的可能，從尋求自我生命意義出發，到發現自我存在價值的責任，他終為自己找到一個舒緩心靈的美麗世界，卻是充滿唐吉訶德的精神毅力，在那值得且必須投注心力的關懷領域，以超越常人的辛勤努力深情地注目自然萬物景象，提警我們親近土地從而滋發養護土地之責；雖說陳列與劉克襄二人在作品表述上所注目徘徊之土地，只是停留在生於斯長於斯的臺灣，但他們所關注的視野與展現的氣度，卻已超脫定點土地之縛。這些觀點對於夏曼‧藍波安來說，意義則更顯非凡，重回蘭嶼，回到母體文化的懷抱，透過傳統生產技藝的勞動實作與部落耆老智慧的經驗傳承，親體達悟文明飛魚文化的海洋朝聖者，在一篇篇充滿海洋氣味的作品裡，寄寓的是夏曼為了實現一個有希望的夢，那就是企圖營造族群文化自信再生的泉源。

　　從上述充滿異鄉情調的原鄉作品分析中，〔註4〕可以發現時間、空間、情

---

〔註4〕　在施淑（1997）《兩岸文學論集‧現代的鄉土》，頁309～310。她在文中談到：「從六○年代到七○年代，從『無根的』現代主義到『回歸的現實』的鄉土主義，對於這兩個階段的創作，自會有千差萬別的評價。但有一點可以確定的

感、思想，的確在原鄉圖象的建構過程裡產生相當作用，是原鄉書寫中虛實交織特性的重要影響因素。是故透過作品本身所呈現出的這些觀察點，進行並置串連的深入比較，從而尋索其演繹轉化的脈絡，我們會發現在時序錯置方面，過去懷舊／當下現實／未來希望，雖是交雜互現但仍可辨識孰重孰輕，且有往前行進的遞移現象，由過去懷舊朝向未來希望的發展趨勢；至於在空間位移方面，雖有顯著的中國鄉土／臺灣鄉土之轉移，但更值得期待的是無空間定點的開闊氣象，接續新創原鄉書寫之意涵。最後，可知的是在這些眾多因素的揉織下，若欲辨識原鄉書寫之「虛」與「實」，將會是一項充滿變化且興致盎然多端的認識。

是，不論無根或回歸，它們都誕生於臺灣歷史的黑暗時刻，都成長於臺灣社會發展的危機階段，而且都在逐一清除歷史的沉渣，逐一彰顯向現代化走去臺灣的現實難題的同時，發展和建立一個對立於體制，而且不妥協於現狀的文學傳統。這異端的聲音，留給限當代臺灣文學工作者一個認識上和認同上的難題：現實臺灣，是否存在於必須從時間搶救回來的過去？抑或想像中的未來在現實裡的投影？」然而，筆者認為這種相應於社會之「異端的聲音」，亦極適於說明作家充滿異鄉情調之原鄉書寫，看似不同的問題討論，但所指向的難題卻竟一致，現實臺灣的失落與原鄉的追尋，或許實為一體兩面之事。

# 第六章　結論：結／解

　　在新世紀的肇端，回首顧望前半世紀臺灣現代散文作品的發展，對其所呈現的原鄉書寫之興味，的確是十分引人注目且耐人尋味。因為在評析眾家原鄉書寫的演繹轉化過程中，我們透過對各個作家筆下精心設計之圖象的整理，是欲藉以窺探其別具深意的原鄉書寫之圖構工程，然而在這些特意挑選之寫作符碼的指引下，所望見的不僅是作家匠心獨具之文學原鄉世界，更為重要的是在文字背後他所置身的現實時空環境，就是在文學原鄉世界與現實時空環境之靜默對話裡，更豐富多元的討論議題將一一折射現形。

　　文學原鄉世界的變異，所隱微透露的正是現實時空環境的更迭，連結兩者的是猶如相生相滅之緊密關係，張寧在探討原鄉主題的變形時認為「雖然追溯原鄉的人經歷的文化時空的質天差地別，但共同的一點是取他鄉的經驗歷史回看故土的一切，從而用選擇性的符碼構築原鄉的意象」（1990.01：155），此處之「他鄉的歷史經驗」與「故土之一切」，便足以說明他鄉／原鄉兩者同時成形存立之旨。沒有他鄉經驗就沒有所謂的原鄉追尋，也只有在現實時空下遙思追憶已失的故土時，原鄉敘述才得能綿密地開展。

　　透過本論文針對臺灣文學發展過程中懷鄉、鄉土與本土認同等三大段落的文學風貌所作之整理，可以明白地看出現實時空環境的確相當程度地作用於時代人群的原鄉想像世界。在那個背負著戰亂記憶與離鄉傷痛的年代，他們選擇將濃重的鄉愁具象化，用文字鋪陳出對故鄉家園的記憶，有琦君所營構之充滿中國舊社會風味的有情世界，有余光中所凝視仰望的文化中國華夏精神，以及王鼎鈞所親驗的中國大地烽火流離記憶，經由這些不同面向共同敘寫所編織出的搖籃，是用以撫慰那一代中國人的懷鄉漂流靈魂。而在那個

臺灣面對國際困境與經濟結構轉型的年代，是回歸民族、關懷現實、發現臺灣的文學創作主調，才能有衷情於建構臺灣農村圖象倫常美德的吳晟，有細聲漫吟臺灣鄉野傳奇舊事的阿盛，有以生命哲理稱頌昔日田園之美的陳冠學，他們都將自身生命中最眞實動人的臺灣鄉土經驗呈現於彩筆下，用以抗衡現代文明強勢侵略下年代變局。而在強化臺灣主體與本土意識激揚的年代，以臺灣現實經驗標舉自主性與本土化的創作思索，是能出現悲憫眾生鍾情土地充滿報導文學關懷精神的陳列，用旅次腳印踏實關懷臺灣自然生態的自然寫作者劉克襄，與探索母體文化延續族群經驗的達悟族作家夏曼‧藍波安，這些豐富多變的書寫內涵，所共同指向的就是關懷土地關懷人民的積極認同精神。

因而，從憂國離鄉下的懷鄉書寫，到現代工商文明沖刷下的鄉土書寫，以及臺灣本土經驗要求下的認同書寫，都在在說明文學原鄉世界與現實時空環境，實存著密切共生同存之聯繫，也有著互相證成之興味。所以，當我們回視過去文學發展過程中，每一個深具時代意義的代表性原鄉書寫時，就猶似在解開一個個以文學原鄉世界與現實時空環境所打出之精緻繁複的繩結，這樣的解結工作，不但挑戰十足且意義深重。

也因爲如此，當我們面對文學發展歷程中所曾現形的原鄉書寫時，就不禁讓人意欲窺探其文字背面所同存之現實時空環境，這樣的探求出發是極其自然且必須的，王德威對此問題便提醒過，「我們不僅有感於作家憂國戀鄉的深情，也要思考他們憂國戀鄉的『姿態』，以及掩藏其下的美學及政治動機」（1993：227）。也因此他在〈原鄉神話的追逐者〉中才會極具膽識地以「想像」和「神話」切入對原鄉書寫的認識，認爲正是因爲受到特定歷史經驗的影響，所以我們更應該正視其是如何被想像與怎樣神話化之問題，以爲如此所成之原鄉書寫「極可視爲一有效的政治文化神話，不斷激盪左右著我們的文學想像」（1993：250），「原鄉神話何曾只是有關地形地物的追認而已。它更是個充斥意識型態動機的人爲布置，代表不同價值、意識系統的角逐場地」（260），「原鄉的主題不只代表作家尋根的欲望，也成爲一批判、檢討『中央』政經措施的文學符號」（261），「須注意各種原鄉文學所兀自構成的敘事規範及符號象徵系統」（274），「只有我們將故鄉視爲一時空向度的指標，文化、意識型態力量的聚散點，方不至於落於（簡化）盧梭式的浪漫公式中」（274）；明顯可見，他對這些原鄉書寫的詮釋觀點，是希望跨出以往一般地理上或空

間上的定義範疇，而探討其所暗藏的歷史動機及社會意義。當懷抱著如此的詮釋觀點，進入作家所汲汲經營的原鄉書寫時，繼之而出的問題便是「原鄉文學所衍生的言談論述力量，如何左右作者讀者想像」（274），意即在它對當下的現實時空環境，提供一個充滿異鄉情調的想像，成爲一種召喚群體力量的儀式，發揮一股促進群體想像的作用，可以成就群體對身分、社群、國家、民族等自我認同上的思考時，就能發現每一個文學原鄉世界都深具著現實時空意義的。

經由這部分的整理與探討，主要是希望能具體提供一個屬於精神心靈的文學書寫世界，用以提點充滿現實意義的時空環境，讓文學作品的探析研究工作，不但能重顯其藝術創作所隱含的特殊意涵，同時更能成爲一個討論議題的場域。透過這道解結的閱讀過程，將文學的微觀分析拓展至文化建構的宏觀探索，而能成爲其他學科研究相關議題時的重要佐證。

然而，結／解的關係，不僅能說明我們對原鄉書寫作品的閱讀態度，同時也能呈現原鄉書寫作品的整體發展脈絡，而且後者所提供的觀察角度更顯意義深遠。因爲從懷鄉文學和鄉土文學的作品中，我們明白原鄉之景未既存於當下現實，對那已然消逝的過去天地，在時空隔絕與情感思想傾向的作用下，揀選「眞實」、篩落「記憶」，一股想像的鄉愁力量適足以圖構出那亦實亦虛的原鄉烏托邦之景。這種以文字重回的中國大地和臺灣鄉土，是極爲明確且單一的情感對象認同主體，是存續著過往眞實且穿梭於當下現實，當他們追溯往昔書寫記憶時，多是爲能新創力量面對當下現實，用以補足那分心靈精神上對失落過去的空虛。

但隨著本土認同文學所標舉的關懷土地關懷人民的書寫主張，原鄉書寫的虛實交織開始進入一個當下現實與未來虛構的綿延交織中，一個多元豐富的想像鄉愁迅急擴張蔓延，在其不斷開闢疆土的可能性下，陳列眼中的人間眾生山海自然，劉克襄筆下的自然生態土地倫理，夏曼・藍波安心中的母體文化族群思維，過去特殊定點空間的執念開始鬆動游離，鮮明地擺脫了意義固定的土地之縛，而朝向無空間定點的開闊寬廣之思。因此，尋索原鄉書寫之演繹轉化脈絡，我們可以發現在時序錯置上，過去懷舊／當下現實／未來希望，顯有往前行進的遞移現象與迎向未來希望的發展趨勢；而在空間位移上，中國大地／臺灣鄉土／無定點空間，其所關注的視野與展現的氣度都已超脫定點土地之縛。如此觀察原鄉書寫的發展脈絡未嘗不是由結而解。

　　所以能出現如此開闊發展之契機，一方面固然是源於本土認同文學的創作理念，一種主張對土地認同對人民關心的書寫態度，這樣的文學胸襟是可以超越過去深受時代意識左右的大論述表現，而呈現出一種源於土地人民為關懷，並具個人生命色彩與自我價值定位的多元論述。另一方面則是此時原鄉追尋動力已與之前有別，是出於個人生命價值的探本溯源，從懷鄉戀土轉為探本溯源自我徵逐之原鄉想像，這樣的轉異就足以擺落原鄉情愁於時間必回至過去的宿命，未來的參與將激碰出新的想像火花，而這樣的未來當是我們所無法預期與先知的。因而這些充滿鮮活個性又具新時代對話的原鄉書寫，將不斷挑戰過去時代已有的原鄉書寫之可能，也不斷打破我們對原鄉書寫的既定印象。

　　由於原鄉書寫呈現了一個極具未來性的發展潛能，若如此觀之，何嘗不是將歷來深具意識情結代表的「結」解開，讓這類書寫所能含括包容的意涵，超越前期充斥政治意識的單一象徵，也讓我們對原鄉書寫的詮釋態度有更為開闊的空間。這個由原鄉書寫意涵的發展脈絡，所觀察到的結／解之關係，的確足以讓我們對原鄉書寫的未來表現更具信心與期待。

　　在經過長達半世紀重要作家作品的梳理下，我們所看見的真實，是隨著時代變動更迭的他鄉現實時時牽動著精神原鄉的座落位標，「鄉」的內涵與意義就在這樣不斷失落與追尋的反覆辯證過程中，一再地被塑造與創新，讓這充滿隱喻想像的精神心靈世界成為一個綿密不絕的對話空間。因而從原鄉書寫內涵所探見的身分認同思索，或能較為貼近人心顯露真情，無論懷鄉、鄉土、本土究其所指都應是文學世界中現實人生的表現，不該成為口號標語也不該作為檢驗他人的規條，這樣的基本認知，將讓我們在面對臺灣社會的歷史文化發展過程，有更為接近真實的瞭解。

　　最後想提醒的是，雖然前述的詮釋觀點與閱讀態度，的確讓我們對原鄉書寫有不同以往的認識與發現，也為未來提供了一個新的研究方向。但是，在面對這些優秀作家的精心作品，閱讀到作品中所呈顯出的文學心靈，望見那個原鄉世界的善美境地，這些都絕對值得我們抖落所有紛攘雜蕪的政治塵埃，以一種對文學國度的基本尊重，用一顆素樸的心靈誠摯地去貼近作家的生命靈魂，同體領受他對人間大地的深情摯愛。誠如齊邦媛所認為的，對一個誠心賞讀作品的讀者而言，何嘗有什麼「路線正確」的立場？「文學的終極關懷絕不該是支配性的政治，而是心靈的處境和人性的趨向。只要有此關

懷與藝術造詣，作品才能在時間的淘汰下傳諸後世，找回更多單純、有口味的讀者」（1998：214）。

因此，十分明白的是在文學作品中所涵融的人情至性，所追尋的生命心靈，原就是一種無以明道難以盡述的精神境界。所以，一種不帶「解結」的閱讀態度，也應是學術研究過程中不該被忽視遺漏的。

# 參考資料

一、作家作品（依作者姓氏筆畫順序排列）

1. 王鼎鈞，《情人眼》，臺北：大林，1970 年。
2. 王鼎鈞，《碎琉璃》，臺北：九歌，1978 年。
3. 王鼎鈞，《海水天涯中國人》，臺北：爾雅，1982 年。
4. 王鼎鈞，《看不透的城市》，臺北：爾雅，1984 年。
5. 王鼎鈞，《單身溫度》，臺北：爾雅，原 1970 大林版，1988a。
6. 王鼎鈞，《左心房漩渦》，臺北：爾雅，1988b。
7. 王鼎鈞，《情人眼》，臺北：吳氏圖書，原 1970 大林版，1990 年。
8. 王鼎鈞，《山裡山外》，臺北：吳氏圖書，原 1984 洪範版，1992a。
9. 王鼎鈞，《昨天的雲》，臺北：吳氏圖書，1992b。
10. 王鼎鈞，《怒目少年》，臺北：吳氏圖書，1995 年。
11. 王鼎鈞，《隨緣破密》，臺北：爾雅，1997 年。
12. 王鼎鈞，《千手補蝶》，臺北：爾雅，1999a。
13. 王鼎鈞，《活到老，真好》，臺北：爾雅，1999b。
14. 王鼎鈞，《風雨陰晴》，臺北：爾雅，2000 年。
15. 余光中，《望鄉的牧神》，臺北：純文學，1968 年。
16. 余光中，《焚鶴人》，臺北：純文學，1972 年。
17. 余光中，《聽聽那冷雨》，臺北：純文學，1974 年。
18. 余光中，《青青邊愁》，臺北：純文學，1977 年。
19. 余光中，《左手的繆思》，臺北：時報，1980 年。
20. 余光中，《逍遙遊》，臺北：時報，1984 年。

21. 余光中，《記憶像鐵軌一樣長》，臺北：洪範，1987年。

22. 余光中，《憑一張地圖》，臺北：九歌，1988年。

23. 余光中，《隔水呼渡》，臺北：九歌，1990年。

24. 余光中，《五行無阻》，臺北：九歌，1998a。

25. 余光中，《日不落家》，臺北：九歌，1998b。

26. 余光中，《逍遙遊》，臺北：九歌，2000年。

27. 吳晟，《農婦》，臺北：洪範，1982年。

28. 吳晟，《店仔頭》，臺北：洪範，1985a。

29. 吳晟，《飄搖裏》，臺北：洪範，原1966中國書局版，1985b。

30. 吳晟，《吾鄉印象》，臺北：洪範，原1976楓城版，1985c。

31. 吳晟，《向孩子說》，臺北：洪範，1985d。

32. 吳晟，《無悔》，臺北：開拓，1992年。

33. 吳晟，《不如相忘》，臺北：開拓，1994年。

34. 吳晟，《吳晟詩選》，臺北：洪範，2000年。

35. 吳晟，《一首詩一個故事》，臺北：聯合文學，2002a。

36. 吳晟，《筆記濁水溪》，臺北：聯合文學，2002b。

37. 阿盛，《唱起唐山謠》，臺北：蓬萊，1981年。

38. 阿盛，《兩面鼓》，臺北：時報，1984a。

39. 阿盛，《行過急水溪》，臺北：時報，轉1997九歌版，1984b。

40. 阿盛，《綠袖紅塵》，臺北：前衛，轉1986遠景版，1985年。

41. 阿盛，《散文阿盛（自選集）》，臺北：希代，1986a。

42. 阿盛，《如歌的行板》，臺北：林白，1986b。

43. 阿盛，《春秋麻黃》，臺北：林白，轉2002華成版，更名《十殿閻君》，1986c。

44. 阿盛，《阿盛別裁（自選集）》，臺北：希代，1987年。

45. 阿盛，《心情兩紀年》，臺北：聯合文學，1991年。

46. 夏曼・藍波安，《八代灣的神話》，臺中：晨星，1992年。

47. 夏曼・藍波安，《冷海情深》，臺北：聯合文學，1997年。

48. 夏曼・藍波安，《黑色的翅膀》，臺中：晨星，1999年。

49. 夏曼・藍波安，《海浪的記憶》，臺北：聯合文學，2002年。

50. 陳列，《地上歲月》，臺北：漢藝色研，轉1994聯文版，1989年。

51. 陳列，《永遠的山》，南投：玉山國家公園管理處，1991年。

52. 陳冠學，《田園之秋——初秋篇》，臺北：前衛，1983年。

53. 陳冠學，《田園之秋──仲秋篇》，臺北：前衛，1984 年。

54. 陳冠學，《田園之秋──晚秋篇》，臺北：東大，1985 年。

55. 陳冠學，《父女對話》，臺北：圓神，轉 1994 三民版，1987 年。

56. 陳冠學，《訪草》，臺北：前衛，轉 1994 三民版，1988 年。

57. 琦君，《紅紗燈》，臺北：三民，1969 年。

58. 琦君，《三更有夢書當枕》，臺北：爾雅，1975 年。

59. 琦君，《桂花雨》，臺北：爾雅，1976 年。

60. 琦君，《細雨燈花落》，臺北：爾雅，1977 年。

61. 琦君，《千里懷人月在峰》，臺北：爾雅，1978 年。

62. 琦君，《留予他年說夢痕》，臺北：洪範，1980a。

63. 琦君，《琴心》，臺北：爾雅，原 1945 國風版，1980b。

64. 琦君，《煙愁》，臺北：爾雅，原 1963 光啟版，轉 1975 書評書目版，1981a。

65. 琦君，《母心似天空》，臺北：爾雅，1981b。

66. 琦君，《燈景舊情懷》，臺北：洪範，1983 年。

67. 琦君，《水是故鄉甜》，臺北：九歌，1984 年。

68. 琦君，《此處有仙桃》，臺北：九歌，1985 年。

69. 琦君，《玻璃筆》，臺北：九歌，1986 年。

70. 琦君，《青燈有味似兒時》，臺北：九歌，1988 年。

71. 琦君，《母心·佛心》，臺北：九歌，1990 年。

72. 琦君，《一襲青衫萬縷情》，臺北：爾雅，1991 年。

73. 琦君，《媽媽銀行》，臺北：九歌，1992 年。

74. 琦君，《萬水千山師友情》，臺北：九歌，1995 年。

75. 劉克襄，《旅次札記──天空最後的英雄》，臺北：時報文化，1982 年。

76. 劉克襄，《旅鳥的驛站》，臺北：自然生態保育協會，1984a。

77. 劉克襄，《漂鳥的故鄉》，臺北：前衛，1984b。

78. 劉克襄，《隨鳥走天涯》，臺北：洪範，1985 年。

79. 劉克襄，《消失中的亞熱帶》，臺中：晨星，1986 年。

80. 劉克襄，《小鼯鼠的看法》，臺北：合志，1988 年。

81. 劉克襄，《自然旅情》，臺中：晨星，1992 年。

82. 劉克襄，《山黃麻家書》，臺中：晨星，1994 年。

83. 劉克襄，《小綠山之歌》，臺北：時報，1995a。

84. 劉克襄，《小綠山之舞》，臺北：時報，1995b。

85. 劉克襄，《小綠山精靈》，臺北：時報，1995c。

86. 劉克襄，《偷窺自然》，臺北：迪茂，1996 年。

87. 劉克襄，《安靜的遊蕩》，臺北：皇冠，2001 年。

二、**學位論文**（依論文出版時間順序排列）

1. 傅怡禎，《五○年代臺灣小說中的懷鄉意識》，文化大學中文研究所碩士，1983 年。

2. 李祖琛，《七十年代臺灣鄉土文學運動析論——傳播結構的觀察》，政治大學新聞研究所碩士，1986 年。

3. 張智文，《從族類意識（ethnicity）的角度分析當代本土文學的「臺灣意識」現象》，清華大學社會人類研究所碩士，1990 年。

4. 藍博堂，《臺灣鄉土文學論戰及其餘波 1971～1987》，臺灣師範大學歷史研究所碩士，1992 年。

5. 陳玉芬，《余光中散文研究》，臺灣大學中文研究所碩士，1993 年。

6. 謝春馨，《八○年代「臺灣文學」正名論》，中央大學中文研究所碩士，1995 年。

7. 李麗玲，《五○年代國家文藝體制下臺籍作家的處境及其創作研究》，清華大學文學研究所碩士，1995 年。

8. 蔡芳玲，《一九四九年前後遷臺作家之研究》，中央大學中文研究所碩士，1996 年。

9. 蕭義玲，《臺灣當代小說的世紀末圖像研究——以解嚴後十年（1987～1997）爲觀察對象》，臺灣師範大學國文研究所博士，1998 年。

10. 陳明柔，《典範的更替／消解與臺灣八○年代小說的感覺結構》，東海大學中文研究所博士，1998 年。

11. 邱珮萱，《琦君及其散文研究》，高雄師範大學國文學系碩士，1998 年。

12. 簡義明，《臺灣「自然寫作」研究——以 1981~1997 爲範圍》，政治大學中文研究所碩士，1998 年。

13. 蔡倩茹，《王鼎鈞散文研究》，臺灣師範大學國文研究所碩士，2001 年。

14. 陳秀滿，《散文捕蝶人——王鼎鈞散文研究》，彰化師範大學國文學系碩士，2002 年。

15. 楊曉琪，《七○年代鄉土文學論戰暨文學場域的變遷》，暨南大學中國語文學系碩士，2002 年。

三、**中文書目**（依作者姓氏筆畫順序排列）

1. 中國論壇編輯委員會主編，《臺灣地區社會變遷與文化發展》，臺北：聯經，1985 年。

2. 王立，《中國古代文學十大主題》，臺北：文史哲，1994 年。

3. 王志健，《三民主義文藝運動》，臺北：中央文物供應社，1984 年。

4. 王明珂，《華夏邊緣——歷史記憶與族群認同》，臺北：允晨，1997 年。

5. 王德威，《小說中國》，臺北：麥田，1993 年。

6. 王德威，《如何現代，怎樣文學？》，臺北：麥田，1998 年。

7. 丘為君等編，《臺灣學生運動 1949～1979》，臺北：龍田，1979 年。

8. 仙人掌雜誌社，《民族主義的再出發》，臺北：故鄉，1979 年。

9. 古繼堂，《臺灣小說發展史》，臺北：文史哲，1982 年。

10. 司徒衛，《書評續集》，臺北：幼獅書店，1960 年。

11. 白少帆等著，《現代臺灣文學史》，遼寧：遼寧大學，1987 年。

12. 江宜樺，《自由主義、民族主義與國家認同》，臺北：揚智，1998 年。

13. 朱雙一，《近二十年臺灣文學流脈》，廈門：廈門大學，1999 年。

14. 何欣，《中國現代小說的主潮》，臺北：遠景，1979 年。

15. 何寄澎編，《當代臺灣文學評論大系——散文批評》，臺北：正中，1993 年。

16. 余光中主編，《中國現代文學大系》，臺北：巨人，1972 年。

17. 余光中總編，《中華現代文學大系》，臺北：九歌，1989 年。

18. 吳叡人譯，《想像的共同體》（班奈迪克‧安德遜著），臺北：時報，1999 年。

19. 呂正惠，《戰後臺灣文學經驗》，臺北：新地文學，1995 年。

20. 沈謙，《修辭學》，臺北：國立空中大學，1995 年。

21. 李金梅譯，《民族與民族主義》（艾瑞克‧霍布斯邦著），臺北：麥田，1997 年。

22. 李筱峰，《臺灣民主運動四十年》，臺北：自立晚報文化，1989 年。

23. 周芬伶‧鍾怡雯主編，《散文讀本》，臺北：二魚文化，2002 年。

24. 周英雄、劉紀蕙主編，《書寫臺灣‧文學史、後殖民與後現代》，臺北：麥田，2001 年。

25. 周蕾，《寫在家國之外》，香港：牛津，1995 年。

26. 林燿德編，《當代臺灣文學評論大系——文學現象》，臺北：正中，1993 年。

27. 邵玉銘等編，《四十年來中國文學會議》，臺北：聯合文學，1995 年。

28. 邱貴芬，《仲介臺灣‧女人後殖民女性觀點的臺灣閱讀》，臺北：元尊文化，1997 年。

29. 南方朔，《中國自由主義的最後堡壘》，臺北：四季，1979 年。

30. 施敏輝編，《臺灣意識論戰選集》，臺北：前衛，1988 年。

31. 施淑，《兩岸文學論集》，臺北：新地文學，1997 年。

32. 胡民祥編，《臺灣文學入門》，臺北：前衛，1989 年。

33. 若林正丈編、廖兆陽譯，《中日會診臺灣——轉型期的政治》，臺北：故鄉，1988 年。

34. 夏鑄九，《空間，歷史與社會》，臺北：唐山，1995 年。

35. 尉天驄主編，《鄉土文學討論集》，臺北：遠景，1980 年。

36. 張大春，《張大春的文學意見》，臺北：遠流，1992 年。

37. 張京媛編，《後殖民理論與文化認同》，臺北：麥田，1995 年。

38. 張智文，《當代文學的臺灣意識》，臺北：自立，1993 年。

39. 張曉風主編，《中華現代文學大系‧散文卷》，臺北：九歌，1989 年。

40. 許達然主編，《臺灣當代散文精選》，臺北：新地文學，1989 年。

41. 陳芳明，《詩和現實》，臺北：洪範，1977 年。

42. 陳芳明，《典範的追求》，臺北：聯合文學，1994 年。

43. 陳芳明，《殖民地臺灣：左翼政治運動史論》，臺北：麥田，1998 年。

44. 陳芳明，《後殖民臺灣：文學史論及其周邊》，臺北：麥田，2002 年。

45. 陳惇主編，《比較文學》，北京：高等教育，1997 年。

46. 陳清僑編，《文化想像與意識形態》，香港：牛津，1997 年。

47. 陳義芝主編，《臺灣文學二十年集 1978～1998：散文二十家》，臺北：九歌，1998 年。

48. 陳義芝主編，《臺灣文學經典研討會論文集》，臺北：聯經，1999 年。

49. 陳鵬翔編，《主題學研究論文集》，臺北：東大，1983 年。

50. 傅孟麗，《茱萸的孩子——余光中傳》，臺北：天下遠見，1999 年。

51. 彭瑞金，《臺灣新文學運動四十年》，臺北：自立晚報文化，1991 年。

52. 彭瑞金，《臺灣文學探索》，臺北：前衛，1995 年。

53. 彭歌，《回憶的文學》，臺北：聯合報社，1977 年。

54. 游勝冠，《臺灣文學本土論的興起與發展》，臺北：前衛，1997 年。

55. 焦桐，《臺灣文學的街頭運動（1977~世紀末）》，臺北：時報，1999 年。

56. 張誦聖，《文學場域的變遷》，臺北：聯合文學，2001 年。

57. 傅德岷，《散文藝術論》，重慶：重慶，1988 年。

58. 黃重添，《臺灣長篇小說論》，福建：海峽文藝，1990 年。

59. 黃重添、莊明萱等編，《臺灣新文學概觀》，臺北縣：稻鄉，1992 年。

60. 黃維樑主編,《火浴的鳳凰——余光中作品評論集》,臺北:純文學,1979年。

61. 黃維樑主編,《璀璨的五采筆——余光中作品評論集(1979~1993)》,臺北:九歌,1994年。

62. 楊昌年,《現代散文新風貌》,臺北:東大,1988年。

63. 楊昌年等編,《二十世紀中國新文學史》,臺北:駱駝,1997年。

64. 楊照,《文學、社會與歷史想像——戰後文學史散論》,臺北:聯合文學,1995年。

65. 楊照,《夢與灰燼》,臺北:聯合文學,1998年。

66. 楊澤編,《從四○年代到九○年代》,臺北:時報,1994年。

67. 葉石濤,《沒有土地‧哪有文學》,臺北:遠景,1985年。

68. 葉石濤,《臺灣文學史綱》,高雄:文學界,1996年。

69. 廖咸浩,《愛與解構——當代臺灣文學評論與文化觀察》,臺北:聯合文學,1995年。

70. 趙知悌主編,《現代文學的考察》,臺北:遠景,1978年。

71. 齊邦媛,《千年之淚》,臺北:爾雅,1990年。

72. 齊邦媛,《霧漸漸散的時候——臺灣文學五十年》,臺北:九歌,1998年。

73. 齊邦媛等著,《評論十家》,臺北:爾雅,1993年。

74. 蔡倩茹,《王鼎鈞論》,臺北:爾雅,2002年。

75. 蔡源煌,《海峽兩岸小說的風貌》,臺北:雅典,1989年。

76. 簡瑛瑛主編,《認同、差異、主體性》,臺北:立緒,1997年。

77. 鄭明娳,《現代散文縱橫論》,臺北:大安,1988年。

78. 鄭明娳,《現代散文類型論》,臺北:大安,1988年。

79. 鄭明娳,《現代散文構成論》,臺北:大安,1989年。

80. 鄭明娳,《現代散文現象論》,臺北:大安,1992年。

81. 鄭明娳主編,《當代臺灣政治文學論》,臺北:時報,1994年。

82. 鄭明娳主編,《當代臺灣都市文學論》,臺北:時報,1995年。

83. 盧建榮,《分裂的國族認同(1975~1997)》,臺北:麥田,1999年。

84. 聯副三十年文學大系編輯委員會,《風雲三十年——聯副三十年文學大系》,臺北:聯合報社,1982年。

85. 鍾怡雯,《亞洲華文散文的中國圖像(1949~1999)》,臺北:萬卷樓,2001年。

86. 鍾玲主編,《與永恆對壘:余光中先生七十壽慶詩文集》,臺北:九歌,1999年。

87. 隱地編,《琦君的世界》,臺北:爾雅,1980 年。

88. 蘇其康主編,《結網與詩風:余光中先生七十壽慶論文集》,臺北:九歌,1999 年。

## 四、中文篇目（依作者姓氏筆畫順序排列）

1. 巴蘇亞・博伊哲努,〈海洋思維的悸動〉,收入夏曼・藍波安《海浪的記憶》,臺北:聯合文學,頁 9～12,2002 年 7 月。

2. 王拓,〈「現實主義」文學,不是「鄉土文學」──有關「鄉土文學」的史的分析〉,收入尉天驄主編《鄉土文學討論集》,臺北:遠景,頁 100～119。原刊《仙人掌雜誌》2 號,1977 年 4 月。

3. 王威智,〈臺灣本土人物傳──陳列其人、文學與政治的天平〉,《臺灣時報》22 版,1994 年 11 月 3 日,1994 年 11 月 3 日。

4. 王家祥,〈攻登山頂的小憩〉,《中國時報》人間版,1995 年 2 月 9 日,1995 年 2 月 9 日。

5. 王鼎鈞,〈花語〉,《中華日報》,1976 年 1 月 15 日。另收入隱地編《琦君的世界》,臺北:爾雅,頁 167～168,1976 年 1 月 15 日。

6. 司徒衛,〈五○年代自由中國的新文學〉,《文訊》9 期,頁 13～24,1984 年 3 月。

7. 田新彬,〈質樸溫厚、敏銳犀利兼而有之,作品呈多樣風貌的阿盛〉,收入阿盛《阿盛別裁》,臺北:希代,頁 235～247。原刊《我們的雜誌》3 期,頁 114～117,1985 年 6 月。

8. 白先勇,〈《現代文學》的回顧與前瞻〉,收入歐陽子編《現代文學小說選集》,臺北:爾雅,頁 5～18,1977 年 6 月。

9. 石家駒,〈在民族文學的旗幟下團結起來〉,收入仙人掌雜誌社編《民族文學的再出發》,臺北:故鄉,頁 223～238。原刊《仙人掌》12 號,1978 年 8 月。

10. 向陽,〈憂鬱而冷靜的外野手──為劉克襄的《旅次札記》加油〉,收入劉克襄《旅次札記》,臺北:時報文化,頁 1～11,1982 年 6 月。

11. 向陽,〈七十年代現代詩風潮試論〉,《文訊》12 期,頁 47～76,1984 年 6 月。

12. 向陽,〈不規不矩求規矩──來看阿盛《行過急水溪》〉,《中國時報》人間版,1984 年 12 月 8 日,1984 年 12 月 8 日。

13. 向陽,〈新營到臺北──阿盛散文集《綠袖紅塵》序〉,收入阿盛《綠袖紅塵》,臺北:前衛,頁 3～10,1985 年 9 月。

14. 向陽,〈島事島物不島氣〉,收入阿盛《春秋麻黃》,臺北:林白,頁 7～15,1986 年 11 月。

15. 向陽，〈文學、土地、人——「臺灣作家的定位」之淺見〉，《臺灣文藝》104 期，頁 7～8，1987 年 1 月。

16. 向陽，〈打開意識型態地圖——回看戰後臺灣文學傳播的媒介運作〉，收入鄭明娳主編《當代臺灣政治文學論》，臺北：時報，頁 75～105，1994 年 7 月。

17. 朱西甯，〈回歸何處？如何回歸？〉，收入尉天驄主編《鄉土文學討論集》，臺北：遠景，頁 204～226。原刊《仙人掌雜誌》2 號，1977 年 4 月。

18. 朱西甯，〈論反共文學〉，《中華文化復興月刊》114 期，頁 2～9，1977 年 9 月。

19. 羊子喬，〈在轉捩點上，先確立座標〉，《臺灣文藝》104 期，頁 8～10，1987 年 1 月。

20. 何欣，〈析《田園之秋》〉，《自立晚報》1983 年 3 月 10 日，1983 年 3 月 10 日。

21. 何淑貞，〈蘊藉雋永話《煙愁》〉，收入陳義芝編《臺灣文學經典研討會論文集》，臺北：聯經，頁 333～345，1999 年 6 月。

22. 余光中，〈狼來了〉，收入尉天驄主編《鄉土文學討論集》，臺北：遠景，頁 204～226。原刊 1977 年 8 月 20 日，《聯合報》副刊，1977 年 8 月。

23. 余光中，〈《中華現代文學大系》總序〉，收入余光中總編《中華現代文學大系》，臺北：九歌，頁 1～20，1989 年 5 月。

24. 吳江波，〈阿盛體散文〉，收入阿盛《阿盛別裁》，臺北：希代，頁 27～37。原刊《自由》副刊，1987 年 6 月 8 日，1987 年 6 月 8 日。

25. 吳晟，〈詩集因緣——《吾鄉印象》〉，《自由時報》，1997 年 9 月 24 日，1997 年 9 月 24 日。

26. 吳晟，〈詩名〉，《中國時報》人間版，2000 年 6 月 13 日，2000 年 6 月 13 日。

27. 吳晟，〈詩與詩緣〉，《聯合報》，2000 年 5 月 23 日，2000 年 5 月 23 日。

28. 呂昱，〈土地失去後怎麼辦——試論阿盛的散文〉，收入阿盛《散文阿盛》，臺北：希代，頁 37～47。原刊《自立晚報》，1986 年 9 月 3 日，1986 年 9 月 3 日。

29. 宋水田，〈「吾鄉印象」的鄉土美學——論吳晟（上）〉，《臺灣文藝》127 期，頁 42～106，1991 年 10 月。

30. 宋水田，〈「吾鄉印象」的鄉土美學——論吳晟（中）〉，《臺灣文藝》128 期，頁 78～97，1991 年 12 月。

31. 宋水田，〈「吾鄉印象」的鄉土美學——論吳晟（下）〉，《臺灣文藝》129 期，頁 42～73，1992 年 2 月。

32. 宋冬陽，〈現階段臺灣文學本土化的問題〉，《臺灣文藝》86 期，頁 10～

40，1984 年 1 月。

33. 宋冬陽，〈島嶼文學的豐收——試論阿盛散文〉，收入阿盛《散文阿盛》，臺北：希代，頁 25～36，1986 年 9 月。

34. 宋冬陽，〈跨過文學批評禁區——「放膽文章拼命酒」後記〉，《臺灣新文化》13 期，頁 60～61，1987 年 10 月。

35. 宋澤萊，〈論吳晟散文的重大價值——日據時期以來臺灣農村生活記實文學的巔峰〉，《臺灣新文學》6 期，頁 206～215，1996 年 12 月。

36. 李又寧，〈談琦君的散文〉，《聯合報》，1979 年 12 月 29 日。另收入隱地編《琦君的世界》，臺北：爾雅，頁 211～219，1979 年 12 月 29 日。

37. 李又寧，〈擁抱文化的原鄉〉，《聯合報》41 版，1996 年 9 月 16 日，1996 年 9 月 16 日。

38. 李元洛，〈海外遊子的戀歌——讀余光中的〈鄉愁〉與〈鄉愁四韻〉〉，收入黃維樑編《璀璨的五采筆——余光中作品評論集》，臺北：九歌，頁 125～133，1994 年 10 月。

39. 李弦，〈變中天地——阿盛的散文風格〉，《文訊》29 期，頁 201～207，1987 年 4 月。

40. 李昂，〈臺灣作家的定位——記「現代中國文學大同世界」（上）〉，《中國時報》人間版，1986 年 8 月 20 日，1986 年 8 月 20 日。

41. 李昂，〈臺灣作家的定位——記「現代中國文學大同世界」（下）〉，《中國時報》人間版，1986 年 8 月 21 日，1986 年 8 月 21 日。

42. 李明白，〈一位執著於人和土地之間的作家——訪吳晟〉，《臺灣文藝》126 期，頁 49～57，1991 年 8 月。

43. 李牧，〈新文學運動歷程中的關鍵時代：試探五〇年代自由中國文學創作的思路及其所產生的影響〉，《文訊》7 期，頁 144～161，1984 年 3 月。

44. 李祖琛，〈「鄉土文學論戰」之後的臺灣文學〉，《臺灣文藝》105 期，頁 45～52，1987 年 5 月。

45. 李國偉，〈文學的新生代〉，收入趙知悌主編《現代文學的考察》，臺北：遠景，頁 214～227。原刊《中外文學》1 卷 12 期，1973 年 5 月。

46. 李國偉，〈略論社會文學〉，收入趙知悌主編《現代文學的考察》，臺北：遠景，頁 228～233。原刊《中外文學》2 卷 2 期，1973 年 7 月。

47. 李敏勇，〈臺灣作家的再定位——對角色和功能的思考〉，《臺灣文藝》104 期，頁 5～6，1987 年 1 月。

48. 李瑞騰，〈說給你們少年聽——談起阿盛的散文〉，收入阿盛《唱起唐山謠》，臺北：蓬萊，頁 205～208，1981 年 9 月。

49. 李瑞騰，〈張道藩先生〈我們所需要的藝文政策〉試論〉，《市立圖書館館訊》6 卷 1 期，頁 96～103，1988 年 9 月。

50. 李豐懋，〈寫實的農村隨筆──評吳晟《店仔頭》〉，《聯合文學》17 期，頁 212～213，1986 年 3 月。

51. 沈乃慧，〈大地之歌，黎民之光──閱讀陳列〉，《更生日報》，1997 年 11 月 30 日，1997 年 11 月 30 日。

52. 沈冬青，〈搖鈴走世看臺灣──創作者阿盛〉，《幼獅文藝》512 期，頁 4～9，1996 年 8 月。

53. 沈冬青，〈觀察、解說與創造：閱讀劉克襄〉，《幼獅文藝》84 卷 6 期，頁 15～20，1997 年 6 月。

54. 沈謙，〈愛的世界──讀琦君〈想念荷花〉〉，《幼獅少年》85 期，頁 118～121，1983 年 11 月。

55. 沈謙，〈左手的散文魔術──讀余光中《記憶像鐵軌一樣長》〉，收入黃維樑編《璀璨的五采筆──余光中作品評論集》，臺北：九歌，頁 366～375，1994 年 10 月。

56. 沈謙，〈駱駝背上的樹──王鼎鈞散文的人格與風格〉，「臺灣現代散文研討會」論文，臺北：九歌文教基金會。亦刊於《中國現代文學理論季刊》6 期，頁 217～234，1997 年 6 月。

57. 林文義，〈唐山，是我們的歌〉，《明道文藝》66 期，頁 122～123，1981 年 9 月。

58. 林明德，〈臺灣文學中的歷史經驗──以吳晟的作品為例〉，《文學臺灣》13 期，頁 288～320，1995 年 1 月。

59. 林載爵，〈臺灣文學的兩種精神〉，《中外文學》2 卷 7 期，頁 4～20，1973 年 12 月。

60. 牧子，〈詩的社會性與民族性──兼論現代詩的歸屬性〉，收入趙知悌主編《現代文學的考察》，臺北：遠景，頁 179～188。原刊《臺大青年》73 期，1975 年 3 月。

61. 阿盛，〈放馬天地散文間──序《一九八五臺灣散文選》〉，收入《一九八五臺灣散文選》，臺北：前衛，頁 9～12，1986 年 2 月。

62. 阿盛，〈放心下筆大是好──《綠袖紅塵》新版序〉，收入阿盛《綠袖紅塵》，臺北：前衛，頁 1～5，1986 年 8 月。

63. 阿盛，〈不信美好喚不回──序《歲月鄉情》〉，收入阿盛編《歲月鄉情》，臺北：書評書目，頁 3～7，1987 年 8 月。

64. 亮軒，〈流不盡的菩薩泉──看琦君《三更有夢書當枕》有感〉，《書評書目》29 期，頁 19～24。另收入隱地編《琦君的世界》，臺北：爾雅，頁 153～160，1975 年 9 月。

65. 南方朔，〈到處都是鐘聲──鄉土文學業已宣告死亡〉，收入尉天驄主編《鄉土文學討論集》，臺北：遠景，頁 306～312。原刊《中國時報》人

間版 1977 年 8 月 18 日，1977 年 8 月。

66. 南方朔，〈中國自由主義的最後堡壘——大學雜誌的量底分析〉，收入氏著《中國自由主義的最後堡壘》，臺北：四季，頁 1～63，1979 年 9 月。

67. 南方朔，〈流放與文學的創世寓言〉，《中國時報》人間版，2001 年 2 月 3 日，2001 年 2 月 3 日。

68. 思果，〈落花一片天上來——讀琦君女士的散文〉，《中國時報》人間版，1975 年 12 月 21 日。另收入隱地編《琦君的世界》，臺北：爾雅，頁 161～165，1975 年 12 月 21 日。

69. 施美惠，〈夏曼‧藍波安探尋族群文化脈絡〉，《聯合報》14 版，1999 年 12 月 22 日，1999 年 12 月 22 日。

70. 施懿琳，〈稻作文化蘊育下的農民詩人——試析吳晟新詩的性格特質與批判精神（上）〉，《臺灣新文學》9 期，頁 315～331，1997 年 12 月。

71. 施懿琳，〈稻作文化蘊育下的農民詩人——試析吳晟新詩的性格特質與批判精神（下）〉，《臺灣新文學》10 期，頁 322～337，1998 年 6 月。

72. 柯慶明，〈六十年代現代主義文學？〉，收入邵玉銘等編《四十年來中國文學》，臺北：聯合文學，頁 85～146，1995 年 6 月。

73. 洛夫，〈怒讀「臺灣作家的定位」〉，《中國時報》人間版，1986 年 9 月 25 日，1986 年 9 月 25 日。

74. 胡秋原，〈談「人性」與「鄉土」之類〉，收入尉天驄主編《鄉土文學討論集》，臺北：遠景，頁 313～331。原刊《中華雜誌》170 期，1977 年 9 月。

75. 胡秋原，〈中國人立場之復歸——爲尉天驄先生「鄉土文學討論集」而作〉，收入尉天驄主編《鄉土文學討論集》，臺北：遠景，頁 1～44，1978 年 3 月。

76. 胡衍南，〈捨棄原鄉鄉愁的兩個模式——談朱天心、張大春的小說創作〉，《臺灣文學觀察雜誌》7 期，頁 117～132，1993 年 6 月。

77. 唐文標，〈論傳統詩與現代詩——甚麼時代甚麼地方甚麼人〉，收入趙知悌主編《現代文學的考察》，臺北：遠景，頁 95～118。原刊《龍族》「龍族評論專號」，1973 年 7 月。

78. 唐文標，〈詩的沒落——臺港新詩的歷史批判〉，收入趙知悌主編《現代文學的考察》，臺北：遠景，頁 46～94。原刊《文季》1 期，1973 年 8 月。

79. 唐文標，〈僵斃的現代詩〉，收入趙知悌主編《現代文學的考察》，臺北：遠景，頁 46～50。原刊《中外文學》2 卷 3 期，1973 年 8 月。

80. 唐捐，〈《田園之秋》的辭與物——論陳冠學《田園之秋》〉，收入陳義芝編《臺灣文學經典研討會論文集》，臺北：聯經，頁 389～399，1999 年

6 月。

81. 夏志清,〈現代中國文學史四種合評〉,收入隱地編《琦君的世界》,臺北:爾雅,頁 149~152。原刊《現代文學》復刊號 1 期,1977 年 7 月。

82. 夏志清,〈余光中:懷國與鄉愁的延續〉,收入黃維樑編《火浴的鳳凰——余光中作品評論集》,臺北:純文學,頁 383~390,1979 年 5 月。

83. 孫大川,〈原住民文化歷史與心靈世界的摹寫——試論原住民文學的可能〉,《中外文學》21 卷 7 期,頁 153~178,1992 年 12 月。

84. 孫大川,〈蘭嶼老人的海〉,收入夏曼·藍波安《海浪的記憶》,臺北:聯合文學,頁 5~8,2002 年 7 月。

85. 徐復觀,〈評臺北有關「鄉土文學」之爭〉,收入尉天驄主編《鄉土文學討論集》,臺北:遠景,頁 332~333。原刊《中華雜誌》171 期,1977 年 10 月。

86. 徐學,〈《左心房漩渦》的憂患與昇華〉,收入齊邦媛等著《評論十家》,臺北:爾雅,頁 211~219,1993 年 12 月。

87. 袁慕直,〈《左心房漩渦》讀後〉,收入王鼎鈞《左心房漩渦》,臺北:爾雅,頁 245~259。原刊《明道文藝》160 期,頁 154~162,1989 年 7 月。

88. 高上秦,〈探索與回顧〉,收入趙知悌主編《現代文學的考察》,臺北:遠景,頁 162~171。原刊《龍族》「龍族評論專號」,1973 年 7 月。

89. 康原,〈溫馨的鄉情:吳晟的散文集《農婦》〉,《明道文藝》83 期,頁 94~97,1983 年 2 月。

90. 康原,〈農婦與泥土——小論吳晟的詩與散文〉,《文訊》1 期,頁 98~101,1983 年 7 月。

91. 康原,〈建構臺灣農村圖像——論吳晟的散文集《不如相忘》(上)〉,《文訊》112 期,頁 7~10,1996 年 2 月。

92. 康原,〈建構臺灣農村圖像——論吳晟的散文集《不如相忘》(下)〉,《文訊》113 期,頁 10~13,1996 年 3 月。

93. 張大春,〈以情節主宰一切的——說說「莫言高密東北鄉」的「小說背景」〉,《聯合文學》89 期,頁 56~61,1992 年 3 月。

94. 張尤娟,〈永遠的山——陳列的玉山之旅〉,《新觀念》103 期,頁 70~71,1997 年 5 月。

95. 張文翊,〈關渡與白金漢宮〉,收入劉克襄《小鼯鼠的看法》,臺北:合志,頁 1~4,1988 年 4 月。

96. 張春榮,〈細緻與真實——王鼎鈞散文的描寫藝術〉,《文訊》44 期,頁 97~99,1992 年 9 月。

97. 張道藩,〈我們所需要的文藝政策〉,收入尉天驄主編《鄉土文學討論集》,臺北:遠景,頁 815~845。原刊《文化先鋒》創刊號,1942 年 9 月。

98. 張寧，〈尋根一族與原鄉主題的變形——莫言、韓少功、劉恆的小說〉，《中外文學》212 期，頁 155～166，1990 年 1 月。

99. 許南村，〈試論吳晟的詩〉，《文季》2 期，頁 16～44，1983 年 6 月。

100. 許達然，〈散文臺灣・臺灣散文——《臺灣當代散文精選》序〉，收入許達然主編《臺灣當代散文精選》，臺北：新地文學，頁 7～17，1989 年 8 月。

101. 許碧純，〈為自然立傳的人——劉克襄〉，《講義》117 期，頁 160～164，1996 年 12 月。

102. 郭明福，〈讓人心柔念淨：試評陳列《地上歲月》〉，《文訊》44 期，頁 46～48，1989 年 6 月。

103. 郭楓，〈地上歲月・人間文學——初讀陳列《地上歲月》〉，《新地》5 期，頁 194～203，1990 年 12 月。

104. 郭慧華，〈劉克襄文學中的終極關懷〉，《臺灣人文》2 期，頁 41～56，1998 年 7 月。

105. 陳正醍，〈臺灣的鄉土文學論戰（上）〉，《暖流》2 卷 2 期，1982 年 8 月。

106. 陳正醍，〈臺灣的鄉土文學論戰（下）〉，《暖流》2 卷 3 期，1982 年 9 月。

107. 陳列，〈一切都是為著美——二訪陳冠學先生〉，《中國時報》人間版，1987 年 1 月 11 日，1987 年 1 月 11 日。

108. 陳克環，〈淡淡的「煙愁」〉，《中華日報》，1974 年 12 月 7 日，1974 年 12 月 7 日。

109. 陳其南，〈與海相戀的雅美人〉，收入夏曼・藍波安《海浪的記憶》，臺北：聯合文學，頁 13～15，2002 年 7 月。

110. 陳芳明，〈「龍族」命名緣起〉，收入陳芳明《詩和現實》，臺北：洪範，頁 199～200。原刊《龍族》10 期，1973 年 9 月。

111. 陳芳明，〈冷戰年代的歌手〉，收入黃維樑編《火浴的鳳凰——余光中作品評論集》，臺北：純文學，頁 90～120。原刊《龍族》6 期，1979 年 5 月。

112. 陳映真，〈「鄉土文學」的盲點〉，收入尉天驄主編《鄉土文學討論集》，臺北：遠景，頁 93～99。《臺灣文藝》革新第 2 期，1977 年 6 月。

113. 陳益源，〈訪吳晟，談「負荷」〉，《國文天地》9 期，頁 90～93，1986 年 2 月。

114. 陳健一，〈記錄大地之心——自然觀察作家的心路歷程〉，《中央日報》26 版，1998 年 10 月 12 日，1998 年 10 月 12 日。

115. 陳萬益，〈囚禁的歲月——論陳列的〈無怨〉與施明德的〈囚室之春〉〉，《文學臺灣》6 期，頁 79～95，1993 年 4 月。

116. 陳萬益，〈原住民的世界——楊牧、黃春明與陳列散文的觀點〉，收入李瑞騰編《臺灣文學二十年集：評論二十家》，臺北：九歌，頁 35～45。原刊第一屆《臺灣本土文化學術研討會論文集》，1998 年 5 月。

117. 陳輝龍，〈急水溪岸來的人——楊敏盛〉，《幼獅》月刊 411 期，頁 56～59，1987 年 3 月。

118. 喻麗清，〈失去的一角——重讀《煙愁》〉，《書評書目》81 期，頁 88～89。另收入隱地編《琦君的世界》，臺北：爾雅，頁 209～210，1980 年 1 月。

119. 彭小妍，〈族群書寫與民族／國家〉，《當代》98 期，頁 48～63，1994 年 6 月。

120. 彭瑞金，〈臺灣文學應以本土化為首要課題〉，《文學界》二期，頁 1～3，1982 年 4 月。

121. 彭歌，〈東方的寬柔〉，收入隱地編《琦君的世界》，臺北：爾雅，頁 143～144。原刊《聯合報》副刊，1974.6.22，1974 年 6 月 22 日。

122. 彭歌，〈不談人性，何有文學〉，收入尉天驄主編《鄉土文學討論集》，臺北：遠景，頁 245～263。原刊《聯合報》副刊，1977 年 8 月 17 日～19日，1977 年 8 月。

123. 曾健民，〈變異中的農鄉——序《農婦》〉，收入吳晟《農婦》，臺北：洪範，頁 1～6，1982 年 8 月。

124. 曾健民，〈讀「店仔頭開講」草稿〉，收入吳晟《店仔頭》，臺北：洪範，頁 1～11，1985 年 2 月。

125. 曾健民，〈強權與貪慾支配下的良知——序《無悔》系列〉，收入吳晟《無悔》，臺北：洪範，頁 3～12，1992 年 10 月。

126. 曾健民，〈吾鄉共同的追憶與深思——序《不如相忘》〉，收入吳晟《不如相忘》，臺北：洪範，頁 3～9，1994 年 11 月。

127. 游喚，〈明月與溝渠——淺顧現代詩〉，收入趙知悌主編《現代文學的考察》，臺北：遠景，頁 189～213。原刊《臺大青年》73 期，1975 年 3 月。

128. 游喚，〈八十年代臺灣文學論述之變質〉，《臺灣文學觀察雜誌》第五期，頁 29～54，1992 年 7 月。

129. 焦桐，〈臺灣心和中國結——余光中詩作裡的鄉愁〉，收入蘇其康主編《結網與詩風——余光中先生七十壽慶論文集》，臺北：九歌，頁 43～53，1999 年 6 月。

130. 項秋萍，〈講義人物——劉克襄〉，《講義》117 期，頁 166，1996 年 12 月。

131. 黃國彬，〈余光中的大品散文〉，收入蘇其康主編《結網與詩風——余光中先生七十壽慶論文集》，臺北：九歌，頁 55～81，1999 年 6 月。

132. 黃維樑，〈余光中：最出色最具風格的散文家〉，收入黃維樑編《火浴的

鳳凰——余光中作品評論集》，臺北：純文學，頁 325～336，1979 年 5 月。

133. 楊光，〈逐漸建立一個自然寫作的傳統——李瑞騰專訪劉克襄〉，《文訊》134 期，頁 93～97，1996 年 12 月。

134. 楊牧，〈留與他年說夢痕〉，《聯合報》副刊，1980 年 9 月 13 日。另收入隱地編《琦君的世界》，臺北：爾雅，頁 247～251，1980 年 9 月 13 日。

135. 楊照，〈地理景物的人文縱深——讀劉克襄《臺灣舊路踏查記》〉，《中國時報》34 版，1995 年 7 月 29 日，1995 年 7 月 29 日。

136. 楊錦郁，〈抓住人性做文章〉，收入《阿盛別裁》，臺北：希代，頁 248～254。原刊《幼獅文藝》398 期，1987 年 2 月。

137. 葉石濤，〈臺灣鄉土文學史導論〉，收入尉天驄主編《鄉土文學討論集》，臺北：遠景，頁 69～92。原刊《夏潮》14 期，1977 年 5 月。

138. 葉石濤，〈臺灣小說的遠景〉，《文學界》第一集，頁 1～3，1982 年 1 月。

139. 葉石濤，〈《田園之秋》代序〉，收入陳冠學《田園之秋》，臺北：前衛，頁 1～6，1983 年 2 月。

140. 葉維廉，〈憤怒之外——「現代中國文學大同世界」會議的補述〉，《中國時報》人間版，1986 年 10 月 22 日，1986 年 10 月 22 日。

141. 詹宏志，〈兩種文學心靈——評兩篇聯合報小說獎得獎作品〉，《書評書目》第 93 期，頁 23～32，1981 年 1 月。

142. ，〈城鄉暗角的采風者——札記阿盛及其文學〉，收入阿盛《綠袖紅塵》，臺北：前衛，頁 195～205，1985 年 9 月。

143. 廖炳惠，〈母語運動與國家文藝體制〉，《中外文學》256 期，頁 9～17，1993 年 9 月。

144. 銀正雄，〈墳地裡哪來的鐘聲？〉，收入尉天驄主編《鄉土文學討論集》，臺北：遠景，頁 193～203。原刊《仙人掌雜誌》2 號，1977 年 4 月。

145. 齊邦媛，〈散文裡的兩個世界——由王鼎鈞的《碎琉璃》、蕭白的《響在心中的水聲》談起〉，《幼獅文藝》293 期，頁 46～52，1978 年 5 月。

146. 樓肇明，〈談王鼎鈞的散文〉，收入改版王鼎鈞《碎琉璃》，臺北：吳氏圖書，1994 年 9 月。

147. 蔣勳，〈起來接受更大的挑戰！——從文化學院地方戲劇社子弟戲演出談起〉，《仙人掌雜誌》2 號，頁 75～81，1977 年 4 月。

148. 蔡文甫，〈「琉璃」不碎——序《碎琉璃》〉，收入王鼎鈞《碎琉璃》，臺北：九歌，頁 1～3，1978 年 3 月。

149. 蔡源煌，〈五四看臺灣文壇——一個理論架構的省察〉，《中國論壇》207 期，頁 8～14，1984 年 5 月。

150. 鄭明娳，〈一花一木耐溫存〉，《幼獅文藝》263 期，頁 56～73。另收入隱地編《琦君的世界》，臺北：爾雅，頁 27～40，1975 年 11 月。

151. 鄭明娳，〈談琦君散文〉，《文壇》189 期，頁 34～42。另收入隱地編《琦君的世界》，臺北：爾雅，頁 169～178，1976 年 3 月。

152. 鄭明娳，〈從余光中的散文理論看其作品〉，收入黃維樑編《火浴的鳳凰——余光中作品評論集》，臺北：純文學，頁 344～361，1979 年 5 月。

153. 鄭明娳，〈當代臺灣文藝政策的發展、影響與檢討〉，收入鄭明娳主編《當代臺灣政治文學論》，臺北：時報，頁 13～68，1994 年 7 月。

154. 鄭明娳，〈余光中散文論〉，收入黃維樑編《璀璨的五采筆——余光中作品評論集》，臺北：九歌，頁 257～303，1994 年 10 月。

155. 鄭穗影，〈吾友陳冠學先生——夜讀《田園之秋》後鉤起的回憶〉，《文學界》7 期，頁 108～123，1983 年 8 月。

156. 蕭新煌，〈當代知識分子的「鄉土意識」——社會學的考察〉，《中國論壇》265 期，頁 56～67，1986 年 10 月。

157. 蕭義玲，〈「臺灣主體」的再建構——回歸原鄉與原住民文學〉，《臺灣文藝》165 期，頁 120～131，1998 年 10 月。

158. 蕭錦綿，〈大陸阿城與臺灣阿盛〉，收入阿盛《綠袖紅塵》，臺北：遠景，頁 1～15。原刊《自立》副刊，1987 年 3 月 14 日，1987 年 3 月 14 日。

159. 龍應台，〈臺灣作家那裡去？〉，《中國時報》人間版，1987 年 4 月 27 日，1987 年 4 月 27 日。

160. 隱地，〈關於《一襲青衫萬縷情》〉，收入琦君《一襲青衫萬縷情》，臺北：爾雅，頁 1～2，1991 年 7 月。

161. 簡政珍，〈余光中：放逐的現象世界〉，收入黃維樑編《璀璨的五采筆——余光中作品評論集》，臺北：九歌，頁 88～124，1994 年 10 月。

162. 簡義明，〈在山林與都市之間——論劉克襄的自然寫作〉，「臺灣現代散文研討會」論文，臺北：九歌文教基金會，1997。

163. 簡義明、陳佳文，〈尋找風鳥的身世——專訪劉克襄〉，《自由時報》39 版，2000 年 7 月 29 日，2000 年 7 月 29 日。

164. 顏元叔，〈期待一種文學〉，收入趙知悌主編《現代文學的考察》，臺北：遠景，頁 234～238。原刊《中外文學》2 卷 1 期，1973 年 6 月。

165. 顏元叔，〈唐文標事件〉，收入趙知悌主編《現代文學的考察》，臺北：遠景，頁 119～124。原刊《中外文學》2 卷 5 期，1973 年 10 月。

166. 顏元叔，〈余光中的現代中國意識〉，收入黃維樑編《火浴的鳳凰——余光中作品評論集》，臺北：純文學，頁 69～89，1979 年 5 月。

167. 羅茵芬，〈寫時代，寫社會，寫中國人——王鼎鈞細說創作里程〉，《中央日報》，1996 年 2 月 6 日，1996 年 2 月 6 日。

168. 關傑明，〈中國現代詩的幻境（上）〉，《中國時報》人間版，1972 年 9 月 10 日，1972 年 9 月 10 日。

169. 關傑明，〈中國現代詩的幻境（下）〉，《中國時報》人間版，1972 年 9 月 11 日，1972 年 9 月 11 日。

170. 關傑明，〈中國現代詩的困境（上）〉，收入趙知悌主編《現代文學的考察》，臺北：遠景，頁 137～142。原刊《中國時報》人間 1972 年 2 月 28 日，1972 年 2 月 28 日。

171. 關傑明，〈中國現代詩的困境（下）〉，收入趙知悌主編《現代文學的考察》，臺北：遠景，頁 137～142。原刊《中國時報》人間 1972 年 2 月 29 日，1972 年 2 月 29 日。

172. 關曉榮，〈從施努來到夏曼·藍波安〉，收入夏曼·藍波安《冷海情深》，臺北：聯合文學，頁 5～14，1997 年 5 月。

173. 鐘麗慧，〈民國三十八年以後臺灣地區的文學社團〉，《文訊》29 期，頁 61～76，1987 年 4 月。